東アジア研究所講座

KEIO INSTITUTE OF EAST ASIAN STUDIES

KIEAS

激動の朝鮮半島を読みとく

西野純也 編著

慶應義塾大学東アジア研究所

はじめに

本書は、慶應義塾大学東アジア研究所が二〇二一年度春学期に実施した公開講座「朝鮮半島の今を読み解く」の内容をもとにした論集である。書籍化にあたりタイトルを『激動の朝鮮半島を読みとく』に改めた。この講座では、五月一四日から七月一六日まで毎週金曜日の午後四時半から六時まで、一回九〇分の講義を計一〇回にわたって行った。講座タイトルから明らかな通り、日本において常に注目を集める朝鮮半島の情勢や諸課題について、毎回専門家を迎えて読みといてもらった。単なる現状の紹介ではなく、各分野の専門家による掘り下げた分析とそれに基づく今後の展望を語ってもらい、受講者が朝鮮半島における諸事象を表層的にではなく本質的に理解するための材料と指針を示すことが講座の狙いであった。講義をしていただいた先生方の分析的で洞察に満ちた魅力的な語りにより、その目的は十分に達成できた。毎回およそ一〇〇名の申し込みと参加を得て、講義の後に活発な質疑応答も行われ、講座は盛会のうちに終了した。本書の各章は、その講義内容に基づいて執筆してもらい、その後の動向などを踏まえてさらに加筆や再構成を行っていただいたものである。講座の実施から書籍の刊行までに時間差はあったが、本書を一読すれば、現在の朝鮮半島情勢や韓国・北朝鮮が抱えている課題、さらには日本との関係性に対する理解を深めることができる内容にまとめ上げることができた。

朝鮮半島を扱った講座やセミナーはこれまでも様々なところで数多く開催されてきた。しかし、その多くは韓国や北朝鮮のどちらか一方のみを取り上げたり、特定のテーマに焦点を合わせたりするものであったように思う。講座「朝鮮半島を読み解く」はその点を念頭に置き、朝鮮半島の諸事象をより立体的かつ多面的に理解することができるように、韓国と北朝鮮双方の政治、外交・安全保障、経済、社会を研究する専門家一〇名に登壇していただいた。さらに、韓国の外交安全保障と日韓関係をテーマとした回には、韓国で活躍する研究者を迎えて日本語で講義をしてもらった。それを書籍化したのが本書である。韓国の経済に関する論考は残念ながら収めることはできなかったが、この一冊を手に取れば、多様な分野に関する知見と洞察を得ることができるはずである。

この講座の最大の特徴は、東アジア研究所講座としては初めてのオンライン方式による実施であったことである。本来は三田キャンパスでの対面開催を予定していたが、新型コロナウイルス感染症の拡大を考慮して全一〇回ともオンライン方式を採用した。当初は二〇二〇年度にキャンパスでの対面開催を準備していたが、一年間の延期を経てのオンライン方式での開催となった。従来とは異なる状況の中で、講座の準備と運営に尽力していただいた東アジア研究所の方々、そして毎回のオンライン講義を技術面で支援してくれた朝鮮半島研究センター（旧現代韓国研究センター）スタッフには改めて感謝を伝えたい。本書の出版に際しては、慶應義塾大学出版会の乗みどりさんに大変お世話になった。ここにお礼を申し上げる。

西野　純也

目　次

第1章 「ろうそく革命」後の韓国政治

——文在寅政権の回顧と尹錫悦政権の課題

西野 純也

はじめに

本章は、文在寅《ムンジェイン》政権期の韓国政治がどのように展開したのかを、文政権の国政運営と与野党の対立状況に焦点をあわせて考察するとともに、そこから見えてくる韓国の政治および社会の課題について明らかにすることを目的としている。文政権発足時の政治状況についてまず簡単に確認した上で、政権発足後の動きについて検討することとする[1]。

朴槿恵《パククネ》大統領の弾劾・罷免を受けて二〇一七年五月九日に実施された大統領選挙において、文在寅候補が当選した。文氏は、主要候補の中で大統領としての準備が最もできていたと言ってよい。盧武鉉《ノムヒョン》政権では大統領府（青瓦台）において民情首席秘書官や秘書室長を務めるなど盧大統領の最側近であったし、二〇一二年大統領選挙では朴槿恵氏と争い、得票率五一・六パーセント対四八・〇パーセントと僅差で敗れたが、その後も野党代表など政治家としての経歴を積んできた。

　しかしその文在寅氏をしても、大統領弾劾・罷免という韓国史上初めての事態によって混乱し分裂した政治社会の傷を癒していくことは困難な作業にならざるを得なかった。文氏は、選挙当日の投票時間終了後まもなく、「国民の願いである改革と統合、この二つの課題を成し遂げます」と述べたが、この二つを実現するのは容易ではなかった[2]。文氏が選挙戦で訴えた朴槿恵政権の過ちを正すための「改革」を進めるほど、保守陣営が反発して「統合」が難しくなるからである。

　文氏の勝利にもかかわらず、選挙結果はそのことをすでに暗示していた。得票率で見れば文候補は過半数に届かない四一・〇八パーセントであったこと、朴政権の与党・自由韓国党の洪準杓《ホンジュンピョ》候補が二四・〇三パーセント、中道系政党「国民の党」の安哲秀《アンチョルス》候補が二一・四一％であり、二位と三位を合わせれば文候補を上回っていたことは、韓国社会の分裂状況と文在寅政権の多難な船出を示していたと言える。

　文政権発足時の政治状況からもそれは明らかであった。文政権の与党は国会で過半数を持たず（国会全三〇〇議席のうち与党は一二〇議席）、改革のための法案を通すには保守系野党の協力を得る必要があった。そのため、文大統領は与野党の協力による政治を意味する「協治」の重要性を唱えた。

　また、国民との「疎通」、つまりコミュニケーション重視を掲げたのも文政権発足時の特徴であった。朴槿恵大統領の密室型統治を反面教師として、文大統領は開かれた青瓦台をアピールした。文政権は、これまでの政権以上に国民の声、世論に耳を傾けなければならない状況でスタートしたからである。その国民が最優先と見なしていた課題が経済活性化と雇用創出であった。そのため、文大統領は就任直後に、雇用委員会の設置を業務指示第一号とし、国民の期待に応えようとした。

　以上のような状況の中で発足した文在寅政権は、実際にどのように国政運営を行い、文政権期の韓国政治はどのように展開していったのか、以下で見ていきたい。

1　「ろうそく革命」が生んだ政権

　朴槿恵大統領の国政運営を厳しく糾弾して当選した文在寅大統領は、歴代のどの政権よりも国民の声、すなわち国内世論に敏感でなければならなかった。二〇一六年一〇月以降、朴槿恵政権に対する批判が韓国内で急速に高まり、それが巨大な「ろうそくデモ」となった原因は、朴槿恵大統領の密室型の国政運営スタイルと、密室の中で大統領に影響力を行使していた朴大統領の知人・崔順実《チェスンシル》の存在であった。朴政権の国政運営を批判し反面教師とすべき文在寅政権は、何よりも国民に開かれた、透明な国政運営を行い、国民の声に耳を傾ける必要があった。

　朴槿恵大統領は、政権発足当初から政策決定が独断・独善的であり、国民との疎通（コミュニケーション）が十分でないだけでなく、政権内でも閣僚らとの対話の機会を持たないとして批判されていた。二〇一四年四月に高校生ら約三〇〇名が亡くなったセウォル号沈没事故直後から約七時間、姿を現さなかった朴大統領の所在や行動が疑問視され、「空白の七時間」として語られ続けたことは、朴大統領に対する国民の不信感を象徴する出来事であった。二〇一六年秋からの朴大統領弾劾を求めるろうそくデモでは、朴大統領は国民のことをまったく考えていないとの怒りの声が多く聞かれるとともに、「大韓民国は民主共和国である。大韓民国の主権は国民にあり、すべての権力は国民から生まれる」という憲法第一条のフレーズが繰り返し叫ばれた。

ろうそくデモの盛り上がりを受けるかたちで、二〇一六年一二月九日には国会で朴大統領弾劾訴追案が可決され、翌二〇一七年三月九日には憲法裁判所が大統領罷免の決定を下した。罷免から六〇日以内の大統領選挙実施という憲法の定めに則り五月九日に選挙が行われ、当時の野党第一党「共に民主党」(以下、民主党と記す)の大統領候補であった文在寅氏が当選した。政権交代への熱望が文氏を大統領に押し上げたのである。

朴槿恵大統領は、一九八七年の民主化後の大統領としては初めて五年の任期をまっとうできずに罷免された大統領となり、逮捕され裁判を受ける身となった。日本では朴大統領の弾劾・罷免が国民世論に流された決定であったとの見方が強いが、留意すべきは、朴大統領の弾劾・罷免、そして新しい大統領の誕生という一連のプロセスは、韓国憲法の規定に則って進んだという事実である。奇しくも二〇一七年は現在の民主化憲法(第六共和国憲法)制定から三〇年の節目であり、韓国内では二〇一七年の政権交代を民主主義の成熟として評価する見方が多かった。

興味深いのは、文在寅大統領がそのような政権交代を繰り返し「ろうそく革命」と呼び(もちろん実際には「革命」ではないが)、自身の正統性の基盤と考えていたことである。例えば、二〇一七年九月の国連総会演説では、「新しい政権はろうそく革命がつくった政権です。民主的な選挙という意味をこえて、国民の主体意識、参与と熱望がスタートさせた政権という意味です。私はいま、その政権を代表してここに立っています」[3]と語っていた。

文在寅政権が発表した国家ビジョンが「国民の国、正義のかなう大韓民国」であることも、文政権の国政運営が朴槿恵政権の失敗とそれに対する国民の批判を強く意識していることを示していた。それゆえ、政権発足直後から、文大統領は開かれた青瓦台をアピールすることに心を砕いてきており、そのことが政権初期に高い政権支持率を維持する要因にもなった。各種世論調査では、文在寅大統領の国政運営に対する支持率は就任一年目はおおむね七〇パーセント台で推移したが、支持理由のうち常に多くを占めたのは、「意思疎通をよくやっている、国民との共感努力」という、政策ではなく国政運営のスタイルに関するものであった。

二〇一八年に入り南北関係が改善していくと文大統領の国政運営に対する支持はさらに上昇し、四月二七日の南北首脳会談後の世論調査では支持率が八三パーセントに達した[4]。また、文政権発足一周年の節目に行われた政策分野ごとの支持率調査では、対北朝鮮政策への支持が八三パーセントと最も高く、次に外交が七四パーセントであった。その反面、国民にとって切実な経済分野での支持は四七パーセントに止まっていた[5]。

2　真っ先に掲げた「積弊清算」

朴槿恵大統領の罷免から六〇日後に大統領選挙が実施され、当選直後の五月一〇日に大統領に就任するという非常に慌ただしいスケジュールでの政権発足は、文在寅政権の国政運営にとっては大きな制約要因として作用した。しかも、選挙期間中には米国と北朝鮮の対立が激しさを増して朝鮮半島情勢が緊迫しており、韓国内への終末高高度ミサイル防衛（ＴＨＡＡＤ）の配置問題で中国との関係も悪化するなど、政権発足前から外交安全保障上の課題が重くのしかかっていた。

　民主化以降六名の大統領（盧泰愚《ノテウ》、金泳三《キムヨンサム》、金大中《キムデジュン》、盧武鉉、李明博《イミョンバク》、朴槿恵）は、一九八七年一二月に盧泰愚が当選した大統領選挙以来、毎回五年後の一二月中旬に大統領選挙を実施し、翌年二月二五日に就任式を迎えるというスケジュールで政権交代を行ってきた。したがって、歴代大統領は当選直後から就任までの六〇日あまりを政権発足のための準備期間、すなわち政権引き継ぎ期間として活用してきた。「政権引き継ぎ委員会」（韓国語では「政権引き受け委員会」）を組織して、大統領選挙公約を参照しながら新政権の国政課題を定めたり、取り組むべき政策の優先順位を決めたり、新政権の主要人事や政府組織再編案を構想したりするのが常であった。

　しかし、文在寅政権にはその準備期間が与えられなかったのである。朴槿恵大統領が任期五年をまっとうできずに弾劾・罷免されたことで、本来であれば二〇一七年一二月に実施のはずであった大統領選挙は約七カ月繰り上げとなり五月九日に行われた。加えて、当選直後の五月一〇日から大統領任期が始まったため、引き継ぎ委員会を置くことなく政権をスタートさせねばならなかった。そのため、文在寅大統領は政権発足後すぐに引き継ぎ委員会の代わりとなる「国政企画諮問委員会」を発足させ、国政運営と並行して約二カ月のあいだ文政権の国政課題を選定する作業を進めさせた。国政企画諮問委員会は七月一九日に文大統領が出席する中で「国政運営五カ年計画」を発表した。そして、五大国政目標として、①国民が主人の政府、②ともに良く暮らす経済、③私の生活に責任を負う国家、④均等に発展する地域、⑤平和と繁栄の朝鮮半島、を決定したことを明らかにした[6]。

国政運営五カ年計画の一〇〇大国政課題で一番目に掲げられたのは、大統領選挙公約としても真っ先に掲げられていた「積弊清算」であった。なじみのない言葉であるが、二〇一七年八月の就任一〇〇日会見で文大統領は、「私の考える積弊清算は、社会を不公正、不公平にした反則と特権を一掃して、より公正で正義にかなった社会をつくることである。特定の事件や勢力への調査や処罰が積弊清算の目標とは思わない。そのための努力は一、二年で終わるのではなく任期を通して続ける」旨を述べていた[7]。文政権発足後には、積弊を洗い出す「革新委員会」という名のチームが政府の各省庁に置かれ、朴槿恵政権期以前に誤ったとされる政策や慣行などの問題点を検証する作業が行われ、それらの検証結果にもとづいて文政権期を通じて改革が進められた。文政権が「積弊」と見なしていた中には、朴政権だけでなく李明博政権期の政策なども含まれていたことから、第一野党の自由韓国党をはじめとする保守陣営は、文政権が主導する積弊清算を李明博・朴槿恵政権の九年間に対する政治報復だとして強く反発した。しかし、改革のためには法改正や制定が必要なものも多く、文政権の与党・民主党が国会議席の過半数を持たない「与小野大」と言われる状況では、国会で改革案を通過させるのは困難であった。したがって後に述べるように、二〇二〇年四月実施の国会議員選挙（以下、総選挙と記す）で与党が圧勝したことは、文政権の「積弊清算」を進める上でも大きな意味を持つ出来事であった。

日本との関係では、韓国世論の多くが反対であった二〇一五年一二月のいわゆる日韓慰安婦合意が事実上、「積弊清算」の対象となった。文大統領は、就任直後である二〇一七年五月一一日の安倍首相との電話会談で、「国民の大多数が情緒的に慰安婦合意を受け入れられていないのが現実」と指摘しながらも、歴史問題が日韓関係の未来志向的発展の足かせになってはならない、北朝鮮核・ミサイル問題への対応および日韓の未来志向的発展のための努力は別途進めていく必要がある旨を述べた[8]。しかし他方で、外交部長官のもとに慰安婦合意を検証する作業部会（タスクフォース）を設置し、二〇一七年一二月二七日には検証報告書を発表することで、慰安婦合意に批判的な韓国内世論を意識した対応をとった[9]。報告書では合意に至る日韓両政府間のやりとりも一部明らかにされたため日本側からの反発を招いた。ただし、文大統領は選挙公約に掲げていた日本との再交渉という方針は採らなかった。二〇一八年一月九日の外交部長官による今後の方向性の発表でも日本側に再交渉は求めないと明言されたが、合意により設立された「和解・癒やし財団」に日本から拠出された一〇億円の使途については日本と協議したいとするなど、当初は対日関係と国内世論の双方に配慮しようと苦心している様子がみてとれた[10]。しかし結局、日韓関係が改善のきっかけを掴むことができない中、文政権は二〇一八年一一月に同財団の解散を発表し、二〇一九年七月に解散手続きは終了した。

3 経済問題による政権支持率の低下

二〇一八年に入り四月に南北首脳会談が実現するなど南北関係が好転する中、文在寅政権下での初の大型選挙となったのが、同年六月一三日に実施された統一地方選挙であった。しかもそれは、シンガポールでの歴史的な米朝首脳会談の翌日であった。選挙結果は、文在寅政権の与党・民主党が大勝し、保守系第一野党の自由韓国党は惨敗であった。朴大統領の弾劾・罷免から一年以上経っていたとはいえ、前政権与党の自由韓国党にとって厳しい選挙戦になることは予想されていた。加えて、南北首脳会談、米朝首脳会談など朝鮮半島の軍事的緊張緩和を象徴する出来事が続き、文在寅政権の支持率が高止まりする中での選挙であったことも与党の勝利を後押しした。

ソウル市長を含む一七の広域団体長選挙（都道府県知事選挙に相当）の結果は、民主党一四、自由韓国党二、無所属一となった。民主党は、保守の牙城である慶尚北道と大邱市、そして済州島を除くすべての地域で勝利を収めた。また同時実施となった国会議員補欠選挙でも一二選挙区のうち一一で勝利した。これにより国会での民主党議席は一三〇となり、過半数一五一（全三〇〇議席）には届かないが、状況に応じて協力を期待できる民主平和党や正義党などをあわせると辛うじて過半数を確保できるようになった。自由韓国党が依然として一〇〇以上の国会議席を持ってはいたが、統一地方選の結果とあわせると文政権の国政運営には追い風となる結果であった。文大統領は、選挙結果に慢心してはならないとしながらも「国民が政府に大きな力を与えてくれた」と表明した[11]。

しかし、二〇一八年後半以降、北朝鮮の非核化や南北関係に関して実質的な進展があまり見られず、さらに国内経済情勢に好転の兆しがないことが大統領支持率の低下をもたらすこととなった。統一地方選挙直後に七九パーセントであった大統領支持率はひと月後の七月中旬には六九パーセントへ、与党支持率もひと月の間に五六パーセントから四九パーセントへと下落した。大統領不支持理由の約半数（四五パーセント）を占めたのは、「経済・民生問題の解決不足」という項目であった[12]。

もちろん、文大統領自身も政権の最重要課題のひとつが経済、特に雇用の問題であることには自覚的であった。実際に、二〇一八年一月一〇日の新年記者会見において、文大統領がまず取り上げたのは雇用問題であった。多くを経済課題に割いた会見の冒頭挨拶では、「ヒト中心経済」の核心は雇用である、とした上で、最低賃金引き上げ、青年雇用問題、労使政対話の復元、財閥改革といった言葉が文大統領の口から溢れ出た(13)。

文在寅政権の経済政策は、「所得主導成長、革新成長、公正経済」の三つをキーワードとしてきたが、最も力を入れてきたのが公共部門の雇用拡大や最低賃金引上げ等による所得主導型の経済成長実現であった。そのために積極的な財政支出を行ってきたが、重視する若年層の失業率はむしろ悪化するなど韓国経済は厳しい状況が続き、政権の経済政策に対する厳しい批判の声が高まっていた。

二〇一八年七月には、二〇二〇年までに最低賃金を一万ウォン(約一〇〇〇円)に引き上げるとの大統領選挙公約を守れないとして、文在寅大統領が謝罪の意を表明した。賃金引上げが企業に負担となり経済活動が停滞することを懸念したがゆえの決定であったが、文政権の支持基盤である労組は公約不履行に強く反発した。また、文在寅政権が所得主導成長や公正経済よりも、大企業を優遇する革新成長に政策の重心を移しているとの強い批判も政権支持層から出てきた。

こうした政権支持層からの不満と批判の声を意識して、文大統領は二〇一八年六月下旬に青瓦台の経済首席秘書官と雇用首席秘書官を交代させ、さらに同年一一月には経済政策の司令塔である経済副総理と青瓦台政策室長を同時に交代させる人事を断行した。しかし、政策基調に大きな変更はなく、二〇一九年に入ってからも経済状況が好転する兆しは見られなかった。そのため、同年四月初めの経済見通しを問う世論調査では、景気が良くなると答えたのは一三パーセント、さらに悪くなるとの回答が五四パーセントであった(14)。また、文在寅政権発足から四年が経ち、残り任期一年となった二〇一九年四月末時点での政策分野ごとの世論調査では、経済政策は六〇パーセント、不動産政策は八〇パーセント以上が否定的評価を下すなど、他の政策分野よりも厳しい評価を受けていた[15]。

4 国民統合を阻害する進歩と保守の対立

二〇一九年に入ると、韓国政治は翌二〇二〇年四月実施の総選挙に向けて本格的に動き出した。この選挙は、二〇一七年五月に発足した文在寅政権が五年任期の三年目を終える時点での選挙となるため、文政権に対する有権者の中間評価として位置付けられるものであった。総選挙を一年後に控えた二〇一九年四月初めの時点で、文大統領の不支持率が四九パーセントとなり、与党・民主党の支持率も前年同時期に六〇パーセント近くあったものが三七パーセントにまで下落するなど、与党の苦戦が予想されていた[16]。

一方、保守系第一野党・自由韓国党の支持率はゆるやかではあるが上昇傾向を見せていた。二〇一七年には一〇パーセント近くで低迷を続けていた支持率は、二〇一九年に入り二〇パーセント台前半までには回復した。自由韓国党では、二〇一七年大統領選挙で文在寅氏に敗れた洪準杓氏が党代表に留まり続けたが、統一地方選の惨敗により洪代表は辞任し、同党は「革新非常対策委員会」を立ち上げた。委員長には盧武鉉政権の青瓦台政策室長だった金秉準《キムビョンジュン》氏を迎え入れて注目を集めた。金秉準委員長は就任後のテレビ・インタビューで、党内には派閥対立や政策路線対立があり改革が成功する可能性は半々である旨を述べた。そして、自由な市場の重要性を強調しつつ、政府の役割は市場の失敗を補正する程度にとどめるべき、と文在寅政権の経済政策に批判的な立場を示して、与野党の対立軸を従来の安保イシューから経済社会イシューへと転換しようとする姿勢を見せた[17]。こうした試みは、過度にイデオロギー的な韓国政治の対立軸を健全な方向へと導く可能性を持っていたが、成果を収めたとは言い難い。

自由韓国党は二〇一九年二月末に党大会を開いて党代表を選出し、革新非常対策委員会はその役割を終えた。新しい党代表に就任したのは黄教安《ファンギョアン》・元国務総理であった。朴槿恵政権最後の国務総理であり、任期末には弾劾により権限停止となった朴氏に代わり大統領権限代行を務めた人物である。党代表選には改革色の強い呉世勳《オセフン》・元ソウル市長も名乗りを上げ世論調査票では一位となったが、党員票は黄元総理が多数を占めた。つまり、党内では改革をさらに推し進めて総選挙に臨むべきという機運が高まっているとは言えず、むしろ旧来の保守層を再結集する力学がより強く働いたのである。

したがって、二〇一八年末からの支持率上昇は党改革の成果というよりは、むしろ文政権に対する批判を一部吸収したものと考えた方がよさそうである。依然として慶尚道地域とソウル市江南区域に強い支持基盤を有する保守陣営ではあるが、文政権批判と旧来支持層の再結集だけで総選挙で善戦ができるのかは疑問であった。

それでも振り返れば、二〇一九年は文在寅政権と与党にとっては政治的に厳しい年となった。文政権が重視してきた検察改革の司令塔の役割を大統領から期待された曺国《チョグク》・青瓦台民情首席秘書官が八月に法務部長官に指名された際に、曺国氏とその家族に関する様々な不正疑惑が出てきたからである。代表的なものとして子女の不正入学と民間ファンドへの不正投資の疑惑があり、同年一〇月に曺国氏夫人が逮捕されるなど「曺国事態」といわれるほど社会問題化した。文大統領は、数々の疑惑がある中で九月初めに曺国氏を長官に任命したが、この間に大統領支持率は低下し、一〇月下旬には三九パーセントにまで落ち込んだ[18]。朴槿恵大統領の弾劾政局の際、大統領知人の崔順実氏が娘を不正入学させたとして、国民、なかでも若者を中心に大きな反発を招いたことを受け、「公平、公正、正義」を唱えてきた文政権の中心人物が同じことを繰り返したことに世論は憤ったのである。

結局、曺国長官は任命からひと月あまり経った一〇月中旬に辞任したが、文政権が最も重視してきた課題の一つである検察改革に関する法案をまとめ上げた。文政権の国政運営五カ年計画には「政治的中立性と職務遂行の独立性が損なわれてきた検察を改革するため、高位公職者の腐敗根絶のための高位公職者不正捜査処を設置し、牽制と均衡の原理が作動する検察・警察捜査権の調整を推進[19]」することが明記されており、曺国氏はこの改革を実行するために、政権発足時から民情首席秘書官、そして法務部長官という要職を任されたのであった[20]。与党は国会で多数を持っておらず保守系野党は法案に強く反対したが、正義党など少数政党の協力を得て、二〇一九年一二月に「高位公職者犯罪捜査処」の新設に関する法案は国会で可決された。その後も同捜査処の発足をめぐり与野党の対立は続いたが、二〇二一年一月に同捜査処は発足した。また、検察の捜査権限を縮小してその多くを警察に移すための法案も、文政権末期の二〇二二年五月初めに野党が反対する中で可決された。

進歩系与党と保守系野党の対立が激しくなったもうひとつの重要な要因は、韓国内の歴史認識をめぐる論争であった。文在寅大統領は、現在の大韓民国の起源は一九一九年の「三・一独立運動」を経て誕生した大韓民国臨時政府であるということを繰り返し唱えてきた。しかし、韓国の権威主義的政権の流れを汲む保守陣営によるこれまでのストーリー（歴史認識）によれば、一九四八年八月一五日の李承晩《イスンマン》大統領による韓国政府樹立こそが起源であった。文政権はこの認識は誤りであるとして、その起源を一九一九年にまで遡らせたのである。

進歩陣営から見れば、一九四八年八月の韓国政府樹立は、朝鮮半島の分断を固定化した出来事でもあった。李承晩大統領は、反共を掲げて南朝鮮地域に単独政府を樹立した「分断勢力」だとの認識が進歩陣営の中にはある。したがって、朝鮮半島の統一という大義を考えると、一九四八年を大韓民国の起源とするのは必ずしも「正義」にかなっていないのである。それよりは、日本統治下で北も南も関係なく皆が力を合わせて独立運動を行った大韓民国臨時政府こそ韓国の起源にふさわしいというのが、文政権が定着させようとした「新しいストーリー（歴史認識）」であった。進歩と保守の歴史認識をめぐる対立は、実は盧武鉉政権時代から先鋭化し始めていた。進歩陣営による新たな歴史認識の広まりに対して、危機感を覚えた李明博政権を支える保守陣営が打ち出したのが、いわゆる「ニューライト運動」であった。この運動により李承晩や朴正煕《パクチョンヒ》大統領を再評価する動きが盛んになった。朴槿恵政権ではさらに進んで「国定歴史教科書」を作ろうとしたが、弾劾・罷免により頓挫した。文在寅政権はこうした保守の巻き返しを押し戻そうとしたと言えよう。

二〇一九年は三・一独立運動一〇〇周年の節目であったことから、記念行事などが相次いだ。同年の「三・一節演説」で文大統領は、「大韓民国臨時政府は、臨時政府憲章一条に三・一独立運動の意を込め『民主共和制』を刻みました。世界の歴史上、憲法に民主共和国を明示した初めての事例でした」と述べるとともに、「『親日残滓の清算』は、親日は反省すべきことで、独立運動は礼遇されるべきことであるという最も単純な価値をただすことです。この単純な真実が正義であり、正義がただされることが公正な国の始まりです」と言明した。(21) 朴槿恵大統領の弾劾・罷免の際に韓国内で広く使われた「民主共和国」や「正義」といった言葉を使うことで、大韓民国臨時政府と自身の政権の正統性を重ね合わせるとともに、権威主義的政権の流れを汲む保守陣営を攻撃したのである。この歴史認識をめぐる韓国内の対立が、結果的に日本との関係にも悪影響を与えた(22)。

5　コロナ禍の中での総選挙と与党の圧勝

二〇二〇年四月の総選挙結果は、民主党が国会全三〇〇議席の五分の三に達する一八〇議席（小選挙区一六三、比例代表一七）を獲得して圧勝した。保守系第一野党の未来統合党（以下、統合党）は、合計一〇三議席（小選挙区八四、比例代表一九）にとどまり惨敗となった。

韓国国会は、全三〇〇議席のうち小選挙区二五三、比例代表四七議席からなる小選挙区比例代表並立制を採用しており、比例代表の議席については少数政党に有利な議席配分にするための選挙法改正が二〇一九年末に行われていた。この新制度に対応するため、それぞれ一〇〇議席以上を持つ民主党と統合党は、便宜的に比例代表用の政党を別個立ち上げて選挙に臨んだため、結果的に正義党などの少数政党は選挙法改正の恩恵を受けることはできなかった。比例代表用の政党は、選挙後に民主党と統合党にそれぞれ吸収統合された。

与党が圧勝したことで、文政権は発足以来、国会で過半数を持たないために法案処理で苦労してきた状況から脱することとなった。それだけではない。民主党はこの選挙での勝利により、二〇一六年の総選挙、二〇一七年の大統領選挙、二〇一八年の統一地方選挙に続いて全国レベルの選挙で四連勝を記録したのである。これまで、民主化以前の権威主義的政権時代の勢力図を引き継いで、韓国政治では一貫して保守陣営が進歩陣営を上回る支持基盤と政治力を有してきた。そのため、民主化後になっても、進歩陣営は保守陣営に有利な「傾いた運動場」での不利な戦いを強いられていると言われてきたが、今や運動場は進歩陣営に有利な方へ傾いたと言える状況になったことを一連の選挙結果は示唆していた。

民主党が圧勝できたのは、首都圏一二一議席（ソウル市・京畿道・仁川市）で、多くの「接戦選挙区」を制して勝利したからである。ソウル市四九議席のうち四一、京畿道五九議席のうち五一、仁川市一三議席のうち一一議席を民主党が獲得した。民主党の地盤である全羅道では二八議席中二七を獲得し圧勝であった。一方の統合党は、保守の地盤である慶尚道（慶尚北道、大邱市、慶尚南道、釜山市、蔚山市）の議席は死守したが、その他の地域では惨敗を喫した。

韓国社会の最大の関心事が、新型コロナウイルス感染症の拡大となる中で総選挙は実施された。そのため、選挙では経済政策や安全保障問題など、その他のイシューが選挙の争点として浮上することはなく、感染症の拡大状況と政府の対応ぶりが選挙結果を左右する重要な要因となった。韓国メディアはこうした状況を「コロナ・ブラックホール」と表現するほどであった[23]。

ただし、コロナ禍の状況で、文政権の与党・民主党が終始有利な選挙戦を展開していたわけではない。二〇二〇年二月下旬に新興宗教団体内での集団感染を契機に韓国で感染者数が急速に増えると、文政権の感染症拡大への対応を批判する声が強くなり、当時は不支持率が支持率を上回る状況が続いた。しかし、三月第二週以降に感染者数の急増を抑えることに成功すると文政権の支持率は上昇し始め、選挙直前となる四月第三週の韓国ギャラップ調査では支持率五九パーセント、不支持率三三パーセントを記録して総選挙での与党圧勝へと結実した。[24] この間、韓国政府による感染者数拡大抑制が国際的にも成功例として注目を集めると、文政権はその成果を国内外にアピールして与党の支持拡大に貢献した。結果的に、選挙実施時点での文政権による新型コロナウイルス感染症対策の成功が与党圧勝をもたらしたと言える。

他方で、統合党の敗因は韓国政治の観点から見ればより構造的なものであった。統合党は、朴槿恵政権の与党を引き継ぐ政党であり、自由韓国党が二〇二〇年二月下旬に他の保守政党と統合する形で発足していた。保守陣営の統合と時を同じくして、新型コロナウイルス感染者数拡大により文政権支持率は下がっており、総選挙では野党が与党に十分勝負を挑める状況になったと思われていた。しかし、党代表に黄教安・元国務総理が就任したことが象徴するように、統合党は生まれ変わった新しい保守の姿を有権者に見せることができなかった。加えて、総選挙に臨むにあたり、立候補者の公認作業をめぐる党内対立などにより、有権者とりわけ中道層および無党派層に見放されてしまった。その結果、ソウル市など首都圏の接戦選挙区の多くで民主党に敗れたのである。

統合党は総選挙敗北の翌月に非常対策委員会を立ち上げて、事実上の党代表となる非常対策委員長には金鍾仁《キムジョンイン》氏が就任した。金委員長は過去に保守政党と進歩政党のいずれも立て直した経歴を持つ重鎮政治家で、朴大統領弾劾・罷免以来低迷が続く保守陣営を改革・刷新することが期待されていた。金委員長は就任一〇〇日を迎えるに際して、「我が党は時代の変化についていけない政党、既得権擁護の政党、派閥争いの政党などのイメージが強かった。これからは時代の変化を先導し、国民と息を合わせる政党に生まれ変わる」旨を述べて、党名を「国民の力」に変更することを主導した。[25] その後、一連の党改革を受けて実施された二〇二一年六月の党大会では、三〇代で国会議員経験のない若手政治家である李俊錫《イジュンソク》氏が党代表に選ばれた。韓国の主要政党で三〇代の党首が誕生したのは憲政史上初のことであり、朴大統領の弾劾・罷免とともに信頼を失った保守政党の刷新を印象付ける出来事となった。

6　再び問われる公正と正義

文在寅政権の任期末となる二〇二一年は、翌年三月実施の次期大統領選挙に向けた動きが本格化した年であった。与野党ともに夏頃からの党内の予備選挙を経て、秋には大統領候補を選出した。与党・民主党は一〇月に李在明《イジェミョン》氏を、保守系第一野党の「国民の力」は一一月に尹錫悦《ユンソンニョル》氏をそれぞれ大統領候補に選出した。その他、「正義党」から沈相奵《シムサンジョン》氏、「国民の党」から安哲秀氏が選挙戦に出馬したが、最終的に選挙戦は李候補と尹候補の一騎打ちと言える状況になった（安候補は投票日六日前に尹候補と一本化して出馬を辞退）。

現在の韓国政治は、進歩陣営と保守陣営の対立が激しい事実上の二大政党制の様相を呈しており、過去の大統領選挙でも何回か同様の状況が確認されてきた。一九八七年の民主化以降二〇一七年までの七回の大統領選挙のうち三回は、二大候補による僅差での決着であった。一九九七年の大統領選挙は金大中四〇・二七パーセント対李会昌《イフェチャン》三八・七四パーセント、二〇〇二年の大統領選挙は盧武鉉四八・九一パーセント対李会昌四六・五八パーセント、二〇一二年の大統領選挙は朴槿恵五一・五五パーセント対文在寅四八・〇二パーセント（数字はいずれも得票率）と、いずれも進歩陣営と保守陣営の候補による接戦であった。

二〇二二年三月実施の大統領選挙も年明けから李候補と尹候補が接戦を展開し、どちらが勝利をするか予断を許さない混沌とした選挙戦となった。加えて、有力候補である李候補と尹候補の両者とも国政での政治経験がないことは、民主化以降の大統領選挙では初めてのことであった。李候補は、国政経験はないものの城南市長から京畿道知事を経て与党の大統領候補となった。尹候補は、一貫して検察でキャリアを積んで検察総長となった後、政治経験のないまま大統領選挙への出馬を宣言し、第一野党の大統領候補になったという点で異色であった。

国政経験がないこともあり、李・尹両候補ともに進歩・保守陣営の支持基盤を十分に固めきれないまま選挙戦が展開されることとなり、各候補に不利な材料が出るたびに支持率が落ちたり、支持が他の候補へと流れたり、といった状況が繰り返された。それが接戦かつ混沌とした選挙戦を生み出したのである。

なぜ支持基盤が磐石でなかったのか。その理由として、第一に候補者個人への支持が厚くない、つまり熱烈なファンが多くなかったこと、第二に党内がまとまっていなかったこと、そして第三に候補者や家族の疑惑やスキャンダルが払拭されなかったこと、が指摘できる。

第一について、過去の大統領選挙では見られた候補者への忠誠度が高い支持層が、李・尹両候補には見られなかった。一九九二年、一九九七年にそれぞれ当選した金泳三、金大中には、権威主義的政権下における民主化運動リーダーとしての経歴と「地域主義」に基づく厚い支持が存在したし、二〇〇二年の盧武鉉当選には学生時代に民主化運動経験のある「三八六世代」の存在が大きな力となった。「ノサモ」(「盧武鉉を愛する人々の集まり」の韓国語の略称)と言われたファンクラブの活動は、当時の社会現象のひとつにもなった。二〇〇七年に当選した李明博には歴代大統領ほど熱烈なファンは多くはなかったが、それでも、苦学生から現代建設の社長、会長へと上り詰めた経歴はテレビドラマ化されて人気を得るなど立志伝中の人として広く知られていた。二〇一二年の朴槿恵当選には、父・朴正熙政権時代の経済成長の恩恵を受けた「産業化勢力」の結集が大きく貢献し、二〇一七年に当選した文在寅の中心的な支持層はかつてノサモであった盧武鉉支持者たちであった。ところが、二〇二二年の大統領選挙は、相手の候補が嫌だから、他に良い候補がいないから、という消去法的な選択による支持が特徴のひとつであった。

第二に、与野党ともに候補者を中心に党内で一致団結した状況を作り出すことができなかった。実はこれも候補者自身の人気の有無と関係していた。金泳三や金大中、そして金鍾泌《キムジョンピル》という三人の有力政治家が活躍した「三金時代」の政党は、カリスマ性のあるリーダーたちが出身地域を基盤として作った「私党」的な性格が強かった。その後、盧武鉉政権以降に各政党の「民主化」が進み、有権者に人気のある政治家が党代表に選ばれて党を率い、大統領候補へと進むようになった。朴槿恵と文在寅がそのケースである。しかし、李・尹両候補はこのような過去の例とは異なっていた。李候補は与党内の主流派「親文在寅」系の候補に対抗する非主流派の候補として党内予備選挙を勝ち抜き、与党大統領候補の座を摑んだ。本来であれば、党内予備選で李候補に敗れた与党主流派の李洛淵《イナギョン》氏（文政権の国務総理、与党代表を歴任）が積極的に李候補の応援に乗り出し党内団結を示すべきだったが、そうはならなかった。挙党体制に問題があることを物語るように、二〇二一年一一月末に李候補は与党選挙対策委員会を大幅に再編せざるを得なかった。事情は野党の尹候補も同様であった。政治経験のまったくない尹氏は、政権交代を求める世論を背景に「国民の力」の党内予備選挙では勝利したが、当然党への影響力や掌握力は限定的であった。党選挙対策委員会の立ち上げ後も選挙態勢をめぐって李俊錫・党代表らと対立し、二〇二二年初めには選対委を一度解散して再出発することを余儀なくされた（その後、尹候補と李代表は和解して選挙戦に臨んだ）。

第三に、候補者および関係者の疑惑やスキャンダルを李・尹両候補ともに最後まで払拭できなかった。李候補は城南市長時代の都市開発事業をめぐる疑惑で逮捕者を出し、他方の尹候補も、検察総長時代の職権濫用疑惑に加え、夫人の虚偽経歴問題が出てくるなど、選挙戦は政策論争よりも疑惑やスキャンダルへの攻撃と対応に終始した。

以上のような選挙戦の中で、与野党の対立軸や争点がはっきりとは見えてこなかった。これまで韓国では、大統領選挙が近づくと「時代精神」や「巨大談論」という言葉がよく登場した。選挙戦を通じて有権者に問われて、選挙後に実現すべき大きな課題や価値、といった意味を持つ言葉である。例えば、盧武鉉は「新しい政治」を、朴槿恵は「経済民主化」を、そして文在寅は「積弊清算」を掲げて選挙戦を勝ち抜いた。ところが、二〇二二年の大統領選挙ではそのような「巨大談論」は登場しなかった。

もっとも、選挙戦では李・尹両氏とも、「公正、公平、正義の実現」や「格差の是正」を繰り返し主張しており、これらが選挙のキーワードであったとは言えよう。ただし、これらは過去の選挙でも訴えられたし、特に公正や正義の実現は、朴槿恵大統領の弾劾政局を経て二〇一七年の選挙で当選した文大統領が最も重視したものであった。にもかかわらず、文政権でも政権中心メンバーとその周辺による不正が朴槿恵政権に続いて起きたことに国民の多くは憤り、失望していた。曺国・法務部長官の件はその代表的なケースであった。また、国民の大きな関心事である住宅問題では、文政権の四年間でソウルのマンション価格が二倍になり、不動産政策失敗への有権者の怒りが爆発した。格差の是正どころか、持てる者と持たざる者の差がさらに広がったと国民は感じたのである。それが大統領選挙の前哨戦と言われた二〇二一年四月のソウル、釜山両市長の補欠選挙での与党の惨敗をもたらした。

二〇二〇年四月の総選挙圧勝にもかかわらず、二〇二二年の大統領選挙では、公正や公平、そして正義という観点から政権与党に厳しい風が吹いていたのである。つまり、文政権に対して審判を下すべきとの「政権審判論」が優勢であった。与党政権継続と与野党政権交代のどちらが好ましいかを問う韓国ギャラップによる毎月一回の調査では、二〇二〇年一二月以降一貫して「野党候補当選が良い」との回答が「与党候補当選が良い」を上回っていたことはそれを傍証していた。

こうした状況は、保守陣営は文政権の「敵失」に助けられる形で選挙戦を展開したのであり、必ずしも保守再建により自力で有利に選挙を戦ったとまでは言えそうにないことを意味していた。何よりも、政治経験のまったくない、予備選挙直前に「国民の力」に入党した尹錫悦氏を大統領候補に選んだという事実は、保守陣営がいまだ再建途上にあることを示していた。尹候補が国民から一定の支持を集めたのは、文大統領から検察総長に任命されながらも、果敢に曺国・法務部長官関連疑惑の捜査をしたからであった。その尹候補に、「国民の力」は頼らざるを得なかったのである。

おわりに――さらに分極化する韓国政治

二〇二二年三月九日実施の大統領選挙は、「国民の力」の尹錫悦候補が民主党の李在明候補を僅差で破り当選した。得票率でわずか〇・七三パーセント、票数で二四万票あまりという、一九八七年の民主化以降最も僅差での決着であった。得票率四八・五パーセント対四七・八パーセントという数字が物語るのは、韓国の政治社会が極めて深刻な分断状況にあるという事実である。従来から韓国では、保守と進歩というイデオロギー対立が政治社会の亀裂、対立の軸になってきた。これに加えて、二〇二二年の選挙で明らかになったのは、感情や情緒による分断や分極化がかなり進んでいるということであった。それを示唆するのが、選挙後に韓国ギャラップが行った事後世論調査である。各候補に投票した理由を尋ねたところ、敗れた李候補に投票した理由として一番多かったのは、「相手候補が嫌いだから」であった。他方、当選した尹候補に投票した一番の理由は、「政権交代を望むから」であった[26]。尹候補が辛うじて勝てたのは、候補者自身の魅力よりも政権交代を望む雰囲気のおかげであった。

韓国の選挙では、いわゆる「地域主義」が大きく作用してきたが、二〇二二年の大統領選挙でもその傾向は確認された。進歩系の李候補は全羅道で、保守系の尹候補は慶尚道で多く得票した。地域主義に加えて、二〇〇二年の大統領選挙以降は、世代間の投票行動の違いも顕著である。六〇代以上の高齢層は保守政党に、二〇代・三〇代の若者層は進歩政党に多く投票する傾向が続いてきた。

しかし、二〇二二年には二〇代・三〇代の半数あまりが保守系の尹候補を支持したことが投票当日の出口調査からわかった。いまの韓国社会の主流をなしているのは、一九八〇年代の民主化運動を主導した、現在五〇代半ばのいわゆる「五八六世代」（かつての「三八六世代」）である。民主化後しばらくして社会の主流となったこの世代は、二〇年近く社会の中心にいる。文在寅政権の中心メンバーもこの五八六世代であった。かつては社会の中で尊重されたこの世代も、民主化運動を経験していない若者世代からすると、敵と味方を分けて戦うような言動に違和感があり、同じ世代内で既得権を分け合っているように見えているようである。公正や公平という言葉に敏感な若者世代が、既得権勢力となった五八六世代に反旗を翻したのが二二年の大統領選挙であったと言えよう。

地域主義と世代格差に加えて、ジェンダー問題をめぐる男女間の対立も投票行動に表れた。とりわけ、二〇代の男女の違いが話題となった。出口調査によれば、二〇代男性の五八パーセントが保守系の尹候補に投票したのに対して、二〇代女性の五八パーセントは進歩系の李候補に投票した。文在寅政権はフェミニスト的な政策を打ち出してきたと認識されていたため、尹候補は若い男性の心を摑むために、兵役期間の給料増額や、女性政策を推進してきた女性家族部の廃止を公約に掲げて選挙に臨んだ。これが女性からの反発を買い、若い女性は李候補に票を投じたのである。

以上のように、現在の韓国社会は、イデオロギー、地域や世代に加えて、ジェンダー問題でも深刻な対立を抱えるようになっており、それらが二〇二二年の大統領選挙戦の過程で先鋭化し、鮮明に表れたと言えるだろう。文在寅政権の五年間を経て、韓国政治および社会はさらに分裂と分断が進んでしまったのである。文大統領が掲げた改革と統合という二つの課題のうち、統合については結果的にさらに後退してしまったと言わざるを得ない。一方、改革については、進歩陣営にとって最重要課題のひとつであった検察改革を進めるなど、文政権にとって一定の成果を成し遂げたと言える。そして、大統領選挙では僅差で敗れ与野党政権交代はしたが、二〇一八年の統一地方選挙や二〇二〇年の総選挙での勝利に見られるように、進歩陣営が韓国の政治、社会において保守陣営と対等な力を持つようになったことに、文政権は大きく貢献した。しかし、繰り返しになるが、それは韓国政治の分断がさらに深まったことを意味している。尹錫悦政権は、文在寅政権発足時よりさらに深まってしまった政治社会の分断状況の中で国政を運営していかなければならない状況に置かれている。

（1）本章は、二〇二一年五月一四日実施の慶應義塾大学東アジア研究所講座の内容をもとにしつつ、二〇一七年度から二〇二一年度の日本国際問題研究所主宰の朝鮮半島研究会に提出した報告書および『中央公論』二〇二二年三月号、五月号に寄稿した論考などを再構成して加え、さらに加筆、修正した論考である。

（2）「文在寅『新しい大韓民国の門を開く日、第三期民主政権を開く』」聯合ニュース・ウェブサイト、二〇一七年五月九日（韓国語）。https://www.yna.co.kr/view/AKR20170509103300001

（3）「第七二回国連総会基調演説」大統領記録館文在寅政権青瓦台ウェブサイト、二〇一八年九月二一日（韓国語）。http://webarchives.pa.go.kr/19th/www.president.go.kr/articles/1107

（4）「韓国ギャラップ・デイリー・オピニオン」第三〇五号（二〇一八年五月第一週、韓国語）。https://panel.gallup.co.kr/Contents/GallupKoreaDaily/GallupKoreaDailyOpinion_305(20180504).pdf　韓国ギャラップでは「大統領職務遂行評価」という言葉を用いているが、本章では便宜的に大統領支持率、政権支持率、という言葉を同義のものとして使うこととする。

（5）同右。

（6）『文在寅政府国政運営五カ年計画』二〇一七年七月、国政企画諮問委員会（韓国語）。http://www.korea.kr/common/download.do?fileId=145050042

（7）『文在寅大統領一〇〇日記者会見』二〇一七年八月一七日、文在寅政権青瓦台 YouTube サイト（韓国語）。https://www.youtube.com/watch?v=HyMIY1Ty708

（8）「文大統領、安倍晋三総理との通話に関する尹永燦広報首席ブリーフィング」大統領記録館文在寅政権青瓦台ウェブサイト、二〇一七年五月一一日（韓国語）。http://webarchives.pa.go.kr/19th/www.president.go.kr/articles/42

（9）「韓日日本軍慰安婦被害者問題合意検討結果報告書」韓日日本軍慰安婦被害者問題合意検討タスクフォース、二〇一七年一二月二七日（韓国語）。http://www.mofa.go.kr/www/brd/m_4076/view.do?seq=367886

（10）「康京和外交部長官、韓日慰安婦合意処理方向の政府立場発表」大統領記録館文在寅政権青瓦台ウェブサイ

ト、二〇一八年一月九日（韓国語）。http://webarchives.pa.go.kr/19th/www.president.go.kr/articles/2017

(11)「第21代国会議員選挙関連、康珉碩代弁人ブリーフィング」大統領記録館文在寅政権青瓦台ウェブサイト、二〇二〇年四月一六日（韓国語）。http://webarchives.pa.go.kr/19th/www.president.go.kr/articles/8501

(12)「韓国ギャラップ・デイリー・オピニオン」第三一四号（二〇一八年七月第二週、韓国語）。https://panel.gallup.co.kr/Contents/GallupKoreaDaily/GallupKoreaDailyOpinion_314(20180713).pdf

(13)「二〇一八年文在寅大統領新年記者会見」大統領記録館文在寅政権青瓦台ウェブサイト、二〇一八年一月一〇日（韓国語）。http://webarchives.pa.go.kr/19th/www.president.go.kr/articles/2030

(14)「韓国ギャラップ・デイリー・オピニオン」第三四八号（二〇一九年四月第一週、韓国語）。https://panel.gallup.co.kr/Contents/GallupKoreaDaily/GallupKoreaDailyOpinion_348(20190405).pdf

(15)「韓国ギャラップ・デイリー・オピニオン」第四四五号（二〇二一年四月第五週、韓国語）。https://www.gallup.co.kr/dir/GallupKoreaDaily/GallupKoreaDailyOpinion_445(20210430).pdf

(16)「韓国ギャラップ・デイリー・オピニオン」第三四八号（二〇一九年四月第一週、韓国語）。https://panel.gallup.co.kr/Contents/GallupKoreaDaily/GallupKoreaDailyOpinion_348(20190405).pdf

(17)「インタビュー映像、金秉準・自由韓国党革新委員長」JTBCニュース（二〇一八年七月一九日、韓国語）。https://www.youtube.com/watch?v=95YIk1ctypg

(18)「韓国ギャラップ・デイリー・オピニオン」第三七四号（二〇一九年一〇月第三週、韓国語）。https://www.gallup.co.kr/dir/GallupKoreaDaily/GallupKoreaDailyOpinion_374(20191018).pdf

(19) 前掲『文在寅政府国政運営五カ年計画』、四二頁。

(20) 文大統領が検察改革を重視する理由については、堀山明子「曺国氏を切り捨てられない文大統領の根深いトラウマ」毎日新聞ウェブサイト、二〇一九年九月二八日（https://mainichi.jp/premier/politics/articles/20190927/pol/00m/010/003000c）等を参照。

(21)「第一〇〇周年三・一節記念式記念辞」大統領記録館文在寅政権青瓦台ウェブサイト、二〇一九年三月一日（韓国語）。http://webarchives.pa.go.kr/19th/www.president.go.kr/articles/5607

(22) この点に関する論文として、奥薗秀樹「文在寅政権による『正統性』追求と日韓関係」『アジア研究』第六六巻第四号（二〇二〇年一〇月）、三九―五九頁などを参照。

(23) 例えば、「『コロナ・ブラックホール』に落ちたD―五〇総選挙政局、与野党選挙戦略苦心」聯合ニュース・ウェブサイト、二〇二〇年二月二五日（韓国語）。https://www.yna.co.kr/view/AKR20200225092900001

(24)「韓国ギャラップ・デイリー・オピニオン」第三九七号（二〇二〇年四月第三週、韓国語）。https://www.gallup.co.kr/dir/GallupKoreaDaily/GallupKoreaDailyOpinion_397(20200417).pdf

(25)「統合党、国民の力に改名、基本所得・経済民主化を旗印に（総合）」聯合ニュース・ウェブサイト、二〇二〇年九月二日（韓国語）。https://www.yna.co.kr/view/AKR20200902125751001

(26)「韓国ギャラップ・デイリー・オピニオン」第二〇代大統領選挙事後調査（二〇二二年三月一〇日）。https://www.gallup.co.kr/dir/GallupReport/GallupReport(20220311)_제20대대선사후조사.pdf

第2章　文在寅政権の安保政策の展開

朴　榮　濬

はじめに――国家安保政策の概念と類型

国家安保政策とは国家の主権と領土、国民の生命を保護するための諸般の国家政策を指す。このため国家の主権と領土、国民の生命を脅かす国家内外の顕在的、もしくは潜在的な脅威要因を識別し、これに対応するため国家の軍事的、外交的、経済的、社会的力量を育み、適切に使用する必要がある。

ただ、国家を脅かす要因が何なのかについて国家安保政策は、伝統的もしくはリアリズム的なアプローチと、非伝統的もしくはリベラリズム的なアプローチの二つに大別することができる。伝統的アプローチもしくはリアリズム的アプローチの方式は、外部に存在する敵対国家の軍事的脅威などを最も大きな国家安保に対する脅威要因とみなす。これに対応するために、国家の軍事力増強と、自国を助けることができる外部の友好国家との同盟締結を重要な政策手段と認識する。

これに対し、非伝統的もしくはリベラリズム的なアプローチは、軍事的脅威以外にエネルギー資源や為替などの急激な変動のような経済要因、気候変動のような環境的要因、新型コロナウイルス感染症（COVID－19）のような疾病要因なども安保への脅威の要因に含まなければならないとみなす。これに対応するために、国内の社会安全網の講究、保健対応体制の強化、炭素ゼロ社会の実現、国際機構と規範の建設などを重視する[1]。

最近、新たな視点として台頭しているコンストラクティビズム（社会構成主義）的な国際政治理論は、国家が国際政治の場で政策を選択する重要な要因として、行為者の認識的側面を重視する。すなわち、国家内の政治勢力や指導者がどのような認識を持っていたのかにより、その国家の安保政策が変わりうるというものである。したがって、国内政治勢力の認識形成、あるいは国家相互間の認識と共通認識形成の有無が国家間の戦争と平和の問題につながるとみる。大きくみれば、コンストラクティビズム的な安保理論も非伝統的安保理論の領域に包括されるとみることができる。

一九四八年の政府樹立以降、韓国（大韓民国）の歴代政権は伝統的、非伝統的安保のいずれの観点でどの新生国よりも複雑な難題に直面した。冷戦体制下で国家が南北に分断され、北朝鮮（朝鮮民主主義人民共和国）で政権を握った金日成《キムイルソン》主席の政府は対南武力統一という戦略の下、一九五〇年六月二五日、朝鮮戦争を起こした。それに加え、社会全体的に経済的困窮や政治的理念対立などで国家の内部も混乱した状況だった。そのような安保状況に直面した冷戦期の李承晩《イスンマン》、朴正熙《パクチョンヒ》政権は伝統主義的安保政策に立脚し、徴兵による国民皆兵制を導入し、米韓同盟を締結し、予備軍を創設し、防衛税を徴収して国内に防衛産業を建設し、自主国防態勢も強化した。一九九〇年代の脱冷戦期以降、韓国では民主主義体制が整い、リベラリズム的な安保政策論も受け入れるようになった。盧泰愚《ノテウ》政権は北朝鮮との対話を積極的に推進し、南北基本合意書と朝鮮半島非核化共同宣言を採択し、対外的にはソ連、中国といった共産主義国家との国交正常化を断行し、北朝鮮とともに国連に同時加盟した。金大中《キムデジュン》政権も南北首脳会談を開催し、南北間の信頼構築を推進し、開城《ケソン》工業団地を建設するとともに、南北間の初歩的な水準の経済協力も実施した。対外的には米国、日本、中国、ロシアとの協力も同時に推進し、朝鮮半島の平和体制を強固にしようとした。このようなリベラリズム的政策基調は盧武鉉政権にも継承された(2)。

一方、保守系の李明博《イミョンバク》、朴槿恵《パククネ》政権は、北朝鮮による一連の軍事挑発、すなわち繰り返される核実験、金剛山《クムガンサン》観光客死亡事件、延坪島《ヨンピョンド》に対する砲撃などを契機に対北政策を和解協力から警戒と対立の基調に変化させ、開城工団事業も中断させた。金大中政権や盧武鉉《ノムヒョン》政権が六者会合体制の中で同盟国である米国以外の日本、中国、ロシアとも緊密に協力を維持しようとしたのに比べ、特に朴槿恵政権は多国間国際協力もおろそかにする姿をみせた。

歴代政権が推進してきた安保政策を概括すれば、韓国の安保政策には四つの軸が存在するといえる。(一)国家レベルでの自主国防能力の増大、(二)対外的レベルでの米韓同盟の強化問題、(三)北朝鮮の軍事挑発の可能性に対する抑止とその方法としての対話維持、(四)国連などの国際機構やほかの中堅国など国際社会との協力を通じた安保体制の強化、である。伝統的安保政策を重視する政権は(一)と(二)の課題に力点を置くが、リベラリズム的安保政策を選好する政権は対北対話と国際社会との協力拡大にも重点を置いたとみることができる。このような政策の組み合わせを通じて韓国政府は北朝鮮からの軍事的脅威に対応しつつ、同時に非伝統的安保に対応する国家の力量を強化してきたとみることができる。

ある国家が安保政策においてどのような性向を選好し採択するかの問題に関しては、国内政治勢力の政策選好、同盟国および国際社会の要因、相手国家の政策的反応如何などさまざまな要因が指摘できるだろう。韓国の場合には大統領制の下で、歴代大統領の判断と認識、そして大統領を補佐する青瓦台国家安保室、外交部、国防部、統一部など外交安保の政策決定者の性向が安保政策決定の大きな変数として働いている。それに加え、同盟国米国の政策性向、そして北朝鮮の対応如何が重要な要因として指摘できるだろう。

このような点を念頭に置き、二〇一七年五月から四年間にわたり政権の座にあった文在寅《ムンジェイン》政権の安保政策の展開を検討し、評価する。

1　文在寅政権の安保政策の基本的立場

(1) 主要な政権の核心メンバーの安保政策の立場

文在寅大統領の前任者、朴槿恵大統領は、一九六一年五・一六軍事革命を主導し、以後一八年間政権を握り韓国を経済成長や安保、外交の側面でめざましく発展させた朴正熙大統領の長女である。保守志向の有権者にとり朴槿恵大統領は韓国の富国強兵的発展を連想させるアイコンのような存在であり、このため彼女は女性として初めて大統領に当選したのである。しかし、国民的期待にもかかわらず、朴槿恵大統領

表1　文在寅政権の主要な安保政策決定者の変化

	2017	2018	2019	2020
大統領	文在寅			
青瓦台	鄭義溶、任鍾晳、金基正	鄭義溶、崔鍾建		徐薫
外交部	康京和			鄭義溶、崔鍾建
国防部	宋永武		鄭景斗	徐旭
統一部	趙明均			李仁榮
国情院	徐薫			朴智元
秘書室長	任鍾晳			

は、国政に関する専門性を持たない少数の側近に依存する政治手法が問題視され、結局、憲法裁判所による弾劾を受け、任期を全うできず不名誉な形で退陣した。

朴槿恵大統領弾劾後に実施された大統領選挙で当選し、二〇一七年五月一〇日に就任した文在寅大統領は、表1に示すように大統領選の過程で彼を支援した人物を中心に安保政策を担当する陣容を構成した。朴槿恵政権では国家安保室長に金章洙《キムジャンス》、金寛鎮《キムグァンジン》といった陸軍士官学校出身の国防長官経験者が起用され中心的役割を果たした。これに比べ、文在寅政権は文《ムン》正仁《ジョンイン》、金基正《キムギジョン》、崔鍾建《チェジョンゴン》ら延世大教授出身の民間学者、鄭義溶《チョンウィヨン》、康京和《カンギョンファ》ら外交部で多国間外交を主に担当した外交官出身者、そして宋永武《ソンヨンム》、鄭《チョン》景斗《ギョンドゥ》ら陸軍でなく海軍や空軍出身の人物を安保政策担当部署に起用する傾向をみせた。また秘書室長に起用した任鍾晳《イムジョンソク》、統一部長官に起用した李仁榮《イイニョン》ら八〇年代の学生運動の経験者が主要な安保政策の要職に抜擢されている。全体的に文在寅政権の安保政策決定者らは既存の保守政権で主流だった陸士、陸軍出身の軍人、そして外交部北米局や東アジア太平洋局出身のアメリカンスクールやジャパンスクールを排除する傾向をみせている。この中でも特に文在寅大統領をはじめ、文正仁、金基正、崔鍾建らの安保政策の性向を、公開された資料を中心に分析すれば次の通りである。

まず、文在寅大統領は一九七〇年代慶熙大学校在学中に朴正熙政権に対する民主化運動に参加した経験があった。一九七八年に司法試験に合格し、司法研修院を修了した後、彼は一九八〇年代に当時弁護士だった盧武鉉とともに民主化運動を支える弁護活動を展開し、盧が八八年に政界入りしてからも九〇年代を通じて人権問題に取り組んだ。二〇〇三年、盧武鉉が大統領に当選した後には、青瓦台民情首席秘書官、市民社会首席、政務特補、大統領秘書室長を歴任し、国政参加の経験を積んでいった。青瓦台での彼の主要業務は国家の権力機関である検察、国情院、国税庁、監査院の改革、公捜処設置などであり、外交安保関連の業務は管轄外だった。ただ、彼は当時盧武鉉政権が推進した米韓同盟を同じように重視するが、従前のような対米偏重外交を脱し、バランス外交を追求する方向をめざす立場を示したことがある（3）。

国家安保政策に関連した経験が相対的に足りない文在寅大統領の安保政策構想には、彼を補佐する民間ブレーンの認識と政策論が大きく影響を与えたと考えられる。文正仁教授はいわゆる「延政グループ」の座長として盧武鉉大統領の時期にも南北首脳会談に同行するなど政権の安保政策に深く関与したことがあり、文在寅大統領就任後にも外交安保政策特補、さらに世宗研究所理事長に起用され、政府の政策の方向づけに大きな役割を果たしていたとみられる。彼は博士号取得後、米国での長い教授生活に加え、流ちょうな英語を生かした国際的活動により、日本と中国にも幅広い人脈を持つ国際政治学者である。彼は金正日委員長や金英哲、崔善姫ら北朝鮮の政治家と直接接することで、北朝鮮も米国の対北敵視政策が撤回されれば非核化に乗り出す意思があると判断しており、このため韓国にとって対北関与政策は避けられない選択であるという立場を堅持している。米中間の戦略的競争激化を韓国外交および安保政策において重要な問題ととらえており、韓国としては同盟国米国との関係も重要だが、北朝鮮核問題を解決するための過程で中国との戦略的協力パートナー関係も軽視できないとの認識に立つ。このように、韓国はいわゆる「超越外交」の立場で米中間の新冷戦状況から距離を置き、両国の葛藤と対立を最大限回避しながら、その一方で中堅国間の連合を通じ、米中間の対立を予防する外交を展開しなければならないと主張する(4)。

金基正は文在寅大統領の選挙過程で、外交安保公約をまとめ、メディアを通じて紹介する役割を担当し、政権発足直後には国家安保室第一次長、さらに国情院傘下の国家安保戦略研究院長に起用され、文在寅政権の安保政策に直接的に参加している。彼は二〇一七年四月一八日、大統領選挙中のメディアとの対談で、北朝鮮の非核化のため、軍事的圧力を強めるのではなく、会談を通じて核開発の凍結を実現し、そこから段階的に完全な非核化をめざしていくのが望ましいという立場を明らかにした。この過程で米韓同盟は重要だが、より韓国主導の同盟管理が必要だとも主張している。その一環として、戦時作戦統制権を大統領任期中に転換すべきだと述べた。東北アジアの地域秩序で展開されている新冷戦状況の解消が韓国の安保政策のもう一つの課題だと問題提起し、これに対応するため韓国としては対中戦略対話および対日2トラックアプローチを通じて「東北アジア責任共同体」形成に向けた地域政策を行っていかなければならないと主張した。国防政策に関しては、彼は国防費をGDP比三%水準に増額し、これを基に北朝鮮に対応できる核心戦力を早期に確保すべきだと主張した。また、兵士の福祉向上の意味で軍服務期間を一八カ月に短縮しなければならないと述べた(5)。彼は二〇一八年八月八日、日本の『朝日新聞』のインタビューで韓国は米韓同盟を維持しながら、多国間安保体制を維持し、特に朝鮮半島と東北アジアの平和のために日本との協力ならびに日朝関係正常化が重要だと強調した(6)。

崔鍾建教授は文在寅候補の公約作成過程で重要な役割を果たしたとされており、大統領就任式の後、青瓦台国家安保室平和戦略秘書官に起用され、対北ならびに外交政策全般に関与し、最近では外交部第一次官に任命され、主要国外交を担当している。彼はコンストラクティビズムや国際政治理論にくわしい学者として、二〇一〇年に発表した論文で、米国が核兵器約二〇〇個を保有した英国より一〇個未満の北朝鮮に対し脅威を感じるのは、米国が持っている北朝鮮に対する認識によるものだと指摘し、国家間安保ジレンマを解消するためには相互認識の変化が必要だという点を強調したことがある。(7) 後述するが、彼が直接的にも間接的にも関与した二〇一八年の南北首脳会談と、その前後の一連の合意にこのような観点が少なからず反映されたのではないかと思われる。

国立外交院長に起用された金峻亨《キムジュンヒョン》韓東大教授も文在寅大統領の外交安保政策構想に深く関与した学者だ。彼は、韓国の国家利益如何によっては米韓同盟を絶対視してきた保守陣営の認識を変える必要があると主張し、北朝鮮に対するアプローチと協力を強調する朝鮮半島平和プロセス政策は不可避だという認識を持っている。(8)

彼らの政策性向を要約すると、国防費増額や先端兵器開発など自主国防政策に熱意をみせ、米韓同盟は基本的に維持するが、戦時作戦統制権（戦争の際部隊に作戦を指示し指揮する権限）の転換を通じてより対等な構造に転換しなければならないという考えに基づき、同盟の絶対化に反対する立場を取る。北朝鮮については、非核化の目標を堅持するが、対話と関与政策、すなわち朝鮮半島平和プロセスを通じこの目標にアプローチすべきだとした。安保政策遂行において、東北アジア地域内の主要国家、特に中国と日本とは良好な関係を維持し、東北アジアの責任共同体を実現しなければならないと考えるが、朴槿恵政権時に日本と合意した慰安婦問題日韓合意は再検証すべきだと主張した。(9)

（2）文在寅政権の戦略書に表れた安保政策の基調

以上みてきた主要ブレーンの政策的立場は、大統領選挙過程での文在寅の公約集、二〇一七年五月一〇日の大統領就任の辞、そして就任後二〇一八年一二月に発表された国家安保戦略書に、より体系的に表れている。二〇一七年の大統領選挙の過程で、文在寅候補が所属した「共に民主党」が公表した選挙公約集は、責任国防と協力外交を通じて「強く平和な大韓民国」を建設するというビジョンを提示した(10)。国防政策に関連し、この公約集は、国防予算増額を通じ独自のミサイル防衛体系ＫＡＭＤを早期に開発することで、独自の監視偵察・攻撃資産を増強し、キル・チェーン（Kill Chain）能力を構築すると明らかにした。また、北朝鮮のミサイルの脅威に対応するための仮称戦略司令部創設構想も提示した。第四次産業革命の成果を受け入れて防衛産業を育成し、文民国防長官を任命するなど国防の文民化も推進するとした。

米韓同盟に関連し同文書は、米韓間の戦略的連帯を強化し、グローバルなレベルの協力も拡大する方針も明らかにした。また、北朝鮮の核に対応し、拡大抑止力強化を図り、米韓間２プラス２戦略対話の常設化の方針も提起した。そのほか、戦時作戦統制権の大統領任期内の転換を推進し、対等な同盟を構築するという立場も表明した。

対北政策に関しては、北朝鮮核問題に段階的かつ包括的にアプローチし、根源的な非核化を追求することに加え、南北間軍事管理体系を構築し、軍事的緊張を緩和させ、偶発的衝突を防止し、さらに軍備統制を推進する方針を明らかにした。開城工業団地を再稼働し、金剛山観光も再開し、鉄道・道路を連結して「韓半島新経済地図」を実行するというビジョンも提示した。ＤＭＺ（非武装地帯）を平和安保観光特区として開発し、政府の基本統一方案である民族共同体統一方案を基に南北基本協定も締結するという目標も提示した。

同文書はまた、周辺四カ国との協力外交ビジョンの下、中国との戦略的協力パートナーシップ関係の発展を掲げ、日韓関係では歴史問題の真の反省と実用的友好協力の同時推進、日中韓三カ国協力の強化、六者会合参加国間の多者協力体系構築などを通じ、東北アジア責任共同体あるいは東北アジアプラス責任共同体を構築するという目標を提示した。このような安保政策の目標とビジョンは二〇一八年一二月に公表された文在寅政権の国家安保戦略書にも基本的に継承されている(11)。

以上の文在寅大統領のブレーンによる外交安保政策構想は二〇一七年五月一〇日、大統領就任の辞に簡潔に要約されている。この就任の辞で大統領は、堅固な安保は強力な国防力からもたらされると述べ、「自主国防強化」のため努力すると語り、米韓同盟もさらに強化すると述べた。また、朝鮮半島の平和定着のために平壌訪問実現の努力を誓い、この過程でワシントン、北京、東京にも行くと語り、地域協力構想も積極的に明らかにしたのである(12)。では、大統領就任までに明らかになった文在寅政権の安保政策構想は、その後、果たしてどのように展開し、どのような成果と限界を示したのか。以下では三つの時期に分け、その経過を検討する。

２　北朝鮮による軍事危機と文在寅政権の初期安保政策（二〇一七〜二〇一八年）

（１）北朝鮮のミサイル・核実験と朝鮮半島の軍事危機

文在寅大統領の就任前後、北朝鮮はスカッド、火星、北極星など多様な中短距離ミサイルを東海上に発射する武力示威を相次いで行った。次頁の表２は二〇一七年上半期に、メディアで報道された北朝鮮のミサイル発射実験の概要を示したものである。

この表にある通り、二〇一六年に二四回のミサイル実験を実施した北朝鮮の金正恩《キムジョンウン》政権は、二〇一七年上半期にも一二発の多様なミサイル発射実験を東海上で実施した。二〇一六年末時点で北朝鮮は高濃縮ウラン七五八キロ、プルトニウム五四キロを保有していると推定され、このような核物質は核弾頭四六〜六〇個の製造が可能な分量と分析された(13)。すでに五回の核実験を実施した北朝鮮は、核弾頭の運搬手段として短距離はもちろん、中長距離弾道ミサイル（ＩＣＢＭ）や水中発射弾道ミサイル（ＳＬＢＭ）を保有しようとする目的を持っていたため、このようなミサイルの頻繁な発射実験を行い、二〇一七年四月一五日、太陽節記念の軍事パレードでも短距離スカッドミサイルのほか、ＩＣＢＭのＫＮ－08、ＫＮ－14、そしてＳＬＢＭの北極星一号と北極星二号も公開したのである(14)。このほか金正恩政権は二〇一七年二月一三日、彼の異母兄である金正男《キムジョンナム》をマレーシアのクアラルンプール国際空港で助力者を通じて暗殺する残忍さも見せた。

このような北朝鮮の軍事挑発に対し、韓国はもちろん、米国と日本も強い警戒感を示した。トランプ政

表２　2017年前半期の北朝鮮のミサイル発射現況[13]

時　期	ミサイル類型	備　考
2017. ２月12日	北極星２号	潜水艦発射弾道ミサイル
３月６日	スカッド改良型（４発）	日本海方面に発射、射程1,000キロ推定
３月26日	弾道ミサイル	
４月５日	北極星系列ミサイル	日本海方面に発射
４月16日	中距離弾道ミサイル	
４月29日	新型弾道ミサイル	
５月14日	火星12型ミサイル	平安北道亀城から日本海方面に発射、射程800キロ、高度2,000キロ（推定）
５月21日	北極星２号	
５月29日	スカッド（推定）	日本海方面に発射、飛行距離450キロ、高度120キロ

出典：『朝日新聞』2017年５月30日付などを基に著者作成。

権のティラーソン国務長官は三月、北朝鮮に対してミサイル基地への先制攻撃の可能性も示唆し[15]、四月にはトランプ大統領が異例な形で上院議員約一〇〇人をホワイトハウスに招き、ティラーソン国務長官とマティス国防長官、ダンフォード統合参謀本部議長らを同席させた中、北朝鮮の核開発が米国の国家安保の脅威だという対北政策を発表した[16]。米国は二〇一七年三〜四月に行った米韓合同軍事演習を通じ、北朝鮮の指導部を除去するための訓練を実施し、四月には日米韓の対潜水艦合同訓練を実施し北朝鮮への軍事的圧力の態勢を誇示した。そして五月にはミサイル防衛局が主導し、大陸間弾道ミサイル攻撃を想定した迎撃訓練を行い成功した[17]。

北朝鮮はこのような米国主導の対北軍事的圧力、そして米韓合同軍事演習に対して神経質な反応をみせた。二〇一七年三月二六日、朝鮮人民軍総参謀部報道官は声明を発表し、米韓合同軍事演習に対し先制攻撃で対応すると明らかにし、四月三日、朝鮮中央通信は自国の先制攻撃が正当な自衛権行使だと主張した。四月一四日、朝鮮人民軍総参謀部は報道官声明を通じ、米国の挑発に対応するため韓国内の烏山《オサン》、群山《グンサン》、平沢《ピョンテク》などの米軍基地はもちろん、日本本土、沖縄、そしてグアムの米軍基地に対しても戦略ロケット軍が攻撃することができると威嚇した。四月一五日、太陽節の記念式典で演説した北朝鮮の実力者、崔竜海《チェリョンヘ》も米国の全面戦争の試みには全面戦争で、核戦争の試みには核攻撃で対応すると主張した(18)。

北朝鮮の軍事的脅威は文在寅が韓国大統領に就任した五月一〇日以降、さらに強まった。七月四日、北朝鮮の国防科学院は火星一四号大陸間弾道ミサイルの発射実験に成功したと発表した。火星一四号ミサイルは高度二八〇〇キロまで上昇し、九三三キロの距離を三九分間飛行した後、日本海上に着弾したと発表した。国内外の専門家は、火星一四号の飛行軌道を分析した結果、このミサイルは大気圏再突入が可能な射程八五〇〇キロの大陸間弾道ミサイル（ＩＣＢＭ）だと診断した(19)。北朝鮮は再び七月二八日、火星一四号ミサイルの二回目の実験に成功したと発表した。

中長距離弾道ミサイル発射実験の成功が続いたことを基に二〇一七年八月九日、北朝鮮の弾道ミサイル運用部隊である戦略軍報道官は声明を通じ、中距離弾道ミサイル（ＩＲＢＭ）火星一二号で米国のアンダーソン基地があるグアムの主要基地に対する包囲射撃の方法を検討していると威嚇した(20)。それに加え九月三日、北朝鮮は六回目の核実験を強行した。震度五・六の地震を伴ったこの核実験について、北朝鮮の核兵器研究所は水素爆弾実験だったと主張し、韓国軍当局はその爆発力を五〇～一六〇キロトンと推定した。このように文在寅政権は発足直後からかつてないほど強度が強い北朝鮮の軍事的脅威に直面することになった。

（２）文在寅政権の初期安保政策（二〇一七年五月～二〇一八年一月）

文在寅大統領は就任初期に直面した北朝鮮の軍事的脅威に対応し、国内的には国防態勢強化、対外的には米韓同盟強化と日米韓安保協力強化を推進した。彼は北朝鮮が火星一四号を発射したり六回目の核実験を実施したりしたとき、即座に国家安全保障会議を招集し、国家安保室および関連部署の長官と対応策を協議した。さらに就任直後の五月一七日、国防部と合同参謀本部を訪問し、北朝鮮の弾道ミサイル発射は国連安保理決議に違反する重大な挑発であり、朝鮮半島と国際平和に対する深刻な挑戦だと指摘した。そして核・ミサイル能力高度化に対応し、韓国もキル・チェーン、韓国型ミサイル防衛システム、大量応懲報復という韓国型三軸体系など核心対応戦力を最優先に確保し、自主的な防衛力を持ち、国防計画を早期に実行し、さらに米韓連合防衛態勢も固く維持しなければならないと指示した(21)。二〇一七年八月二八日、国防部と国家報勲処との政策討議の際に大統領は北朝鮮が一線を越える挑発を敢行する場合には攻勢作戦に転換しうる軍の構造改革を強力に推進しなければならないとも強調した。そして、韓国型三軸体系など北朝鮮の核を抑止できる戦力の構築の緊急性も強調した(22)。

文在寅大統領は北朝鮮が二〇一七年一一月二九日、射程一万キロを上回ると推定される火星一五号ミサイルを再び発射したときには、韓国が開発し陸海空軍に配備していたミサイルを対応発射するという断固とした姿勢もみせた。すなわち、この日、韓国陸軍のミサイル部隊、海軍のイージス駆逐艦、空軍のＫＦ－16戦闘機は日本海上でそれぞれ玄武２Ａ（射程三〇〇キロ）、艦対地ミサイル海星２（射程一〇〇〇キロ）、空対地ミサイルスパイス－２０００（射程五〇キロ）を同時に発射し、自主対応能力を誇示したのである(23)。

文在寅大統領は就任直後、トランプ米大統領との首脳会談も急いだ。トランプ大統領も相次ぐ北朝鮮のミサイル実験とグアム基地などに対する威嚇攻勢には事実上の強硬姿勢を緩めなかった[24]。二〇一七年六月三〇日、文在寅大統領が米国を訪問しトランプ大統領との首脳会談で発表した共同声明は、北朝鮮に対する脅威認識を共有した両国の対応方針がほぼ一致していることを示した。両首脳は共同声明を通じ、北朝鮮の核・弾道ミサイルの脅威に対応し、米韓間の連合防衛態勢を強化し、米国が在来式と核能力の拡大抑止を提供するという点を再確認した。また、キル・チェーンと韓国型ミサイル防衛システム構築を通じ、連合防衛能力を強化し、加えて米韓間2プラス2会談、拡大抑止戦略協議体（EDSCG）などの協議体を積極的に稼働させることを約束した。また北朝鮮の脅威に対応し、日米韓三カ国協力を増進させ、エネルギー安保とサイバー安保に関連しても日米韓協力を強化することにした。さらに米韓同盟を経済、貿易、科学技術、宇宙、環境、保健、防衛産業技術分野などにわたる多様な分野で協力を追求する未来志向的な同盟に発展させるという点についても合意した[25]。

その後、米韓同盟はグアム基地から発進した米国のB－1B戦略爆撃機、B－2爆撃機などが朝鮮半島上空まで飛行し、韓国空軍と連合で北朝鮮の核心施設を爆撃するという想定で連合訓練を随時実施し[26]、一一月にはロナルド・レーガン、ニミッツ、セオドア・ルーズベルトという米国の三つの空母集団が日本海上に展開し、韓国海軍とともに対北圧迫のための海上訓練も展開した。文在寅大統領は八月七日、トランプ大統領と行った電話会談で、米韓両国が力の優位に立脚し対北圧迫を実施し、これを通じて北朝鮮が核廃棄のための交渉に自ら出てくるべきだという議論を交わし、韓国の対北軍事能力向上のために、原子力潜水艦の導入、原子力協定の改定、弾道ミサイル重量増大などの必要性についても意見交換した[27]。

文在寅大統領は米国以外に日本、中国、ロシアといった周辺の友好国とも緊密な協力システムを構築し、韓国の安全保障を強化しようとした。就任式直後に米国をはじめ日本、中国、ロシアにそれぞれ洪錫鉷中央日報会長、文喜相「共に民主党」議員、李海瓚元首相、宋永吉「ともに民主党」議員を団長とする特使団を派遣し、両国間の協力関係を構築しようとした。このうち、日本に対しては七月七日にドイツで開かれたG20首脳会談を利用し、文大統領が直接、安倍晋三首相と首脳会談を行い、それまで六年間中断していたシャトル首脳会談を復元させることにした。そして、同日、トランプ大統領を含む日米韓三カ国首脳は、北朝鮮の火星一四号発射に対し、国連安保理の追加制裁を要請することにし、三カ国対北協力について論議した(28)。

しかし文在寅政権は、朴槿恵政権期の二〇一五年一二月二八日に日本と結んだ慰安婦合意問題について、選挙公約で明らかにしたように再検討のための手続を開始した。二〇一七年七月三一日に外交部長官直属で設置されたタクスフォースは、約五カ月の活動の結果、一二月二七日、日本軍慰安婦被害者問題合意の検討結果報告書を発表し、朴槿恵政権期の合意は日本政府の責任認定や日本政府予算による被害者支援事業実施合意などの成果がありはしたが、両国の合意が秘密交渉で進められ、被害者にとって受け入れられないという問題があった点を指摘した(29)。このようなタクスフォース報告書発表に対し、韓国挺身隊問題対策協議会（挺対協）や正義記憶財団などの関連団体は慰安婦合意を無効化すべきだと主張し、その後、日韓関係悪化を招く源となった。

文在寅大統領は中国とも戦略的協力パートナーシップ関係の再構築を推進した。七月六日、G20首脳会談を通じ文大統領は、習近平中国国家主席と会談し、北朝鮮問題についての政策協調を要請した。ただ、中国は朴槿恵政権期に韓国政府が決定した米国のTHAADミサイル（終末高高度防衛ミサイル）導入問題について、自国の核心利益を損なう措置だという批判的立場を取り下げていなかった。結局一〇月三〇日、康京和外交部長官が国会答弁を通じ、米国のミサイル防衛システムに参加せず、ＴＨＡＡＤミサイルの追加配備を検討せず、日米韓安保協力は軍事同盟に発展しないという、いわゆる三不原則を発表し、これを一〇月三一日付で外交部ホームページに掲載するに至った(30)。三不原則はＴＨＡＡＤ問題による中韓間の葛藤の持続を防止し、両国間の協力を促進するため文在寅政権が選択した政策決定だったが、ただ、韓国防衛のためのＴＨＡＡＤミサイル防衛システム導入問題に対し、中国側の主張を過度に受け入れた決定だったという批判を受けることになった。

文在寅大統領は北朝鮮の軍事的脅威の高まりに対応し、韓国の自主的国防力強化、米韓同盟の強化、そして中国と日本を含む周辺国との協力強化で対応しようとしたが、同時に北朝鮮に対しても対話を提起する姿勢をみせた。二〇一七年七月六日、文在寅大統領はケルバー財団の招きでベルリンで演説し、対北政策に関連した五つの方向性を表明した。（一）北朝鮮の崩壊を望まず併合による統一も追求しないこと、（二）北朝鮮の体制の安全を保障する朝鮮半島非核化の追求、（三）恒久的平和体制構築、終戦とともに関連国が参加する朝鮮半島平和協定締結、（四）南北間鉄道・ガス管連結などを通じた朝鮮半島新経済地図構想、（五）民間交流協力事業の推進などがそれであった(31)。このような対北政策基調に加え、文大統領は北朝鮮に対し離散家族再会事業の再開、二〇一八年平昌五輪参加、軍事境界線での敵対行為の中止、南北首脳会談など、対話の再開も提案した。

以上みたように、二〇一七年五月の就任後、文在寅大統領が直面した最大の安全保障上の脅威は北朝鮮の核・ミサイル能力増強であった。文大統領はこのような脅威要因に対応し、韓国の自主的な国防力強化、米韓同盟の連合防衛態勢強化、そして日本と中国といった周辺国との協力体制復元に加え、北朝鮮に対する直接的な対話提案を通じ、危機局面を打開していこうとした。このような初期の政策方向は歴代韓国政府が展開してきた安保政策の類型と比較すれば、日韓関係や中韓関係の不安定性にもかかわらず、リベラリズム的傾向を基盤としながらもリアリズム的対北政策も含んでいる点で、比較的バランスが取れた安保政策だったとみることができる。

3　朝鮮半島和平プロセスの稼働（二〇一八〜二〇一九年）

（1）板門店南北首脳会談（二〇一八年四月）およびシンガポール米朝首脳会談（二〇一八年六月）

南北間、そして米朝間の軍事的緊張が高まった朝鮮半島情勢は、二〇一八年初頭にさしかかり、急激な変化の契機を迎えることになった。二〇一八年一月一日、北朝鮮の金正恩委員長が発表した新年の辞が、南北・米朝関係を微妙に変化させる端緒となった。金委員長はこの演説で、「昨年、われわれは各種核運搬手段とともに超強力熱核兵器実験も断行することにより、われわれの全体的志向と戦略的目標を成功裏に達成し、わが共和国はついにいかなる力でも、何によっても後戻りできない強力で頼もしい戦争抑止力を保有することになった」と述べ、「米国は決して私とわが国家を相手に戦争を仕掛けることはできない」と強調した。さらに「南朝鮮で近く開かれる冬季オリンピック競技大会について言えば、それは民族の位相を誇示するよい契機になり、われわれは大会が成功裏に開催されることを心から願う。このような見地でわれわれは代表団派遣を含め必要な措置を取る用意があり、このため北南当局が急いで会うこともできる。同じ血を分け合う民族として、同族の慶事をともに喜び、互いに助けるのは当然のことだ」と述べ、二〇一八年二月に平昌で開催される冬季五輪に北朝鮮選手団を派遣する準備があるというメッセージを伝えた。さらに金は「北南間の先鋭化した軍事的緊張状態を緩和し、朝鮮半島の平和的環境を整える」べきだと強調した(32)。

金正恩委員長の新年の辞は韓国社会はもちろん、国際社会に波紋を呼び起こした。国内外の北朝鮮専門家の一部は、金委員長の新年の辞が、北朝鮮が直面する国際的苦境を脱しようとする一種の術策だと分析した。米国ウィルソンセンター副所長リトワックは、北朝鮮の新年の辞が大陸間弾道ミサイル開発に必要な時間を稼ごうとする術策もしくは経済支援を狙う目的か、米韓間にくさびを打とうとする術策かもしれないと警戒した(33)。米国ＡＥＩ（アメリカンエンタープライズ公共政策研究所）研究員であるエバーシュタットは、北朝鮮が韓国を対北国際制裁の最も弱い部分とみなし、韓国を媒介に国際社会の制裁を突破しようとする意図で対話を提案したと分析した(34)。日本の『朝日新聞』も、北朝鮮が南北対話を提案したのは対話に積極的な文在寅政権を利用し、国際社会の対北制裁強化と米国の攻撃的対北政策を避ける意図があると分析した(35)。

しかし韓国政府は、金正恩委員長の新年の辞が前年七月の文在寅大統領のドイツにおける対北政策提案に対する回答の性格を持っていると受け止めた。韓国は即座に北朝鮮に対し南北高位級当局者会談の開催を提案し、この提案により一月九日、板門店で韓国側の趙明均《チョミョンギュン》統一部長官、北朝鮮側は李善権《リソングォン》祖国平和統一委員会委員長が参加した会談が催され、北朝鮮代表団と選手団の平昌五輪参加、朝鮮半島の緊張緩和のための軍事会談開催などが議論された(36)。これにより、それまで膠着していた南北関係は急激に対話ムードに転換した。二〇一八年二月、北朝鮮は金永南《キムヨンナム》最高人民会議常任委員長と金正恩の妹でもある金与《キムヨ》正《ジョン》労働党中央委員会宣伝扇動部第一副部長をはじめとした代表団と選手団を平昌五輪に派遣した。また二月末から三月初めにかけては北朝鮮が金英哲《キムヨンチョル》労働党中央委員会副委員長兼統一戦線部長をソウルに派遣し、文在寅大統領と面会し、韓国は鄭義溶青瓦台国家安保室長と徐薫《ソフン》国情院長を平壌に派遣し、金正恩委員長と南北首脳会談の開催および議題を論議した。三月二九日には韓国の趙明均統一部長官と北朝鮮の李善権祖国平和統一委員会委員長が南北首脳会談の日時と議題について最終的な調整を行う手続きを踏んだ。これと並行して、北朝鮮は四月二〇日、労働党総会で従前の核・経済並進路線を公式に破棄し、代わりに国家戦略の方向を経済建設総力集中に変えると宣言し、その翌日からは核実験と大陸間弾道ミサイル発射を中断し、豊渓里の核実験場を閉鎖すると発表した(37)。

　このような南北間の高位級当局者会談での論議事項および北朝鮮の核廃棄の措置により、韓国政府は北朝鮮の非核化の意思を信頼するようになったとみられる。南北首脳会談の日程を控えた文在寅大統領は四月一九日、メディア代表団との懇談会を通じ、南北朝鮮と米国に非核化の概念についての違いはなく、北朝鮮が国際社会に対し完全な非核化の意思を表明していると説明した。そして、今後南北首脳会談で終戦宣言を、米朝首脳会談で非核化合意を、さらに南北米首脳会談で朝鮮半島平和協定を推進するという目標を提示した(38)。

　このような北朝鮮の非核化に対する信頼の中で四月二七日、板門店で南北首脳会談が開かれ、文在寅大統領と金正恩委員長は終始友好的な雰囲気の中で、(一)南北関係の全面的で画期的な改善と発展を成し遂げること、(二)朝鮮半島の軍事的緊張状態の解消および戦争の危険を解消するための共同の努力、(三)

朝鮮半島の恒久的で強固な平和体制構築のための積極的な協力、などで合意した。さらに細かい部分としては、双方の当局者が常駐する南北共同連絡事務所の開城地域への設置、南北赤十字会談開催を通じた離散家族再会、東海線および京畿線鉄道と道路の連結、軍事境界線一帯での拡声器放送とビラ散布などの敵対行為の全面禁止、西海北方限界線一帯の平和水域化、将官級軍事会談開催、武力不使用および不可侵原則の確認、段階的な軍縮の実現、終戦宣言および休戦協定の平和協定への転換、完全な非核化実現などで合意した(39)。

文在寅政権は南北首脳会談を実現させる過程で、米朝の首脳会談実現に向けても外交的努力を尽くした。二〇一八年二月、金英哲との会談でも、米朝対話を実現させるために北朝鮮が先制的な措置を取る必要性を伝えたとされる。北朝鮮も、米国との非核化対話を希望するという意思を韓国側との接触など複数のルートを通じて伝達したと思われる。三月、鄭義溶国家安保室長が金正恩委員長を表敬した席で、金正恩は南北首脳会談だけでなく米国との非核化対話の意思も明らかにした(40)。

もちろん、米国内では前例のない米朝首脳会談開催に対して懐疑的な意見も存在した。五月一三日、ジョン・ボルトン国家安保補佐官はＡＢＣ放送とのインタビューを通じ、北朝鮮の非核化にはすべての核施設の位置の公開、核兵器の全面廃棄と米国への搬出、ＩＡＥＡの検証と査察が含まれなければならないと述べ、このような非核化が実現する場合に米国は北朝鮮政権の体制を保障し、米国の民間分野の対北朝鮮投資を認めることができると語った(41)。

しかし、米国内外からの懐疑的意見にもかかわらず、トランプ大統領は六月一二日、シンガポールで金正恩委員長と歴史的な首脳会談を行い、四項目にわたる米朝間の共同声明に合意した。共同声明は比較的単純なもので、（一）新たな米朝関係の樹立、（二）朝鮮半島での恒久的で強固な平和体制構築のための共同の努力、（三）南北間の板門店宣言の再確認と朝鮮半島の完全な非核化への努力、（四）戦争捕虜および行方不明者の遺骨発掘と送還などだった(42)。米朝共同声明とは別にトランプ大統領は米韓合同軍事演習の暫定的中止を発表した。

このような米朝首脳会談の合意に対しては米国内外で懸念が提起されもした。日本メディアは米国のトランプ政権が「非核化」についての具体的な概念の提示なしに曖昧な合意がなされたと指摘し、さらに同盟国との意見調整なしに発表された米韓合同軍事演習中止の決定が、中国が軍事的に浮上する中、日本の安保態勢にも否定的な影響を及ぼしかねないという点を懸念した(43)。韓国メディアも北朝鮮が結局、米朝接触を通じて米韓合同軍事演習中止だけでなく、在韓米軍撤退と国連軍司令部解体、韓国の軍事作戦計画の弱体化、そして武装解除を狙うのではないかという懸念を示した(44)。

しかし、文在寅大統領は六月一四日、国家安全保障会議において、敵対関係解消のための南北および米朝間の対話が続けば北朝鮮も本気で非核化措置を実践するだろうとの楽観を示し、その過程で板門店宣言の合意に基づきトランプ大統領が言及した米韓合同軍事演習縮小にも前向きに応じることを明らかにした(45)。これにより七月一〇日、宋永武国防長官と金富謙《キムブギョム》行政安全部長官は八月に実施予定だった米韓間ウルチ演習を猶予し、韓国軍単独演習である太極訓練をコンピューターシミュレーションで行うことを明らかにした(46)。

（2）南北平壌共同宣言と九・一九軍事合意

南北および米朝共同声明で北朝鮮の非核化が合意されたことについて国内外で疑念が示されたのにもかかわらず、文在寅政権は一連の会談と共同声明を韓国の仲裁者外交の大きな成果と認識した。趙明均統一部長官は二〇一八年五月九日、国防大の講演で、北朝鮮に対しては軍事的圧力だけでなく対話も並行しながら非核化の道を模索しなければならず、以前の指導者と異なり、金正恩委員長がスイスに五年間留学・滞在した経験が北朝鮮の正常国家化に有利な要因になるのではないかという期待感を示した[47]。国家安保室第一次長を務めた金基正教授は二〇一八年八月、日本メディアとのインタビューで、北朝鮮のように最高指導者が絶対的権限を持っている国家に対しては首脳会談方式が、非核化のような問題を解決する有効な方式であると強調し、今後も非核化、終戦宣言、平和協定という課題を解決していかなければならないと述べた[48]。

板門店南北首脳会談およびシンガポール米朝首脳会談の成果を基に文在寅大統領は二〇一八年九月一八日から二〇日まで平壌を訪問し、南北首脳会談を再び行った。この会談で文大統領と金正恩委員長は主要な五つの点で合意した。すなわち、（一）非武装地帯などでの敵対関係終息、（二）南北間交流と協力の増進、（三）離散家族問題など人道的協力の強化、（四）多様な分野の協力と交流の推進、（五）核兵器と核の脅威がない朝鮮半島の平和建設、（六）金正恩のソウル訪問である。細かい部分では、南北軍事共同委員会の早期稼働、東西方面の鉄道および道路の連結、西海経済共同特区および東海観光共同特区の造成、自然生態系・環境協力、防疫・保健医療分野の協力、文化・体育分野交流、国際専門家参観による東倉里軍事施設廃棄、寧辺核施設の恒久的廃棄などを合意事項に含めた[49]。

また、両指導者立ち会いの下、両国防長官は「板門店宣言履行のための軍事分野合意書」、すなわち九・一九軍事合意に署名した。その主な内容は、（一）軍事境界線一帯での陸海空敵対行為の禁止、（二）非武装地帯監視哨所一一カ所の相互撤収などを通じた平和地帯化、（三）板門店共同警備区域の非武装化、（四）非武装地帯の相互遺骨発掘および歴史的遺跡地共同調査、（五）西海海上の平和水域化、（六）東西海の鉄道・道路連結など軍事的信頼構築、（七）漢江河口共同利用（八）南北軍事当局間直通電話設置と軍事共同委員会構成などが含まれた[50]。

このような九・一九共同声明と軍事合意に文在寅大統領と政府関係者は大きな意味を付与した。文大統領は九月一九日当日、平壌市民一五万人に向かって演説をし、平壌共同宣言を通じ朝鮮半島で戦争の恐怖と武力衝突の危険を除去するための具体的措置が合意されたと強調した。九月二六日、国連総会演説を通じては、金正恩委員長が言う「非核化」は米国が「完全かつ検証可能で不可逆な非核化（ＣＶＩＤ）」と同じものだと説明し、北朝鮮は早い時期に非核化を終え、経済発展に集中することになるだろうと楽観的展望を明らかにした[51]。崔鍾建国家安保室秘書官は南北九・一九軍事合意が事実上不可侵合意書だとさえ説明した。

しかし韓国社会の一部では、このような一連の南北間合意が北朝鮮の実質的な非核化という結果につながるのかという批判的な見方も強力に存在した。また九・一九軍事合意が韓国の防衛能力を弱体化させかねないという批判も提起された。合同参謀本部作戦本部長を務めた申源湜《シンウォンシク》予備役将軍は九・一九軍事合意で北朝鮮が主張してきた飛行禁止区域をそのまま受け入れた結果、韓国の対北軍事能力に対する情報把握能力が深刻に制約されることになったと主張した。金千植《キムチョンシク》元統一部次官も北朝鮮の非核化なしに米韓連合防衛態勢だけが弱まる結果になったと懸念した。申玨秀《シンガクス》元外交次官は、非核化の出発点には申告と検証の部分が含まれなければならないが、このような部分が抜け落ちたと指摘した(52)。柳済昇《リュジェスン》元国防部政策室長も九・一九軍事合意が南北間の軍事的均衡を壊す懸念があると指摘した(53)。日本でも南北首脳会談共同声明と九・一九軍事合意についての不安感が表明された。果たして北朝鮮が非核化に向かう実質的な措置を本当に取るのかという点に対し日本政府は懐疑的であり、実際には北朝鮮が韓国を取り込む戦術を使うのではないかという評価が支配的だった(54)。

事実、このような不安、特に北朝鮮の非核化の実現可能性に対する懸念は、平壌共同宣言以後の北朝鮮の政策決定者たちの発言により増幅した。二〇一八年九月二九日、北朝鮮外相李容浩《リヨンホ》は国連総会での演説で、米国が北朝鮮に対し信頼感を持つようになるとき、非核化が実現可能だと述べ、シンガポール会談以降、北朝鮮が核実験の中断および核実験場の廃棄のような措置を取ったのにもかかわらず、米国は相応の行動をみせていないと批判した(55)。

南北間合意に対してこうした批判があったものの、二〇一八年九月以降ソウルと平壌の両者は合意事項を具体化しようとする姿をみせた。二〇一八年一〇月一日、両者は板門店共同警備区域を非武装化するための措置に着手し、同時に江原道鉄原地域のファサルモリ高地一帯で地雷除去作業にも着手した。ファサルモリ高地では両者が遺骨発掘共同調査を実施し、二〇一九年一〇月まで遺骨発掘も行った。発掘された遺骨で米軍兵士と判明したものは米国への送還が実施された。また二〇一八年一二月までに両者は互いに撤収し破棄することで合意した二二カ所の監視哨所に対する相互現場検証を断行し、九・一九軍事合意の関連事項が履行されたことを確認した。

（3）米韓同盟および日韓関係の推移

韓国の安保政策における重要な軸は、こうした対北政策以外に米韓同盟および多国間外交もある。文在寅政権は就任初期に、米韓同盟に関し北朝鮮の核の脅威に対応する拡大抑止公約の維持と戦時作戦統制権転換などを主要課題として提起していた。南北首脳会談と米朝首脳会談が推進される中でも、このような同盟レベルの課題は着実に遂行された。二〇一八年一〇月三一日、ワシントンで韓国の鄭景斗長官と米国のマティス長官が参加する第五〇回韓米安保協議会議で両者は南北軍事分野合意書の履行過程で両国間の緊密な協調と協力を維持するという点を再確認し、米国が在来式および核戦力を提供し、北朝鮮が核で脅かす可能性に対応する拡大抑止公約も再確認した(56)。また、米韓両国はこのとき、戦時作戦統制権転換以後の連合防衛指針を確定させ、在韓米軍が朝鮮半島に引き続き駐屯し、防衛公約を履行し、転換以降の指揮体制も再編し、未来の連合司令部の司令官に韓国軍四つ星将軍を、副司令官に米軍四つ星将軍を任命する方針を決定した(57)。

ただ、シンガポール会談後トランプ米大統領が突然決定した米韓合同軍事演習の中断決定は、米韓連合防衛態勢の堅固さに対する疑問を生み始めた。毎年定例的に実施されてきた米韓間の合同軍事演習が中止されたり縮小されたりすることで、連合防衛態勢が弱まっているのではないかという懸念が生じ始めたのである。また、二〇一七年一一月以降、米国が「インド太平洋戦略」を標榜し、これに同調する日本、インド、オーストラリアといういわゆるクアッド国家との多様な合同演習が拡大されていたのに対し、韓国はインド太平洋戦略への参加に消極的であり、クアッド参加も中国を意識し参加しないという立場を堅持したせいで他の米国の同盟国に比べ米韓同盟の役割や位相が制限されるといった事態が表れ始めた。

文在寅政権が対北政策に努力を傾ける過程で、韓国の多国間安保に重要なパートナーとして役割を果たしてきた日本との関係がおろそかに扱われるという問題も生じていた。実際には文在寅政権は北朝鮮の非核化過程で米国だけでなく日本の役割も重要だという認識を持っていた。板門店南北首脳会談が実施に至った当時の二〇一八年三月一三日、徐薫国情院長と南官杓青瓦台国家安保室第二次長が日本を訪問し、経過を説明したことがあり、板門店会談後も五月九日、東京で開催された日中韓首脳会談の機会を利用し、文在寅大統領は安倍晋三首相に朝鮮半島の平和体制構築に日本の参加が不可欠だという立場を伝え、そのような認識の下で日韓首脳間のシャトル外交再開に合意したのである[58]。

しかし、二〇一七年の日韓間の慰安婦合意についての検証タスクフォースの調査結果を公論化する過程で日韓間の葛藤が再現された。二〇一八年一年九日、康京和外交長官はタスクフォースの調査結果を公表する過程で、二〇一五年慰安婦合意が両国間の公式合意だったという点を認めたが、被害者の意思を本当の意味で反映していなかったという点を強調し、当時の合意によってつくられた和解・癒やし財団とその基金の運用について再検討すると明らかにした。しかしこれに対して日本の河野太郎外相と菅義偉官房長官が反発し、日韓合意は覆すことはできないという立場を示した[59]。それに加え、二〇一八年一〇月三〇日、韓国大法院が第二次世界大戦中の徴用工（強制徴用被害者）に日本企業が一億ウォン相当の慰謝料を賠償しなければならないという判決を下したことから、日韓関係は収拾のつかないちぐはぐな道を歩み始めた。この判決は一九六五年の日韓請求権協定で個人補償問題は解消されたと定めてきた両国の基本的了解事項を覆すものだった。河野太郎外相は、この判決は一九六五年請求権協定に反するものであり、日韓関係の法的基盤をひっくり返すものだと反発した。[60]さらに韓国政府は一一月、日韓両国間で運用について協議することになっていた和解・癒やし財団を日本と協議することなく解散するという決定も下した。[61]さらに文在寅大統領は二〇一九年一月一〇日の記者会見を通じ、韓国政府が司法府の判決に関与することはできないという立場を示した。

両国間の歴史問題による不信の高まりは、安保関係にも悪影響を及ぼし始めた。二〇一八年一二月二〇日、日本海上で北朝鮮漁船に対する捜索活動を行っていた韓国の駆逐艦「広開土大王」に日本の海上自衛隊P－1哨戒機が近接飛行をしたところ、韓国側が火器管制レーダーを照射したとして、日韓間で抗議の応酬が生じた。韓国側は日本側の行動を威嚇飛行ととらえ、日本側はレーダー照射を模擬攻撃ととらえ問題視したが、韓国側はレーダー照射はしていないと否定した。

二〇一八年時点で南北関係は一連の首脳会談を通じて対話と協力の環境が醸成されていたようにみえたが、韓国の安保政策のもう一つの軸である米韓同盟と日韓関係ではインド太平洋戦略に対する米韓同盟の戦略不一致、日韓間の戦略放置という不安定要因をはらんでいたのである。[62]

4　朝鮮半島和平プロセスの膠着と韓国安保政策の混迷（二〇一九～二〇二一年）

（1）ハノイ米朝会談の決裂（二〇一九年二月二八日）とその後

二〇一八年に展開された南北会談と米朝会談を通じ文在寅政権は朝鮮半島平和プロセス、すなわち南北間の緊張緩和と軍事的信頼構築、そして米朝間の非核化合意を通じて朝鮮半島終戦宣言と北朝鮮の正常国家化の流れが軌道に乗ったと楽観し始めた。このような認識があったため、二〇一九年二月二七、二八日にハノイで米国と北朝鮮が非核化の方式に関する首脳会談を開催すると発表されたとき、韓国政府は両者が非核化と対北制裁解除などについて容易に合意するだろうと期待した。韓国大統領府報道官の金宜謙《キムウィギョム》は、米朝間で終戦宣言が論議される可能性があると言及したため、政府関係者はシンガポールで両者が合意した非核化の原則に従い、北朝鮮が豊渓里の核実験場と寧辺の核施設を廃棄し、これに対し米国が金剛山観光再開や対北制裁を解除する方向で交渉が進展するだろうとの見通しを立てた[63]。

しかし、ハノイの首脳会談で米国と北朝鮮は、非核化の範囲と方式についての見解の相違をあらわにした。北朝鮮は寧辺の核施設の廃棄とそれに対する補償として国連による対北制裁の一部解除を主張した。しかし米国はこれに対し、寧辺の核施設だけでなく核ミサイルとあらゆる大量破壊兵器の完全な廃棄、ウラン濃縮施設の廃棄などを要求した[64]。つまり、北朝鮮は段階的に非核化を推進し、それに相応する制裁解除などを引きだそうとしていたのだが、米国は核兵器と施設の一括廃棄を主張したのである[65]。結局、トランプ大統領と金正恩委員長は合意文書に署名できないまま、会談は決裂した。

ハノイ会談の結果は韓国政府の楽観的な期待に冷や水を浴びせるものだった。ただ、韓国政府当局者らは依然として米朝首脳間に、そして南北首脳間に信頼が維持されており、米朝両者間で非核化に関するそれぞれの立場を確認しただけに、朝鮮半島和平プロセスは引き続き推進可能だという期待を捨てなかった[66]。このような判断の下で韓国政府は南北間で合意した既存の軍事的信頼構築政策をさらに推進していった。既存の北核対応三軸体系構築政策を核およびWMD対応体系と名称を変え[67]、毎年三月に米韓で定期的に実施してきたキーリゾルブ合同軍事演習を、米韓両国間の国防長官電話会談を通じて、二〇一九年三月を機に廃止し、代わりに「同盟」という名称の演習を、規模を縮小して実施することにした(68)。四月には米韓間で二〇〇九年から実施されてきた連合空軍訓練マックスサンダーも、この名称を用いることをやめて規模も縮小するという方針が決定された(69)。

一方、ハノイ会談決裂は北朝鮮政権にもダメージを与えた。この会談に出席するため金正恩委員長は何日もかけて列車で会談場所まで移動した。会談の決裂は最高指導者の尊厳を傷つけるものであり、その後、北朝鮮の対南および対米政策の関係者が問責されたとみられる。その延長線上で北朝鮮の対米・対南政策が停滞基調に転じた。二〇一九年三月一五日、北朝鮮外務次官崔善姫《チェソンヒ》は記者会見で、米国の要求に屈服する意思はないと述べ、米国との非核化交渉を中断するかもしれないと語った。二〇一九年一〇月四日、ストックホルムで北朝鮮の金明吉《キムミョンギル》大使と米国の関係者が行った実務接触も結局決裂した。

それに加え、北朝鮮は米韓間の縮小された合同軍事演習にも反発した。四月二五日、北朝鮮の祖国平和統一委員会は、米韓が縮小し実施していた連合空軍訓練が南北間の板門店・平壌共同宣言に対する公然たる挑戦だと主張した(70)。七月一六日には既存のウルチフリーダムガーディアン演習を縮小し実施しようとした同盟19－2演習に対しても米朝の共同声明の精神に違反するものだと批判を加えた(71)。五月九日には北朝鮮は平安北道亀城から短距離ミサイル二発を日本海上に発射していた。

北朝鮮は韓国政府に対しても露骨に反感を示した。二〇一九年六月二六日、文在寅大統領が国内メディアとの書面インタビューを通じ、寧辺の核施設のすべてが廃棄されれば、北朝鮮の非核化は後戻りできない状況になると説明した。これに対し、翌日、北朝鮮外務省はクォン・ジョングン米国局長名義の談話を通じ、韓国当局は米朝対話の当事者ではないので口をはさむべき問題ではないと批判を加えた(72)。

このような状況は二〇二〇年に入っても変わらなかった。金正恩国務委員長は二〇二〇年一月一日、党中央委員会第七期第五回総会の決定書で、米国が北朝鮮の根本利益に「反する要求」を掲げ、「強盗的な態度を取り」、対北圧殺政策を行う限り、米朝関係の膠着状態は長期化するだろうと述べ、北朝鮮としては戦略兵器体系を開発するなど軍事力を発展させ、社会主義建設の活路を開いていく「正面突破戦」を貫徹していかなければならないと主張した[73]。このような指針の下で、金与正党中央委員会第一副部長は六月四日、六月一三日、六月一七日および七月一〇日に一連の談話を発表し、米朝首脳会談を二〇二〇年中には開かないとし、非核化を現時点で行うことはできないと述べた。そして、韓国政府とも確実に決別すべき時が来たと語り、文在寅大統領を含む韓国指導者を激しく非難した。さらに金与正は六月一三日の談話で、板門店宣言により韓国政府が開城地区に建設した南北共同連絡事務所を爆破すると述べ、その通りの措置を取った。

米朝会談の決裂は、両者の関係悪化だけでなく、このように南北関係も膠着させる結果を招いた。韓国政府の楽観的な期待と異なり、二〇一九年ハノイ会談決裂以降、朝鮮半島和平プロセス目標は軌道から外れ始めたのである。

(2) 日韓関係の悪化

米朝・南北関係が停滞し始めたこの時期、日韓関係も悪化の一途をたどり始めた。二〇一八年一〇月、徴用工に関する大法院の判決以降、日韓関係に葛藤要因が生じたのは先に説明した通りである。それに加え、韓国側は慰安婦問題日韓合意の結果つくられた和解・癒やし財団を日本への事前説明なしに解散させた。このような措置に日本が不満を抱いたことは否定できない。このような状況で二〇一九年七月一日、日本政府は半導体製造に使われる化学製品三品目の対韓輸出規制強化措置を発表した。安全保障上の問題がない国家には輸出手続を簡略にする優遇措置であるホワイトリストから、韓国を除外する決定を下したのである(74)。

これに対し韓国政府は猛烈に反発した。産業通商資源部は日本の措置をWTOに提訴した。文在寅大統領と鄭義溶国家安保室長は日本に対する不信感を複数のルートを通じて表明した。八月一五日の光復節慶祝の辞で文在寅大統領は、先に成長した国が後から成長する国のはしごを外してはならないと述べ、日本が不当な輸出規制を加えていると指摘した(75)。鄭義溶室長も日本が韓国政府の対日関係改善のための努力を低く評価していると不満を示した。結局、八月二二日、青瓦台国家安保会議は日本が安保問題を理由に韓国をホワイトリストから排除するのなら、韓国は日韓両国が二〇一六年一一月に締結した日韓秘密軍事情報保護協定（ＧＳＯＭＩＡ）を終了するという方針を明らかにした。八月二三日、金鉉宗《キムヒョンジョン》国家安保室第二次長は日韓間で基本的信頼関係が損なわれた状況ではＧＳＯＭＩＡを維持する大義名分が喪失するので、韓国の情報力は米国とのコミュニケーション強化と韓国独自の偵察衛星資産の拡充を通じて補強すると付け加えた(76)。文在寅大統領も一一月一九日、国民との対話を通じ、日本とＧＳＯＭＩＡが終了したとしても日米韓間、そして日韓間の安保協力は続けていくという立場を明らかにした。

韓国政府のこのような対応は、日本はもちろん、同盟国米国にも懸念を抱かせた。東京大学の姜尚中教授は八月七日、国会で行った講演を通じて、ＧＳＯＭＩＡが延長されなければ日米韓三角安保協力に支障を来し、米韓同盟にも望ましくない結果をもたらすと指摘した。米国のエスパー国防長官も記者会見を通じて日韓のＧＳＯＭＩＡは米国にも重要で、日韓両国は葛藤を解消し、北朝鮮と中国問題に集中すべきだと強調した(77)。

結局、韓国政府は米国の要請と圧力を受け入れ、二〇一九年一一月二二日、ＧＳＯＭＩＡの協定失効通告の停止、すなわちＧＳＯＭＩＡを維持するという方針を明らかにした。これを通じて、どうにか日韓および日米韓間の情報共有体制は維持される方向で決着したが、米韓同盟の下に構築された日韓間の信頼は大きく損なわれざるをえなかった。

(3) 多国間安保協力の消失

日韓関係の悪化は韓国の安保政策のもう一つの軸だった多国間安保協力に対する韓国の関与と発言力を萎縮させる結果を生んだ。韓国は二〇〇〇年代以降、東アジア地域に構築されていたＡＳＥＡＮ地域フォーラム（ＡＲＦ）、東アジアサミット、六者会合などを通じ、北朝鮮の非核化および域内の非伝統的安保分野の協力など多国間安保協力に関連した提案を主導的に発信してきた。そして二〇一一年以降は、日中韓協力事務所発足ならびに日中韓首脳会談の定例化を主導し、朴槿恵政権時代にはメキシコ、インドネシア、トルコ、オーストラリアなど中堅国の協議体であるＭＩＫＴＡ（ミクタ）を発足させたりもした。

しかし、日韓関係悪化の影響でＡＲＦや東アジアサミットなどで韓国の存在感と発言力が弱まる傾向が現れた。また、毎年開催されてきた日中韓首脳会議でも、多様な分野にわたる三カ国の協力の論議が難しくなりつつあった。たとえば、二〇一九年一二月二四日、中国・青島で開催された日中韓首脳会議で今後一〇年の三カ国共同ビジョンが採択されはしたが、文在寅大統領と安倍首相の間では、韓国の徴用工についての大法院判決問題と日本の対韓輸出規制問題をめぐる確執が再燃していたのである。[78] 朴槿恵政権時代に構築されたＭＩＫＴＡ体制も積極的に活用されなくなっていた。また、日本が主管する多国間安保協力の場に韓国が招待されないという事態も生じた。日本は二〇一九年一〇月、相模湾で開催した国際観艦式に韓国海軍を招待しなかった。韓国は二〇〇二年と二〇一五年に日本主管の国際観艦式に参加したことがあるが、日韓関係悪化の中で二〇一九年には米国、英国、カナダ、オーストラリアなど友好国の海軍と交流する機会を失ったのである。[79]

日中韓首脳会議やＭＩＫＴＡのような多国間外交の舞台で自国の存在感と発進力が弱まったことで、韓国はこの時期、グローバルなレベルで展開されていた米中間の戦略的競争の深化のような問題に対し、適切な政策を追求したり、対外メッセージを発したりすることができないという、外交の限界、安保政策の限界に直面し始めたのである。

（4）米韓同盟の懸案

ハノイ会談決裂以降、南北関係が停滞し、日韓関係も悪化し、多国間外交の舞台で韓国の外交的リーダーシップもみせられない中、韓国の安保政策の中心的役割を担ったのは米韓同盟だった。米韓両国は鄭景斗国防長官とエスパー米国防長官が参加する中、二〇一九年一一月に開催された第五一回米韓安保協議会（ＳＣＭ）を通じ、「未来韓米同盟共同ビジョン」を発表した。この文書で両国は、米韓連合防衛体制の強化を通じ、朝鮮半島の完全な非核化と平和政策を軍事的に支援するという前提の下、米国が持続的に拡大抑止などの公約を履行し、さらにはサイバー、宇宙、海洋、環境の領域のような超国家的、非伝統的脅威要因への対応でも共同の国防協力を行っていくことを確認した。そして二〇一九年六月の米韓首脳会談で議論したように、韓国の新南方政策と米国のインド太平洋戦略への相互協力を推進し、朝鮮半島だけでなく東北アジアと世界の平和のためにも協力するという点を明文化した[80]。それまで米国が標榜してきたインド太平洋戦略に対し消極的な立場を示していた韓国政府が新南方政策との接点を認め、制限的ながらも協力を推進していくという立場に転換したのである。

SCMで未来韓米同盟共同ビジョンが発表されたころである一一月二日、尹淳九《ユンスング》外交部次官補とスティルウェル米国務省東アジア・太平洋担当次官補が「新南方政策とインド太平洋戦略間の協力増進に努力する韓米声明書」を共同発表したのも、米韓同盟の協力範囲を拡張するという意味を持っていた。この声明書で両者はエネルギー、インフラ施設、金融、デジタル経済などの分野だけでなく、災害支援のような非伝統的安保分野でも協力することを合意したのである[81]。

米韓両国は二〇二〇年一〇月一四日にも第五二回米韓SCMを開催し、徐旭《ソウク》国防長官とエスパー米国防長官名義の共同宣言を通じ、米国の拡大抑止（核の傘）提供、コロナの状況下での合同訓練の持続などを確認したことを評価した。加えて日米韓安保協力の持続も表明した。

ただ、米韓同盟に関しても二〇一九年と二〇二〇年の時点で不安要因が生じていた。米国のトランプ政権が、韓国が持続的に負担してきた防衛費分担金の大幅な増額を要求し、両国間の交渉が長期化したことがその一つである。さらに大きな問題は、新南方政策とインド太平洋戦略間の接点を探ると合意したにもかかわらず、米国が主導するクアッドには特定の国家を排除する懸念があるとして韓国政府が積極的に協力する姿勢を示さなかった点である。また日米韓協力の重要性をSCMで合意したにもかかわらず、日韓関係悪化の中で実質的な協力が進展していないこともまた問題である。

　最も大きな問題は文在寅政権の有力者により、米韓同盟への信頼を傷つけかねない発言が相次いで出されたということだ。二〇二〇年六月、李秀赫《イスヒョク》大使は特派員との懇談会で、韓国は米中の間で選択を強要される国家ではなく自ら選択できる国家になったと述べ、一〇月一二日の国会答弁では、約七〇年間韓国が米国を選択したから今後も米国を選択しなければならないということはないと発言した[82]。また、宋永吉《ソンヨンギル》国会外交統一委員長は米韓同盟の一つの軸をなす国連軍司令部が「存在の正統性のないもの」だと発言した。このような政権の有力者の発言は、同盟パートナーである韓国政府に対する米国側の信頼を損ないかねない不用意なものだったといえる。

おわりに——韓国の安保・外交政策の課題

　以上みてきたように、就任から四年間の文在寅政権の安保政策は、発足当初の安保政策の公約や戦略書で明らかにしたのとは異なる軌跡をたどった。安保戦略書上では国防力強化、米韓同盟強化、北朝鮮に対する朝鮮半島和平プロセスの展開、そして周辺国家との均衡の取れた外交などが、政策の方向性として提示されていた。二〇一七年五月の就任以降、文在寅政権はこのような方向性に従い、北朝鮮の軍事挑発の危険が増加する中でも米韓同盟を強固にし、中国・日本とも協力し、北朝鮮に対しても対話のメッセージを送る姿勢を示した。二〇一八年には北朝鮮への対話の提案が成果をみせ、板門店と平壌で南北首脳会談が開かれ、重要な共同声明も発表された。さらにシンガポール米朝首脳会談を仲介し、米朝間の非核化の原則的合意を導き出すという成果を得た。

しかし、二〇一九年、ハノイ会談での米朝の決裂以降、文在寅政権の安保・外交政策は当初の方向性を見失ったかのように、混乱し始めた。北朝鮮が米国・韓国との対話に対して否定的な立場に転じたにもかかわらず、引き続き北朝鮮に対話再開を望むメッセージを送り、南北対話復活に固執する姿勢をみせた。この過程で、日韓関係は極度に悪化し、その結果、多国間安保協議体での韓国の積極的なメッセージ発信は消失した。当初標榜した国防力強化は、国防予算増額などは実現したが、三軸体系など北朝鮮の非対称兵器に対する核心戦力増強建設や戦略開発はあまり推進されなかった。米韓同盟の次元で未来共同ビジョンのような重要な共同声明も発信できたが、実際には米国が主導するインド太平洋戦略に対する積極的な参加は示さず、主要な政治家らは同盟国米国より中国の意向を優先的に配慮する傾向を示した。

このような文在寅政権の四年間の安保・外交政策について外交安保特別補佐官である文正仁教授や、駐日大使を務めた李洙勲《イスフン》教授のような人たちは、均衡外交、もしくは超越外交の立場から成果を得ていると評価している。しかし、李信和《イシンファ》、金載千《キムジェチョ》のような学界の専門家、金玄基《キムヒョンキ》のようなジャーナリストは、文在寅政権が長期戦略や哲学なしに米韓同盟の亀裂と外交的孤立を招いていると指摘している。対北偏重の政策によって国家安保自体が危うくなっていると、彼らは指摘している。(83)

前述したように筆者も後者に近い立場である。韓国の安保政策で対北対話と信頼構築の努力が重要な一つの軸であることは確かだ。しかし同時に、自主国防能力の強化、米韓同盟の強化、そして周辺国との安保協力と信頼を構築した上で、このような対北政策は推進されなければならない。文在寅政権は北朝鮮が対話を拒否する状況になっても相変わらず対話の要求にのみ固執していた。その過程で日韓関係は悪化し、米韓同盟は宣言を発したにもかかわらずインド太平洋戦略との協力ができなくなっており、多国間外交の舞台で韓国の存在感と発信力は失われている。文在寅政権の対北自由主義的性向の安保政策は、韓国の全般的な安保力を弱める結果をもたらしたと思われる。

（1）Barry Buzan, *People, States and Fear: An Agenda for International Security Studies in the Post-Cold War Era* (Boulder, Colorado: Lynne Rinner Publishers, 1991)、神谷万丈「安全保障の概念」防衛大学校安全保障学研究会編著『安全保障学入門』（亜紀書房、二〇〇三年、韓国語）などを参照。

（2）歴代政権の安保政策については朴栄濬『韓国国家安保戦略の展開と課題』（ハンウル、二〇一七年、韓国語）第一部と第二部参照。ただこの本では朴槿恵政権と文在寅政権は論じられていない。

（3）このため彼は対米外交で当時、尹永寛外交長官が以前と変わらない対米政策を取っているとして批判的な立場を示した。文在寅『運命』（カギョ出版、二〇一一年、韓国語）二一六、二六三頁参照。

（4）二〇二一年四月二三日の文正仁教授の国防大特講など参照。

（5）二〇一七年四月一八日、『韓国日報』主催の大統領候補の外交安保公約政策討論での発言。文在寅候補側として金基正教授、安哲秀《アンチョルス》候補側として白鶴淳《ベクハクスン》・世宗研究所研究委員、洪準杓《ホンジュンピョ》候補側で白承周《ベクスンジュ》議員、劉承旼《ユスンミン》候補側として金栄宇《キムヨンウ》議員（当時）らが参加した。

（6）『朝日新聞』二〇一八年八月八日付。

（7）崔鍾建「構成主義の国際政治理論」、咸澤英・朴栄濬共編『安全保障の国際政治学』（社会評論、二〇一一年、韓国語）。

（8）二〇二〇年一〇月二三日、金峻亨国立外交院長の国防大ソウルキャンパス特講での発言。

（9）金基正教授の二〇一七年四月、『韓国日報』の討論での発言。
（10）『大統領選挙公約集』（共に民主党、二〇一七年、韓国語）。
（11）国家安保室『文在寅政権の国家安保戦略』（二〇一八年一二月）。
（12）二〇一七年五月一〇日、文在寅大統領の就任の辞。
（13）"North could have 60 nuclear warheads", *Korea JoongAng Daily*, February 10, 2017.
（14）Choe Sang-Hun, David E. Sanger and William J. Broad, "A fizzled launch a parade and concern over storm clouds," *New York Times International Edition*, 2017.4.17.
（15）Max Fisher, "The risks of a strike by the U.S. on North Korea," *New York Times International Edition*, 2017.3.20.
（16）『朝鮮日報』インターネット版。二〇一七年四月二七日付。
（17）『朝日新聞』二〇一七年六月一日付。この訓練は西太平洋マーシャル諸島で発射された模擬弾道ミサイルをハワイに配備されたXバンドレーダーがとらえ、カリフォルニア・バンデンバーグ基地で発射された迎撃ミサイルが撃墜する方式で行われた。
（18）朝鮮中央通信・中央放送、二〇一七年四月一四日および四月一五日の報道内容。
（19）当時、国内外のメディアは北朝鮮が米国、ロシア、中国、インド、イスラエルに続き世界で六番目にＩＣＢＭを開発した国家になり、北朝鮮のＩＣＢＭが北東アジアの勢力均衡のゲームチェンジャーになるのではないかと懸念した。『朝日新聞』二〇一七年七月五日付、『中央日報』二〇一七年七月五日付、『韓国日報』二〇一七年七月五日付など。David E. Sanger, "North Korea crosses line, but U.S. has few options," *New York Times International Edition*（2017.7.6）も参照。
（20）『中央日報』二〇一七年八月九日付。
（21）『中央日報』二〇一七年五月一八日付。
（22）『国防日報』二〇一七年八月二九日付。文在寅大統領は九月二八日、平沢第二艦隊で行った国軍の日の演説を通じても三軸体系形成の必要性を力説した。

（23）『中央日報』二〇一七年一一月三〇日付。

（24）二〇一七年八月八日、トランプ大統領は北朝鮮が威嚇を続けるのであれば火炎と憤怒など、世界で見たことがない力に見舞われることになると警告した。九月一九日の国連演説では、金正恩をロケットマンと呼び、米国と同盟国が脅威を受ければ北朝鮮を完全に破滅させる選択しかないという強硬な発言を残した。

（25）『聯合ニュース』二〇一七年六月三〇日付。同年一〇月二六日、宋永武国防長官とマティス米国防長官が行った第四九回米韓安保協議会（ＳＣＭ）でも同じ趣旨の共同声明が発表された。

（26）二〇一七年七月八日、グアム基地のＢ－１Ｂ戦略爆撃機が朝鮮半島上空で演習を展開した。『中央サンデー』二〇一七年七月九日付参照。

（27）『中央日報』二〇一七年八月八日付。

（28）『中央日報』二〇一七年七月八日付。

（29）韓日日本軍慰安婦被害者問題合意検討タスクフォース『韓日日本軍慰安婦被害者問題合意（二〇一五年一二月二八日）検討結果報告書』（二〇一七年一二月二七日）。

（30）『中央日報』二〇一七年一一月一日付。

（31）『中央日報』二〇一七年七月七日付。

（32）二〇一八年一月一日、金正恩委員長の新年の辞。

（33）Robert S. Litwak, "A united front against North Korea," *New York Times International Edition*, 2018.1.5. それにもかかわらず、リトワックは韓国と米国が戦略的連帯の下でこれを受け入れるべきだと主張した。

（34）Nicholas Eberstadt, "North Korea plays the South, again," *New York Times International Edition*, 2018.1.9. そのような点でエバーシュタットは韓国が性急に北朝鮮からの対話の提案に応じるのは戦術的に間違っており、金大中大統領や盧武鉉大統領もそのような失策を犯したことがあると指摘した。

(35)『朝日新聞』二〇一八年三月七日付。
(36)『中央日報』二〇一八年一月一〇日記事参照。
(37)『中央日報』二〇一八年四月二三日付。
(38)『中央日報』二〇一八年四月二〇日付。
(39) 大韓民国大統領文在寅、朝鮮民主主義人民共和国国務委員会委員長金正恩「韓半島の平和と繁栄、統一のための板門店宣言」(二〇一八年四月二七日)。
(40) 金峻亨国立外交院長も六・一二米朝首脳会談は板門店首脳会談を通じて文在寅政権が米朝間の仲裁者の役割を遂行した結果であると分析している。
(41)『中央日報』二〇一八年五月一五日付記事参照。
(42) 二〇一八年六月一二日、米トランプ大統領と北朝鮮金正恩委員長によるシンガポール共同声明。
(43)『朝日新聞』二〇一八年六月一三日付、六月一四日記事参照。
(44) キム・ミンソク「終戦宣言のジレンマ、韓国武装解除の狙い」『中央日報』二〇一八年八月二四日付。パク・ボギュン大記者は康仁徳元統一部長官や千英宇元外交安保首席の発言を引用し、トランプ大統領が金正恩委員長にだまされたという判断すらも提示した。パク・ボギュン「米国は北朝鮮を知らない」『中央日報』二〇一八年七月一九日付。
(45)『中央日報』二〇一八年六月一五日付。
(46)『中央日報』二〇一八年七月一一日付。
(47) 二〇一八年五月九日、趙明均統一部長官の国防大安保課程特講より。
(48)『朝日新聞』二〇一八年八月八日付。
(49) 二〇一八年九月一九日、文在寅大統領と金正恩委員長、平壌共同宣言。
(50)「歴史的板門店宣言履行のための軍事分野合意書」二〇一八年九月一九日。

(51)『中央日報』二〇一八年九月二七日付。
(52)『中央サンデー』二〇一八年九月二三日付、『文化日報』二〇一八年九月二一日付。申源湜将軍は九・一九軍事合意は事実上降伏文書だという表現すらしている。
(53)柳済昇「それでも南北間の力の均衡は維持されなければならない」『中央日報』二〇一八年一〇月二日付。二〇一九年一月三〇日、金東信、權寧海、金泰栄元国防長官らを中心とする予備役将軍団は九・一九軍事合意を破棄せよという主張を公にした。
(54)『朝日新聞』二〇一八年九月二〇日付。
(55)『中央日報』二〇一八年一〇月一日付。
(56)大韓民国国防部『国防白書二〇一八』(国防部、二〇一八年一二月)一二八頁。
(57)「戦時作戦統制権転換以降の連合防衛指針」(Guiding Principles Following the Transition of Wartime Operational Control)(二〇一八年一〇月三一日)。
(58)『朝日新聞』二〇一八年五月一〇日付。
(59)『朝日新聞』二〇一八年一月一八日付。
(60)『朝日新聞』二〇一八年一〇月三一日付、『中央日報』二〇一八年一一月一日付。
(61)『朝日新聞』二〇一九年一月二八日付。
(62)朴喆熙「岐路に立つ韓米同盟――トランプ、韓日関係、チャイナリスク」『共感　韓半島』(二〇一九年一月二三日)。
(63)『中央日報』二〇一九年二月二六日付。
(64)二月二八日当日の会談決裂後のトランプ大統領とポンペオ国務長官の説明、および三月一日の李容浩北朝鮮外相の記者会見などを総合するとそのように理解できる。『中央日報』二〇一九年三月一日および三月二日付。
(65)鄭成長は非核化の対象と方法について米朝間で不一致があったと分析している。鄭成長「韓半島非核化交渉の成功条件——非核化の対象、方法、日程表と相応の措置についての包括的合意」『世宗論評』二〇一九巻二二号（世宗研究所、二〇一九年七月八日）。
(66) 二〇一九年三月二九日、鄭義溶安保室長の専門家懇談会での説明より。
(67) 『中央日報』二〇一九年一月一一日付。キル・チェーンは戦略目標攻撃に、大量応懲報復は圧倒的な対応に、KAMDは韓国型ミサイル防衛に用語を修正した。
(68) 従前の訓練は北朝鮮の攻撃に対する防衛と反撃の部分に分けて実施されたが、規模縮小以降は防衛部分だけ実施することにしたとされる。『朝日新聞』二〇一九年三月五日付。
(69) 『朝鮮日報』二〇一九年四月二四日付。
(70) 『朝鮮中央通信』二〇一九年四月二五日付。
(71) 『朝鮮日報』二〇一九年七月一七日付。
(72) 『中央日報』二〇一九年六月二八日付。
(73) 朝鮮労働党中央委員会第七期第五回総会決定書（二〇二〇年一月一日）。この決定書について米国AEIの専任研究員ニコラス・エバーシュタットは、北朝鮮の核の脅威が再現されていると指摘し、北朝鮮の意図は米韓相互防衛条約を無力化させ、米軍を撤収させることであり、決して核兵器を放棄しないだろうとの見通しを示した。この決定書に対応し、米国は韓国・日本などの同盟国と協力し、最大限の対北圧力を加えるべきだと主張した。Nicholas Eberstadt, "North Korea is not done throlling U.S.," *New York Times International Edition*, 2020.1.3.
(74) 『朝日新聞』二〇一九年七月二日付。日本のこのような措置は、英米圏メディアから、自由貿易の基調を標榜してきた日本の従来のあり方に逆行するものだと批判を受けた。Ben Dooly, "Japan on trade path opened up by Trump," *New York Times International Edition*, 2019.7.17.
(75) 文在寅大統領の七四周年光復節慶祝辞「責任ある経済強国、橋梁国家」（二〇一九年八月一五日）。
(76) 『中央日報』二〇一九年八月二三日付。

(77)『朝日新聞』二〇一九年八月八日付。
(78)『中央日報』二〇一九年一二月一五日付、『朝日新聞』二〇一九年一二月二四日付。
(79)『朝日新聞』二〇一九年九月二五日付。
(80)第五一回米韓SCM「未来韓米同盟共同ビジョン」(二〇一九年一一月)。
(81)『中央日報』二〇一九年一一月四日付。
(82)『中央日報』二〇二〇年一〇月一三日付。
(83)以下の記事などを参照。李信和「自由民主主義に陥った対北政策、韓米亀裂と外交孤立招く」『中央日報』二〇一九年六月一日付。李信和「半島平和ウォッチ――政権の安保のために国家の安保を無視する対北一辺倒を中断すべき」『中央日報』二〇一九年一一月八日付。金載千「韓、対北政策に集中する力量、米中新冷戦外交に使うべき」『毎日経済』二〇一九年六月三日付。イ・ビョンチョル「韓国外交、依然として道に迷っている」『京郷新聞』二〇一九年六月四日付。金玄基「〝コリアファースト〟外交」『中央日報』二〇一九年六月六日付。以上すべて韓国語。

第3章　日韓関係の現状分析と未来の展望

李　元　徳

はじめに――近年の日韓対立の深化

二〇一〇年代以降日韓関係の悪化は現在まで継続している。日韓関係が大きく悪化した契機は二〇一二年だとする見解が多いが、その年には注目すべき三件の事件があった。第一は李明博《イミョンバク》大統領の電撃的な竹島（韓国名・独島《トクト》）訪問であり、第二は日本の天皇に対する植民支配への謝罪要求、および日本の国際政治的地位の低下に関する大統領発言、第三が徴用工被害者に対する日本企業の賠償責任を認定した韓国大法院（最高裁判所）の強制徴用判決である。日本国民は特に李明博大統領が天皇に対し過去の植民地支配への謝罪要求をしたことに大きく反発し、大法院の判決も以後日韓関係に大きな悪影響を与えたと思われる。

日韓関係がさらに悪化し、それこそ最悪の局面に陥ったのが、二〇一八年末からだといえるだろう(1)。二〇一八年一一月に慰安婦問題日韓合意により設立された和解・癒やし財団を、韓国政府が一方的に解散すると決定した。これに先立ち二〇一八年一〇月三〇日には、戦時中に日本企業が行った強制徴用の被害者に対する法的賠償を命じた強制徴用大法院判決が確定したが、日本はこれに対し不満と反発を露骨に表すようになった。端的に言えば日韓関係を最悪の状況に陥れたのは徴用工裁判だと言える。

最近日韓関係で注目される現象は日本国民の間で嫌韓の傾向が深刻化しているという点だ。二〇〇〇年代以来日本国民の韓国に対する好感度は五〇～六〇%を上回っていたが、二〇一二年以降三〇%台に落ち込み二〇一八年以降はさらに低下している。日韓関係の悪化が政府間の関係にとどまらず国民大衆の感情にまで深く入り込んでいることが状況を深刻にしている。日本人の嫌韓感情は今までになく高まっており韓国国民の反日感情も高まっている。統計によると韓国国民と日本国民の半数が相手国に対し好感を持っていない(2)。

両国の国民感情を煽り対立を助長する上でメディアが大きな役割を果たしているという点は広く指摘されている。日本のメディアは文在寅政権を「親北反日政権」という枠組みで報道しがちであった。一方、韓国のメディアは安倍政権を「安倍悪魔化」という表現で、歴史政策、外交安保政策、教育政策などに焦点を合わせ批判的に報道する傾向があった。二〇二〇年九月の安倍晋三首相の突然の退陣以後登場した菅政権と岸田政権に対しても、こうした傾向が払拭されたとみるのは難しい(3)。

日韓関係は以前は日本の首相の靖国参拝などに対し韓国が抗議をし日本が守勢で対応するという傾向が

主だったが、最近になって日本がむしろ従軍慰安婦や徴用工問題などについて抗議をし韓国が守勢に回って対応するといった状況が起こっている。つまり日韓の攻守が逆転し、まるで加害者－被害者の関係が逆になったかのような錯覚を引き起こすほどに、日韓関係の展開が以前とは一八〇度変わったのだ。

こうした状況でも二〇一九年八月までの統計を見ると日韓間の人的往来は依然として盛んである。韓国から日本を訪問した人は約七二〇万人を上回り日本から韓国を訪問した人は約二七〇万人と、日韓間の人的往来の不均衡は相変わらず存在する。二〇一九年七月からの日本の経済報復措置に対し市民社会で繰り広げられている、「ノージャパン」運動（日本製品不買運動および日本に行かないという運動）の影響で、九月以降の日本訪問者数は激減した。さらに二〇二〇年以降の新型コロナウイルス感染症の影響でさらに減少している。しかし日韓関係の悪化にもかかわらず日本の若い世代のＫポップなど韓流に対する支持は相変わらず存在しているという点は興味深い。十代から二十代の若い世代は相対的に政治外交的イシューに無関心だったり影響を受けることが少ないものと解釈できる。

従来は独島、妄言、従軍慰安婦、靖国参拝など日本側の歴史問題が日韓対立の原因を提供するケースが多かったが、最近は日韓双方で全方位的対立が量産されている様相だ。従軍慰安婦問題と徴用工問題の場合、対立の触発者の役割を演じたのは韓国司法部だといえる。二〇一一年、憲法裁判所は慰安婦問題が基本的人権の問題であるにもかかわらず政府がこれを解決するための努力を傾注しなかったことは「不作為の違憲」だと判決した。続いて二〇一二年、大法院は強制徴用被害者たちに対し当該日本企業は過去の不法行為への賠償を支払わなければならないと判示し、二〇一八年一〇月にこれを再確認する最終判決が下された。

徴用工裁判の結果に対する韓国側の無策に対する反発で、日本は二〇一九年に輸出規制の強化という報復的措置を下し、韓国はこれに対する対抗措置の一つとしてＧＳＯＭＩＡ（日韓秘密軍事情報保護協定）終了という強硬手段に至るほどであった。今や日韓対立の中心は歴史問題から外交問題へ、外交問題から経済問題へ、経済問題から安保問題にまで拡大している様相である。

こうした対立の原因の一つが、安倍政権以来の日本政治の右傾化とそれに対する韓国の反発だということができる。安倍政権は二〇一二年末の政権発足以来、平和憲法の改正、集団的自衛権の恣意的解釈、歴史修正主義的な政策、竹島に対する主権の強化を断行してきたが、これが韓国の強硬な反発と抵抗を招いたといえる。

1　日韓対立の主要争点

日韓対立は第一に慰安婦問題の合意をめぐって生じた。文在寅政権の発足以後韓国は、二〇一五年一二月の慰安婦問題日韓合意の事実上の死文化（形骸化）を試みた。安倍首相は合意の遵守と履行を要求し、文大統領は被害者と国民がこの合意に納得できずにいるという理由で機会があるたびに合意に対する批判と不満を提起した。文在寅政権の発足後設置された「韓日日本軍慰安婦被害者問題合意検討タスクフォース」は慰安婦合意が手続的にも内容的にも間違いだったという結論を下し、この結論により政府は日韓合意によって設立された和解・癒やし財団に対し一方的な解散措置を下した。安倍政権はこれに強く反発し繰り返し抗議してきた。安倍首相個人の立場からすると、韓国との友好協力関係を維持するために日本国内の右翼や保守勢力の抵抗を抑えながらやっとのことで妥協したのに、韓国側の新政府が合意を事実上破棄しようとすることに対し裏切られた気持ちと怒りを感じたと思われる。これは安倍政権の韓国不信を強める要素として作用した。日本政府の韓国に対する不信感は以後も菅・岸田政権に移行しても払拭されていない。

しかし重要なことは、文在寅政権が慰安婦合意を破棄も再交渉もしないと断言した点だといえる。すなわち合意の手続や過程、そして内容にさまざまな問題があるにもかかわらず文在寅政権としてはこの合意を破棄したり日本側に再交渉を要求することはないという点を明確にしたのである。したがって日本側の不満にもかかわらず慰安婦問題が日韓政府レベルの新しい外交問題に発展する可能性は相対的に少ないことは確かである。

日韓対立の第二は徴用工問題をめぐって起きている。徴用工問題は当分の間、日韓関係の悪化を深め、拡大再生産させかねない最大の悪材料と見ることができる。日本政府や企業は大法院の判決にもかかわらず賠償金を支払う意思がなく、大法院判決を日韓請求権協定の違反と解釈している。したがって韓国投資を行う日本企業の資産に対する差し押さえ措置などの強制執行に強く反発しており、対抗措置を講じるべきだという強硬な立場を堅持している。

一方、韓国政府は大法院裁判が民事裁判であることから政府が関与するには限界があるとし、三権分立の原則では大法院が下した決定に従って日本企業は賠償に応じなければならないという原則的立場を堅持している。しかし二〇一九年六月一九日、韓国政府は韓国の請求権受恵企業と日本側の徴用企業が自発的な出損による資金で大法院判決に従って賠償義務を履行することを前提に、日韓政府間の協議開始を提案した。しかし日本側は即刻これを拒否した。以後日韓政府間の協議は再開されないまま対立が継続する状況にある。

徴用工問題をめぐる対立は長期的に続く可能性が高いだけでなく、日韓関係を対決の局面に導く最大の悪材料であるにもかかわらず、両国の交渉で問題が解決する可能性があまり高くないという点が憂慮される。しかし徴用工問題の解決なくして日韓関係の改善は事実上難しいと考える。

日韓対立の第三は、海上での両国軍隊の行動をめぐって生じた。二〇一八年末に徴用工裁判とともに日韓関係を悪化させたもう一つの悪材料は、済州《チェジュ》国際観艦式での旭日旗問題と韓国海軍レーダー照射事件であった。済州国際観艦式に旭日旗を掲揚した海上自衛隊の参加が韓国当局によって拒絶されるや、日本側は強く反発した。過去の類似の行事参加には旭日旗が問題にならなかったのに突然の拒絶意思表明に、日本側は大きな不満を示した。韓国側は国内感情と世論を考慮すると旭日旗を掲げた自衛隊艦艇の入港は困難だという立場を伝え、日本は観艦式に参加しなかった。

もう一つのレーダー照射事件は、日本海海上で遭難した北朝鮮船を救助するため出動した韓国の駆逐艦と日本の哨戒機が近接する状況で起きた。韓国が射撃管制レーダーの照準を合わせたと主張する日本と、韓国駆逐艦に日本哨戒機が近接飛行をして威嚇したとする韓国側の主張が真っ向からぶつかる形になったのである。韓国国防部と日本防衛省は数回にわたる報道文発表と記者会見を通して自身の立場を主張すると同時に、相手側の主張に反駁する異例の状況が数カ月続いた。

青瓦台（大統領府）の認識は、韓国海軍が射撃管制レーダーを照射しなかったにもかかわらず日本が国内政治に利用する目的で事実に反する主張を繰り返しているというものだったが、日本政府は総理官邸には韓国側がレーダー照射をしたにもかかわらずその事実を否認しているとしていた。[4] 事実上日韓両国海軍の間に発生した偶発的な事故であるにもかかわらず政治的対立にまで発展したのは極めて特異なことだ。韓国海軍と日本の海上自衛隊間の交流と協力の経緯を考えると、この事態は例外的なものと解釈される。

この事態は、日韓関係の悪化の原因というよりはむしろ、悪化の結果として発生したものと解釈するのが妥当であろう。つまり日韓政府間の不信が最高潮に達しているため発生した突発的な事故ということができる。両国間の真摯な実務者レベルの対話があれば早期に解決できたものを、政治指導部間の外交的対立事案として長期化したこと自体が非常に異例なことであった。

第四は、対北政策をめぐる温度差だ。文在寅政権は当初から対北政策を対話と協力の方向から推進し、実際に三度の歴史的な南北首脳会談を実現した。さらに進んで三度の米朝首脳会談を牽引する画期的なイニシアティブを持続的に発揮した。こうした過程から日本は阻害されたり無視される状況が続いてきた。これは「ジャパン・パッシング論」につながっている。[5]

一方、日本政府は文在寅政権の北朝鮮への接近と非核化交渉を一方で評価しながら、もう一方では北朝鮮体制と北朝鮮問題に深い不信を持っており、文在寅大統領の対北政策はあまりにもナイーブではないかとの懐疑的な思いを抱いている。北朝鮮核ミサイル問題の解決という共通の目標を持っているにもかかわらず、韓国と日本は北朝鮮への接近に対する温度差を相変わらず見せており、対北政策の手段と方法においてかなり大きな差異がある。

北朝鮮の核問題を解決するために韓国は米朝、南北間の対話と交渉を優先しており、日本は制裁と圧力を通して北朝鮮を変化させる方により大きな比重を置いている。こうした立場の違いは、韓国が民族問題として北朝鮮問題と北朝鮮の核問題を考えているのに対し、日本は安保問題と拉致問題、戦後処理問題という視点だけで北朝鮮を見ているところから生じているといえるだろう。

2　東北アジア国際秩序の再編と日韓関係

二〇一〇年前後から日韓関係を規定する国際政治的要素には大きな変化が到来していた。もちろんこうした変化は短期的に急激に進行したというよりは、冷戦体制の崩壊以来一九九〇年代から長期的な時間軸の中で持続してきた趨勢の変化と見ることができる。二一世紀に入って東アジアの国際秩序は米中二強の構図へと急速に再編されている。すなわち二一世紀の東北アジアの国際秩序は相対的な力の低下の中でも依然として超大国の地位を維持している米国と、新たな超大国として台頭している中国という二カ国を中心に新しく形成されている。日韓関係を阻害する構造的背景は三点である。

第一に、冷戦終結後に、日韓関係の対立はむしろ増幅された。冷戦時代、日韓間の結束を強化させた要因は米国の東アジア戦略下での反共連帯だった。米国は冷戦体制下で韓国と日本の緊密な協力を基盤として対共産圏封鎖戦略を推進してきた。こうした国際情勢下で日韓間の竹島および歴史認識をめぐる対立は表面化する余地がなかった。しかし冷戦体制の崩壊で潜在化していた民族主義的対立要素は、覆い隠されることなく表面に噴出することになった。

二〇一〇年前後から東北アジアの国際秩序は地殻変動を迎えた。中国の超大国としての急浮上、日本の相対的な力の衰退、そして中堅国としての韓国の登場がそれだ。東アジアにおける米中両大国の登場は日韓関係の性格にも大きな影響を及ぼすことになった。二〇一二年以降の日韓、日中間に激しい対立と摩擦が広がったのは、東アジアの勢力構造の転換にともなって韓国と中国で政権交代が同時に現れ、勢力均衡の流動化が起きたためだということができる(6)。

第二に、日韓間の政治・経済における人的チャンネルおよびネットワークに急激な変化が生まれた。こうした現象は一九九〇年代から両国の頻繁な政権変動と政治家の世代交代によって起きていた。特に韓国の権威主義政権下で形成・維持されてきた政治家間の非公式人脈は断絶された。一九六五年の国交樹立後、日韓の政治家の間では多くの公式、非公式のチャンネルが、頻繁な会合や緊密な意見交換を可能にし、デリケートな政治懸案や対立事案は舞台裏で調整、妥協される場合が多かった。こうした人的ネットワークは次第に弱体化し二〇〇〇年代以降にはもはや機能しなくなり存在意義を失った。政治家間での交流や接触の機会が相対的に減ったことで、両国間で問題が発生した際の解決能力は急激に落ちた。日韓関係はもはや特殊な関係ではなく普通の二国間関係に変化し、両国間の懸案は日韓の政治・経済エリートが調整できる水準を超えるようになった。一方、市民社会、地方自治体、企業レベルの交流は爆発的に増大した。このように日韓関係がある意味で普通の関係に変化したことで、対立を収拾して緩和させる政治的メカニズムはもはや機能しなくなったのである。

第三に、日韓関係が垂直の関係から水平の関係に次第に変化しているという点もまた、両国関係を阻害する要素になっている。一九六〇年代以来韓国は持続的な高度成長でついに先進経済国となり、八〇年代後半以降は政治社会の民主化という成果も着実に達成した。一九九〇年代のＯＥＣＤ加入は韓国が先進国の一員になったことを象徴的に示した。韓国が比較的短期間で政治的民主化と経済成長を同時に成し遂げたことにより、外交においても国力にみあった成果を要求する国民の願いは高まった。権威主義政権が韓国を支配していた時代には日韓間の歴史問題が外交上の重要な争点として登場することはあまり多くはなかったが、国力伸長と民主化が同時進行するにつれ、対日姿勢は大きく変化することになった。民主化以後韓国政府は爆発的に表出される国民の対日感情を積極的に擁護したり、場合によってはそれを利用した強硬な対日政策を推進するようになった。特に民主化と政界の世代交代により影響力が強まった韓国の若い世代は、インターネットメディアを通して民族主義的意見を表明することで対日政策において世論を主導しているといっても過言ではない。

第四に、日本の国内的要因も変化した。一九九〇年代後半以降日本の政治情勢は右傾化が強化されてきたといえる。平和憲法改正論が日本政界の大勢を占めており、自衛隊軍隊化の動きも当然の変化と認識されている。首相と閣僚の靖国参拝に対する批判も相当鈍ってきた。国民の歴史認識も二〇〇〇年代以降次第に保守的な方向へ回帰しているのが日本の現状だ。こうした傾向は一言でいえば、平和国家から「戦争のできる普通の国」への変貌といえるが、日本国民は大きな抵抗なくこれを受け入れている。

日本の国家主義化の傾向は政界の世代交代に大きく影響を受けた。戦後世代の政治家たちは日米同盟中心の安保政策の推進を主導しており、この過程で韓国や中国などに対する近隣外交の比重が弱まった。竹島問題や歴史問題による日韓関係悪化は、彼らにとって深刻な外交懸案とはとらえられていない。戦後世代の日本人は歴史の束縛から自由であり、一般的に過去の植民地支配とアジア侵略の歴史に対する贖罪意識を持っていない。したがって領土問題や歴史認識問題に対してはばかることのない発言と行動を取る傾向が強い。

こうした傾向は二〇〇九年からの民主党政権期には一時停滞したが、二〇一二年の第二次安倍政権の登場により頂点に達した感がある。安倍が率いる自民党は二回の衆議院選挙と三回の参議院選挙で圧倒的な勝利を収め、日本の政界を事実上保守一色に塗り変えたといっても過言ではないだろう。日本の国家主義化を牽制していたいわゆる進歩・リベラル勢力は高齢化し、野党は選挙で敗北し続けている。その上政界のこうした保守化傾向に対し一定の批判と調整機能を果たしてきた市民社会勢力も、相対的に大きく弱体化した。

3　日韓関係悪化の構造と原因

二〇一二年以来日韓関係は急速に悪化したがそれをエスカレートさせたのは、両国指導層間のコミュニケーションの欠如と両国のメディアが国民に広めた相互の国家イメージだったといえよう。言ってみれば日韓関係の極端な悪化は存在論的な次元というよりは認識論的な次元で発生している。さらに憂慮されるのは、あまりにも単純化した認識論の横行の中で両国の外交政策の核心であるはずの重要な戦略的観点が無視されるといったように、戦略的な思考が次第に失われつつある点だ。

こうした状況は、第一に相互認識の乖離現象からその原因を探ることができる。韓国国民は一言でいうと安倍首相が統治する日本が危険な右傾化の道を進んでいると認識していた。安倍は二〇一二年末の自民党総裁選挙の過程で日本軍従軍慰安婦に関する河野談話を撤回する可能性に言及し、さらに村山談話を修正し新しい歴史談話を発表すると発言した。これとあわせて安倍は従来は慎重に扱われてきた憲法改正と安保政策の転換を主張し、いわゆる戦後レジームからの脱却を試みる一連の政策を推進した。これに対し韓国のメディアは一斉に安倍政権の登場を危険な兆候として報じ、安倍首相が率いる日本が過去の軍国主義に回帰するのではないかという危機感を煽った。

こうした韓国の対日認識の背景には植民統治の記憶が大きく作用しており、偏見と先入観が先行する傾向が存在する。そうした韓国の日本認識では安倍首相の政治的遺伝子は過度に右翼的なものとして把握される。安倍首相が主導する歴史関連の政策、平和憲法改正の動き、安保政策転換の試み、領土政策は、右傾化というプリズムを通して一つの危険なパッケージのように見えたのである。

一方、日本の韓国認識にも過度な単純化と客観性の欠如という問題が存在する。日本の韓国認識が最近急速に否定的傾向を滞びているのには、二〇一二年夏の李明博大統領の電撃的な竹島訪問と天皇謝罪発言、そして日本の国際的地位に対する低評価発言が、決定的な契機として作用した。これとあわせて憲法裁判所の日本軍従軍慰安婦請求権消滅に対する違憲判決（二〇一一年八月）や、大法院の徴用工判決（二〇一二年一〇月）以後、対日賠償補償要求が韓国国内で表面化し、日本社会では韓国疲労（謝罪疲労）現象ないし嫌韓の雰囲気が強まった。その裏には、韓国が経済、産業、文化、スポーツなどいくつかの分野で日本の強力な競争相手または競合相手として登場するようになったことにより、過去の垂直的だった両国関係が水平的なものに変わったことに対し、認識が適応できないという側面がある。日本社会では、今や中堅国となった韓国の台頭を漠然と恐れる感情が徐々に表面化しているといえる。

日本の否定的な韓国認識でもう一つ重要な部分を占めているのは韓国の対中接近だ。もちろん朴正熙《パクチョンヒ》大統領のＴＨＡＡＤ配置決定以後展開された韓中関係の対立のおかげで、日本ではいわゆる「中国傾斜論」は薄まっている。二〇一〇年代以降の日本の対中認識は中国脅威論に落ち着いたといえる。尖閣諸島をめぐる日中の対立が先鋭化している中、多くの日本人が中国を脅威と警戒の対象と見ている。

中国は表面的には高度経済成長と軍事大国化を達成したが、その裏では社会経済的格差、政治的独裁と不正腐敗、民族問題、経済など多くの矛盾と問題を抱えている。だが韓国はそうした中国の内情をよく知らずに中国に接近しているばかりでなく、歴史問題などでは一種の反日連帯を推進しているという認識が広まり、これが日本の嫌韓感情を煽り立てたのである。このように極端な傾向に突き進んでいる両国間の相互認識はかなりの部分相手国に対する誤解と偏見に基づいていることがわかる。こうした両国のこじれた相互認識が解消されないばかりか、さらに悪循環の道を歩んでいるという点が深刻なのである。

第二に、両国のリーダー間のコミュニケーションの欠如と不信も関係悪化の要因になっている。日韓の首脳間ではきちんとした首脳会談は二〇一一年の野田佳彦－李明博会談以来一一年が過ぎても開催できていない。言うまでもなく慰安婦、徴用工被害問題、竹島問題など歴史問題や領土問題で日韓関係が対立と摩擦を繰り返したため首脳会談開催が回避されたことは確かである。現代外交において首脳会談が持つ重要性は言うまでもないが、日韓関係史の経緯に照らすと首脳会談が持った役割の重要性はどれほど強調してもし過ぎることはないだろう。両国関係の悪化で首脳会談の開催が難しい側面もあるが、首脳間の話し合いができないため日韓関係悪化が一層深まっている面もあるといえる。

文在寅大統領と七年八カ月もの長期政権に就いた安倍首相の個人間の信頼と対話も非常に不十分だった。当時は事実上首脳間の真摯な対話のチャンネルは途絶状態に見えた。青瓦台と首相官邸間の対話のパイプは事実上稼働していなかった。外交当局間パイプも以前に比べ不足していたといえる。最高指導部間の関係が疎遠になるにつれ、当局間の対話チャンネルも乏しくなったといえる。

文在寅大統領の就任後の日韓首脳の初会合が二〇一七年七月初めにハンブルクでのG20会議で行われて以来、ウラジオストク東方（経済）フォーラム、ASEAN＋3会議、東アジア首脳会議（EAS）、APEC首脳会議などでも、会談が行われた。二〇一八年も平昌オリンピック開会式、日中韓首脳会談などの多国間外交の舞台で数回両首脳が顔を合わせる機会があった。さらに首脳間の電話会談は重要な局面があるたびに随時行われ、首脳が主導する特使外交も常態化したということができる。しかし二〇一八年一〇月以降三年以上日韓首脳が会う機会は断絶した状態だ。徴用工判決以後両首脳は多国間協議の席上でも会談を回避している。

韓国の政治日程上、文在寅政権後半期には支持率低下およびレームダック現象で対日外交でのリーダーシップ発揮が困難になった。一方安倍首相は二〇一八年九月の自民党総裁選で無難に当選し二〇二一年までの在任が保証され歴史上最長政権として記録されたが、健康悪化により突然辞任して菅義偉首相に交代した。朝鮮半島問題に関して役割が次第に縮小している日本は岸田政権に移行した後も北朝鮮に対する接近を図る可能性が高い。拉致問題の解決を課題とする日本としては金正恩《キムジョンウン》委員長との首脳会談を実現するための努力を続けるものと見られる。二〇一八年一〇月には日中平和友好条約締結四〇周年を記念して日中首脳会談が開催され、長い間対立と摩擦を経験してきた日中関係は関係復元と改善の方向に向かっている。次第に激化している米中の対立により日本の対中外交にも限界がないわけではないが、中国も米国を牽制するために日本との関係を重視しており、日本も対中関係の管理にはヘッジング次元で神経をつかっている。文在寅政権としてはこうした東北アジアの国際情勢の変化に戦略的に対応するためにも、首脳会談を通して対日関係の修復を図る必要があった。米中が覇権を争う状況下で日韓は戦略的利益を共有している部分が相当に大きいため、協調と協力を強化する必要があることは疑いのない現実といえる。

第三に、日韓が双方に与えている戦略的比重にも、過去に比べ大きな変化が生じている。両国はいずれも相手国に対する戦略的重要性の評価を過去に比べてずっと下げていることが確認される。例えば貿易依存度だけを見ても、日本は韓国にとって貿易相手国の第五位で韓国は日本にとって第三位になった[7]。韓国首脳部は、朝鮮半島平和プロセスに安倍政権が建設的に寄与するどころか、むしろ妨害する要因になっているととらえていると推定される[8]。文在寅政権は朝鮮半島の新経済、新南方、新北方政策へ対外戦略の重点を移動させようとした。すなわち朝鮮半島の南北へ外交的外縁を拡張しながら日本に対しては相対的に軽視する戦略を追求していたと見られる。

一方、安倍政権以降、日本の韓国に対する戦略と認識もやはり大きく変化した。安倍政権はインド太平洋戦略構想を主張しつつ日米同盟を軸とする中国包囲網の構築を追求し、オーストラリア、インド、東南アジアなど太平洋からインド洋の主要国家間の戦略的連帯強化に力を注いだ。こうした過程で韓国の戦略的重要性は相対的に低下し、韓国は日本の対外戦略上の位置づけが曖昧になっている。日本は米国－オーストラリア－インド－東南アジア地域を結ぶ、いわゆる海洋国家同盟の構築を核心的戦略として追求している。

「外交青書」や「防衛政策の大綱」などの日本政府の政策文書では、韓国に関する「自由民主主義、市場経済の価値と規範を共有する国」「戦略的な協力が必要な近隣国家」という記述を曖昧にしたり削除したりする傾向が現れている。日本の右派の議論では、韓国は「新アチソンライン」の中には含まれないという主張すらされている[9]。

4　尹錫悦政権の発足と対日関係の改善

振り返ってみると、文在寅政権は二〇一二年から悪化した日韓関係を受け継いで、これを改善させるどころか、葛藤が拡大、深化するよう放置した。慰安婦、徴用問題をめぐって強硬な姿勢を取ると、日本は輸出規制で報復した。これに対し、文政権はＧＳＯＭＩＡ一時中断という劇薬の処方を出し、韓国国民は「ノージャパン」で応酬した。朝鮮半島平和プロセスを追求する文政権は、日本を妨害勢力と見なし、日本は不信と牽制の視線で眺めた。

しかし、バイデン政権の登場後、文政権は対日政策を転換し、ツートラックによるアプローチで日本との関係改善を追求した。二〇二一年の東京五輪をきっかけに関係修復の合図を送り、融和ジェスチャーを取ったが、日本は動こうとはしなかった。現金化に突き進む徴用工問題に日本は「韓国政府がこれを解決するまでは関係改善に乗り出す用意がない」という強硬な姿勢を取った。文政権は徴用工問題が自らにとっても非常に「困惑する」問題だと告白したが、問題解決には乗り出さなかった。結局、文在寅政府は任期末まで対日関係の改善を図るため努力したが、悪化した関係は修復されなかった。

二〇二二年五月に新しく発足した尹錫悦《ユンソンニョル》新政権は、最悪の状況に置かれた日韓関係を解決し、対日関係を改善して正常化を追求するための対日政策を推進し始めた。尹錫悦は大統領選候補時代、公約を通じて「過去の歴史に埋没せず日韓関係を未来志向的に確立する」と主張した。徴用工問題、輸出規制、

ＧＳＯＭＩＡなどの懸案はテーブルに置いて一括して妥結すると約束し、一九九八年金大中－小渕パートナーシップ宣言のアップグレードバージョンを構築すると公言した。尹錫悦政権が追求する対外戦略の方向性を考慮すると、日韓関係は正常化の道を歩む可能性が高いとみられる。尹政権が掲げた包括的韓米同盟の強化、韓米日安保協力、クアッドへの漸進的な参加、インド太平洋戦略の協力などを推進していけば、日韓の戦略的利害は合致し、両国は協力関係に進むものと予想される。

しかし、尹政権の新しい対日外交方針にもかかわらず、対日関係改善の過程を進めることができるかどうかは、現在としては予断できない。尹錫悦政権樹立直後に実施されたＮＨＫの世論調査によると、日本国民の一八・九％のみが尹政府発足後、日韓関係が「良くなる」と回答し、七二・三％が「変わらない」と答えた。岸田政権も関係改善を期待するが、それほど楽観する雰囲気ではない。自民党内の強硬論、日本国民の冷たい世論を勘案すれば、対日関係改善はそれほど容易ではない。

特に自民党内の政治力学関係で韓国との「歴史戦」を標榜している安倍派に加えて議員や自民党の外交部会で強硬論を展開する佐藤正久会長のような右派グループの主張が、自民党内で主な流れを形成していることが把握される。さらに、日本国内の対韓強硬派グループは徴用工、慰安婦問題だけでなくレーダー照射問題、佐渡島ユネスコ世界遺産登録問題に対しても韓国に対する深い不信を表わしており、さらには独島領有権に関しても改めて攻勢をかけている。

尹大統領の当選後、新政府引継ぎ委員会は、二〇二二年四月、日本に「日韓政策協議代表団」を送り、日本政府、議会の最高指導層の関係者と接触し、最悪の状況に置かれた日韓関係を正常化させるための意見交換を行った。代表団は岸田首相、林外相、松野官房長官、岸防衛相、萩生田経済産業相など内閣首脳部の関係者たちに会い、日韓関係改善策について話し合った。これまで日韓関係悪化の最大の原因だった指導者間のコミュニケーション不足と不信を多少とも解消し、信頼を回復し、関係を修復する契機となった。

さらに、尹錫悦大統領は就任直後、六月にマドリードに飛んでＮＡＴＯ首脳会議に出席した。これを契機に開催された韓米日三国首脳会談で尹大統領は「北朝鮮の核、ミサイル挑発に対しては韓米日安保協力を通じて断固かつ厳重に対処」することを表明した。これは文在寅政府の対北朝鮮政策とは対照的なものと評価できる。これによって対中外交、対北朝鮮関係をめぐる日韓間に存在した温度差は解消される方向に向かうと予測される。

尹錫悦政権発足二カ月後の七月には、朴振《パクジン》長官が訪日し、林外相と外相会談を開催した。四年七カ月ぶりに開かれた外相会談では、安保および対北朝鮮政策における日韓協力方案、輸出規制撤回を通じた経済安保協力、そして金浦―羽田空港間の航空便増設など未来指向的な日韓関係発展のための方案が議論された。しかし徴用問題と関連して朴長官は「日本側企業資産の現金化がなされる前に強制動員問題を解決するために努力する」と発言し、依然として徴用問題解決が関係改善の障害物であることを示唆した。

尹政権発足後も岸田政権は尹大統領の日韓関係改善の意志を評価し確認したにもかかわらず、強制徴用、慰安婦問題に対して依然として強硬な姿勢を和らげていない。岸田首相は日韓関係改善の前提条件として「旧朝鮮半島出身労働者問題をはじめとする両国間懸案解決が必要だ」として強制徴用問題解決を繰り返し圧迫している。

一方、韓国国内は対日外交と関連して尹政権が置かれている立場はそれほど容易ではない。徴用‐慰安婦、日本教科書の右傾化、佐渡島ユネスコ世界遺産登録、福島汚染水放流問題などについて、尹政権の対処を明確に問い詰めるという動きが尋常でない。与小野大（議員の多数を野党が占める）国会、対日原則論を要求する世論、被害者グループをどのように説得できるかも簡単ではない。このように尹政権は対日外交関係の改善とともに、国内政治を統一しなければならない両面ゲームの課題を抱えている。

今後の日韓関係改善のロードマップを考慮する際、最も重要な課題は徴用工問題の解決である。日韓対立の雷管（トリガー）である徴用工問題に対する解決策を見出す道こそ、関係改善の近道になるだろう。日本は一貫した態度で日韓関係改善の前提条件として徴用工問題の解決を掲げているためだ。現在、韓国の裁判所に係留中の強制動員関連の訴訟は一審から三審まで合わせると、およそ一六件、一〇五八人である。法的時効が三年であるという点を考慮すると、追加的な訴訟は不可能と見られる[10]。この問題を解決するためにはＰＯＳＫＯ、韓国道路公社、韓国水資源公社など韓国のいわゆる請求権恩恵企業が中心になって設立される基金を通じた代位返済が最も現実的な方案[11]になりうるだろう。ならば強制徴用、慰安婦など日韓歴史問題は最高指導者の勇断だけで簡単に解決できる課題だろうか。それなら、なぜ文在寅政府を含め歴代政府がこの問題で悩みながらもすっきりと決着をつけることができなかったのだろうか。日韓歴史問題は、ある一人の知恵や妙手で一気に解決できる性質のイシューではない。この点で日韓歴史問題を総合的に扱う、いわゆる「日韓歴史対策本部」の設置が望ましいと考えられる。本部長は大統領が務め、実務総責任で長官級の事務総長を置くことがよさそうだ[12]。

事案の性格が国内政治と外交にあまねくわたっており、国民の世論が尖鋭に反応する複合的な外交イシューを扱うために特別な組織を設置する事例は、米国と日本でもいくつか見られる。一九九八年八月、北朝鮮がテポドンミサイルを発射し、金倉里核施設に対する疑惑がアメリカ議会、世論などから殺到すると、クリントン米大統領は一九九九年、ペリー元国防長官を「対北朝鮮政策調整官」に任命し、対北朝鮮政策全般を再調整する作業を進め、その結果として出たのが「フェリープロセス」である。

日本は二〇〇六年、北朝鮮による日本人拉致問題を扱うための担当部署として「拉致問題対策本部」を内閣に設置した。その後、日本政府は首相を本部長に、対策本部の実務総責任で長官を置いている。この組織には数十人の官僚と専門家が置かれており、毎年数百億の予算を使っている。日本は拉致被害者としてたった一七人を公式に認めた。このうち五人はすでに日本に送還されており、残りの一二人に対しては北朝鮮は八人が死亡しており、四人は北朝鮮に入国したことがないと主張している。北朝鮮は、拉致問題対策本部を「幽霊と戦う組織」と非難するが、日本は拉致問題を対北朝鮮外交の最優先議題として一五年間扱ってきている。

尹錫悦政権としては、当面は日本資産の売却決定を留保できるよう被害者グループとの対話を進める一方、強制徴用工問題を根本的に解決できる機構（Agency）を発足させることを望む。徴用工、慰安婦問題など日韓歴史問題は、一回限りの処方で一気に解決できるものではなく、長い過程を通じて日本と被害者との歴史的和解を図るプロセスだ。この和解プロセスを堂々と推進するためには知恵も戦略も重要だが、この過程を推進するしっかりとしたアクターが必要だ。一時的にでも仮称「日韓歴史問題対策本部」を大統領室または首相室傘下に設置し、徴用工、慰安婦など歴史問題に常時対処できるようにすることが望まれる。

一方、日本では二〇二二年七月八日、前代未聞の銃撃により自民党で最も影響力の強い政治家安倍晋三が死亡する事態が発生した。九月には吉田茂に次いで戦後二度目の国葬を行うことになった。政治家としての安倍首相はいなくなったが、安倍政治の遺産は追悼ムードの中で当分さらに強い形で噴出するだろう。岸田首相は安倍首相の遺業を継承し、憲法改正の推進と拉致問題の解決に拍車をかけると決議した。国内総生産（ＧＤＰ）二％への軍備増強と「敵基地先制攻撃能力」保有を安全保障政策の柱とする勢いである。

安倍首相の死で当分の間、日韓関係改善の過程にはブレーキがかかるものと予想される。国家主義の影がさらに濃くなり、徴用工、慰安婦問題に対して強硬な立場で対抗する可能性が高い。尹錫悦政権の登場で日本でも日韓関係改善にかける期待が大きくなったのは事実である。しかし「現金化ではない徴用工問題解決」だけを繰り返す日本側の姿勢は変わっていない。参議院選挙後、関係改善を図ろうとした韓国の期待とは裏腹に、突然の安倍首相の死という逆風を受け、日本は当分、非妥協的姿勢を緩めない構えであると思われる。

（１）最近の日韓関係は一九六五年の日韓基本条約調印以来最悪といわれている。一時は外交関係の断絶まで検討された一九七〇年代中盤の金大中《キムデジュン》拉致事件や、文世光《ムンセガン》による大統領夫人狙撃事件時の日韓関係と比較されているほどである。

（２）言論ＮＰＯ・東アジア研究（ＥＡＩ）「日韓共同世論調査結果」二〇一八〜二〇二一年を参照。

（３）韓国の主要メディアは、新しく誕生した菅政権と岸田政権を安倍政権の継承者であるとし、菅‐岸田政権が閣僚・党内人事と主要政策において安倍の圧力から自由ではないことを指摘している。特に菅政権については「アベノ政権」または「安倍政権シーズン２」と報道した。

（４）南館杓《ナムガンピョ》駐日大使および駐韓日本大使館政務公使との面談。

（5）二〇一八年以降、南北首脳会談、米朝首脳会談、中朝首脳会談が数回開かれる間に、日本は取り残されていた。韓国ではこれをジャパンパッシングと呼んだ。

（6）国際政治学者たちは、大国間の戦争または葛藤の原因を急速なパワー・トランジション（Power Transition＝勢力転移）に求める。パワー・トランジション理論の元祖は、A.F.K. Organski、*World Politics* (1958) であるが、その後の Geoffrey Blainey、Robert Gilpin、George Modelski などの国際政治学者も、国家間の葛藤とパワー・トランジションの因果関係について論じている。

（7）一九六五年以来三十余年の間、日本は韓国の貿易比重でずっと一、二位を占めていた。

（8）『文藝春秋』など日本の保守系ジャーナリズムなどで確認される。

（9）トランプ政権当時、ホワイトハウス国家安保補佐官を歴任したボルトンの回顧録（*The Room Where It Happened: A White House Memoire*）を通じて、安倍首相がトランプ大統領の対北朝鮮接近を妨害、牽制するために動いたという事実を明らかにしている。文在寅政府首脳部も、安倍元首相が韓国が推進する朝鮮半島平和プロセスを妨害していると認識していたと推定される。

（10）在韓日本企業を対象にした強制動員に対する賠償は、少なくとも一四人、最大約二〇〇人、金額では約三〇億－三〇〇億ウォンになる見通しだ。なぜなら訴訟中の一〇五八人のうち、最高裁で最終的に勝訴が予想される原告の数はすでに最終的に勝訴した一四人を含め約二〇〇人ほどになると推定されるためである。

（11）一九六五年日韓請求権協定の結果、韓国工が日本から受け取った資金無償三億ドル、有償二億ドルそして商業借款三億ドルのうち、徴用などの植民時時代の被害者に支給された金銭は約三〇〇〇万ドル（無償資金の一〇％）であり、九〇％の資金はＰＯＳＫＯ、高速道路建設、ダムの建設などの社会間接資本の整備に使われた。

（12）本部は、第一に日韓歴史政策樹立および対日交渉、第二に補償支援などの被害者救済、第三に資料収集と調査研究および国内外広報機能を遂行すればよいだろう。

第4章　変化する韓国社会
――コロナ危機で加速する超少子高齢化

金　香　男

はじめに

新型コロナウイルス感染症（COVID－19）の拡大は、世界中に甚大な影響を与えた。その衝撃は、戦後最大ともいわれるほど世界経済に大きな影響を及ぼし、深刻な失業と貧困問題をもたらした。それと並行して、現在世界レベルで少子高齢化が加速している。

韓国においても、一九九七年のアジア経済危機以来、最も深刻な経済状況の中で未曾有の少子化が進行し、二〇二一年の出生率は過去最低の〇・八一を記録した。二〇〇〇年以降超少子化が続いていたが、そこに拍車をかけたのが新型コロナウイルス感染症の拡大であった。世界最低の出生率とともに高齢化も急速に進行した韓国では、二〇二一年には総人口が減少した。二〇一九年末に始まった新型コロナウイルス感染症の拡大によるさまざまな危機的状況（以下、コロナ危機）のもとで、韓国は急激な少子化、高齢化、人口減少というこれまで経験したことのない新たな局面を迎えている。

戦後、「漢江の奇跡」と呼ばれるめざましい経済発展を遂げた韓国は、日本の経験を上回るスピードで少子高齢化が進行している。このような人口変動は韓国政府の予想を大きく超えるものであり、少子高齢化と人口減少に対する懸念が強まっている。「先成長・後分配」を掲げて福祉の充実より経済成長を優先してきた韓国だが、少子高齢化の進行は家族の変化とも相まって、年金や医療、保育・介護など社会保障の充実を求める声が高まっている。

一九九七年のアジア経済危機を契機に後発福祉国家体制を構築し、財政支出を最小化するという政府の方針によって、韓国は「低負担・低福祉」を選択し、福祉においては家族責任を強調してきた。その背景には、低成長時代に世界最速のスピードで進む少子高齢化に対応しなければならない韓国特有の事情がある。高度経済成長時代と高齢化の時代が重なった先進諸国とは違って、低成長時代に少子高齢化を経験しているアジアの国々は、社会保障制度の整備をめぐる状況が先進諸国とはまったく異なっており、先進国の経験がそれほど役に立たず、むしろ先進国とは異なる選択を迫られている。財政安定化を最優先するような政策選択、つまり社会保障制度の「保障性（security）」を強化するより、「持続性（sustainability）」の維持を重視している。(1)

韓国社会の特徴は「家族主義」といわれるが、一九六〇年代以降の急速な経済成長と産業化という社会変動の中で、家族は大きく変化した。しかしながら、家父長制によるジェンダー規範は依然として根強く、性別役割分業を前提とした男性中心の労働市場と家庭内のジェンダー不平等は改善されていない。韓国は「圧縮された近代」(2)のもとで、国家の代わりに家族が福祉の担い手として社会保障の役割を担ってきた。また、少子高齢化に伴う社会保障制度の拡充による財政負担増を避けるため、家族イデオロギーは強化されているが、少子高齢化はさらに加速している。

二〇二一年は韓国で史上はじめて人口が減った年で、「出産の崖」「人口減少元年」といわれた、まさに歴史的な転換点であった。そこで本章では、一九六〇年代以降「圧縮成長」を経験した韓国で喫緊の課題となっている少子高齢化の現状と課題を明らかにする。まず、新型コロナウイルス感染症の流行で加速する少子化と人口減少について概観する。次に、低成長時代における高齢化と世代間関係、および家族の変化と少子化の主な原因である晩婚化・非婚化について検討する。最後に、文在寅《ムンジェイン》政権の少子高齢化政策を検討しその成果と問題点について考察する。

1　加速する少子化と「人口減少」社会の到来

(1)　コロナ禍で加速する少子化

新型コロナの感染拡大が続く中、世界レベルで少子高齢化が加速しており、その影響は世界人口の歴史的転換を加速するとして、先進国を中心に対応が議論されている。世界人口は、多産多死から少産少子へと向かう人口転換の歴史的プロセスを終え、長期の人口減少期に入り始めている。すなわち、世界人口全体が遠からず「縮減する社会」に向かい、少子高齢・人口減少のさまざまな課題に直面すると予想されている。[3] そうした中、韓国においても少子化の進行にはなかなか好転の兆しがみられない。

いま世界は、新型コロナウイルスによるパンデミックという百年に一度の危機に見舞われており、世界レベルで出生数が急減している。出生率の低下は経済水準との関連性が高いといわれるが、とりわけ東アジアの高所得社会（アジアNIES：韓国、台湾、香港、シンガポール）は、日本以上に少子化が深刻で出生率の減少に歯止めがかからない（図1）。経済協力開発機構（OECD）加盟国の平均出生率一・五九（二〇二〇年）に比べても、東アジアの出生率は極端に低いのである。

韓国の場合、一九六〇年に六・〇だった合計特殊出生率（一人の女性が生涯に産む子どもの数。以下、出生率）は、一九八三年に人口置換水準（人口が増減せず均衡状態を保つ出生率）の二・一を下回るようになった。一九九七年の経済危機以降、社会経済的な環境が悪化することにより、今までの家族のかたちが維持できなくなったことと雇用の不安定性が相まって、出生率はさらに低下し続けた。とくに、二〇〇五年には一・〇九と世界最低レベルまで落ち込んだ。そして二〇一八年には〇・九八となり、はじめて一を下回った（表1）。

このように、短期間で出生率が急激に減少したのは、一九六二年から約三五年間にわたって実施された人口抑制（産児制限）政策[4]が一因と考えられるが、より根本的な原因は韓国が「子どもを生み育てるのが難しい社会」になったことだ。若年層の就職難と不安定な雇用による晩婚化・非婚化、仕事と家庭の両立の難しさ、住宅価格の高騰、教育費の負担などが複合的に作用する無限競争の格差社会で、多くの人がリスクを回避するため「個人的」に合理的な選択をした結果である。

この厳しい現状を解決するため、韓国政府は二〇〇五年に「低出産・高齢社会基本法」を制定し、本格

図１　合計特殊出生率の推移（国際比較、1970～2020年）

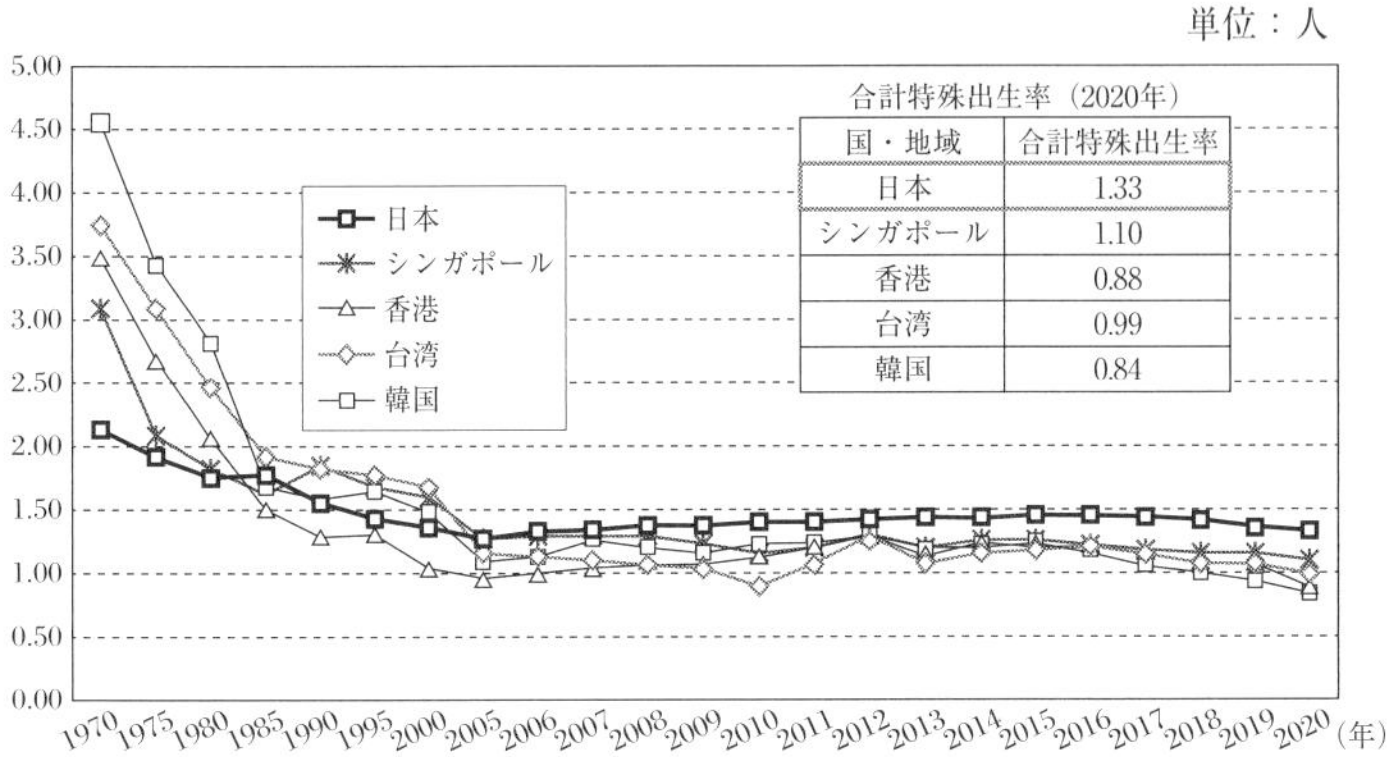

出典：内閣府編集『少子化社会対策白書　令和４年版』日経印刷、2022年、８頁より引用。

表１　出生数と合計特殊出生率の推移（1960～2020年）

単位：万人、人

	1960年	1970年	1980年	1990年	2000年	2005年	2010年	2015年	2016年	2017年	2018年	2019年	2020年
出生数	—	101	86	65	64	44	47	44	41	36	33	30	27
合計特殊出生率	6.00	4.53	2.82	1.57	1.48	1.09	1.23	1.24	1.17	1.05	0.98	0.92	0.84

出典：韓国統計庁「人口動向調査」各年度、国家統計ポータル（https://kosis.kr/）より筆者作成。

的な少子化対策に乗り出した。二〇〇六年から現在まで約三五〇兆ウォンを超える予算を投じたものの、二〇二〇年の出生数は二七万人、出生率は〇・八四と歴代最低値を更新した。二〇〇一年以降、一・三以下の「超低出生率」が続いたことに加え、新型コロナウイルス感染症の流行が、結婚や出産行動に少なからず影響を及ぼしており[5]、少子化をさらに加速させている。

少子化問題について、先行研究からは、子育てと仕事が両立しやすい制度をつくることが出生率にプラスの効果をもつことや、出産に対する直接的なインセンティブがある政策よりも、そうではない間接的・中期的な支援策のほうが、出生力に対して長期的にはプラスの効果を示すことがわかった。岩澤美帆によると、今日の少子化問題は、自由や平等、自己決定が重んじられ、高次の欲求が追求される近代社会の成熟期に登場したことから、このような時代には、パターナリズム（父権的温情主義）に基づく単純な介入はうまく機能しないため、個人の多様なニーズと自主性を尊重し、格差の状況に目を配りながら、社会を変えていくことが必要であるという。[6] この指摘は非常に重要である。

（2）急激な少子化と「人口減少」時代

韓国は出生率が世界一低いだけでなく、この間高齢化も急速に進行してきた。さらに、晩婚化・非婚化と高齢化が同時に進行していることで、少子高齢化と人口減少が確実に深刻化しつつある。

韓国統計庁によれば、二〇二〇年の出生数は過去最低の二七万人にまで減少し、死亡数は三〇万人に増加し、いわゆる「人口デッドクロス（dead cross　死亡数が出生数を上回る状態）」を記録した。これは韓国が「人口減少」時代に突入したことを意味する。二〇二〇年の総人口は五一八三万人だったが、五〇年後の二〇七〇年には三七〇〇万人程度に減少し、二一〇〇年には二五〇〇万人、つまり半減すると予測されている（図２）。

少子高齢化と人口減少が社会に及ぼす影響については、多くの議論がある。とりわけ労働力不足の問題や社会保障費の負担など、経済成長にマイナスの影響をもたらすというイメージが強い。人口が経済に及ぼす影響は単純に議論できるものではないが、「先成長・後分配」をスローガンに福祉の充実より経済成

図2　韓国の総人口と人口成長率（1960〜2070年）

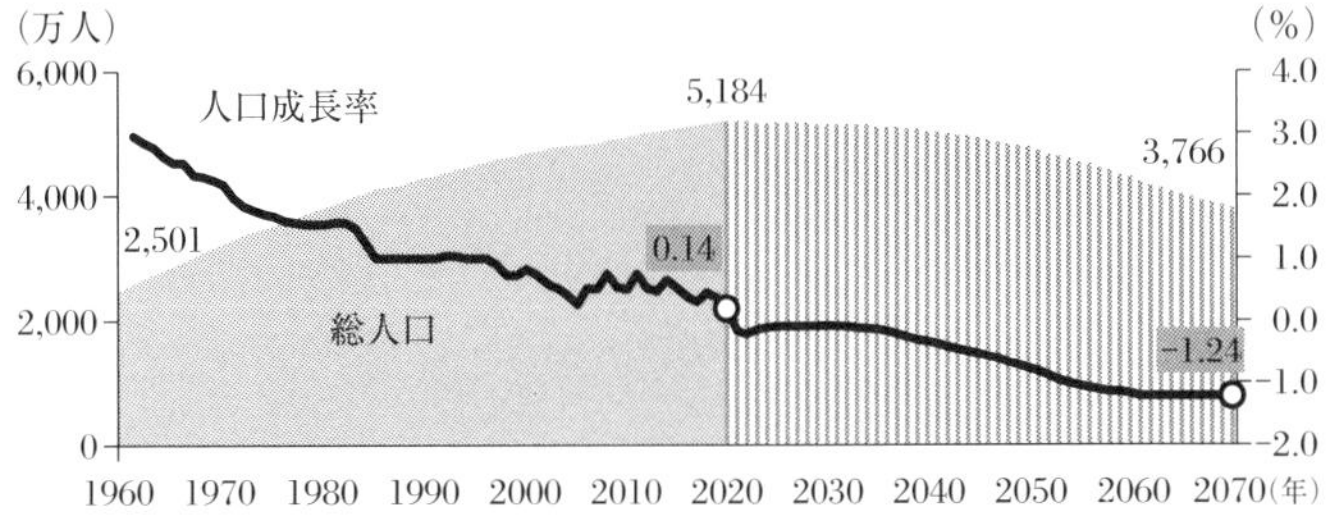

出典：韓国統計庁「将来人口推計――2020〜2070」各年度、国家統計ポータル（https://kosis.kr/）より筆者作成。

長を優先してきたもののいまや低成長時代を迎えている韓国では、少子高齢化イコール経済成長にマイナスという論調が目立つ。「最悪のシナリオ、消滅する国」「少子化政策は失敗」「社会経済体制の存立危機」など、その深刻さを憂慮するあまりに危機感をあおるような批判的な声が多い。

しかし、いま必要なのは歴代政権が行ってきた人口政策の成果と課題を検討し、実効性を伴う政策を推進することである。福祉供給における家族責任を強調する「家族主義福祉レジーム」といわれる韓国において、急激な人口変動が社会保障制度に与える影響は大きい。しかも、社会保障には財政問題とは別に、誰が必要な対人サービスを提供するのかというケアの問題もある。

国連開発計画（UNDP）によれば[7]、「人口構成の移行はどの国でも起こり得るが、その到来を加速し、潜在的恩恵を十分に実現できるかどうかは、このプロセスを誘導する政策に大きく依存する」ため、「戦略的な政策と良好で健全な統治体制（グッド・ガバナンス）が必要である」という。

国連の人口推計では、韓国の人口減少は二〇二五年から始まると予測されていたが、新型コロナ禍による出生数の大幅な減少の影響を受けて、想定よりも人口減少のスピードは早まった。戦後、人口増加に悩まされ人口抑制政策を行ってきた韓国だが、いまや急激な少子化、そして「人口減少」というこれまで経験したことのない新たな局面に突入したといえる。

2　低成長・高齢社会と世代間関係

（1）低成長時代と急速な高齢化

韓国は、先進国が要したよりもはるかに短期間で急速な経済成長を遂げたため、出生率の低下のスピードは速く、それゆえに少子高齢化も急速なペースで進んでいる。近年、経済成長率の低下が先進国を含む世界的な趨勢となっているが、韓国も二〇〇〇年代に入ってから成長率低下の傾向をみせており、日本の「失われた二〇年」と同じような低成長の沼にはまってしまったのではないかという声が韓国内で高まっている。(8)

これまで高齢化は先進諸国で顕著だったが、経済成長とともにアジアにおいても急速に進行している。韓国は、新型コロナウイルス感染症流行下の二〇二一年に「人口減少」社会に突入したが、人口規模と並んで注目されるのが人口の年齢構成、とりわけ高齢化率（六五歳以上人口が総人口に占める割合）である。韓国の高齢化の特徴は、非常に速いスピードと将来的に到達する水準の高さである。二〇二〇年の高齢化率は一五・八％で日本の二八・八％に比べて低いが、二〇五〇年には四〇・一％に達し、日本を追い越して世界一になると予測されている（図3）。

韓国の高齢化率は、二〇〇〇年に七％を超え「高齢化社会」となったが、二〇一八年には一四％を超えて「高齢社会」になった。その後も高齢化率は増加し続け、二〇二五年には二一％を超える「超高齢社会」になると見込まれている。日本の場合、一九七〇年に高齢化社会、一九九四年に高齢社会となり、二〇〇七年には超高齢社会となった。高齢化社会から高齢社会に移行するのに世界で最も早く二四年かかり、高齢社会から超高齢社会まで一三年を要した。これに対して、韓国はそれぞれ一八年、八年という、日本の経験を上回る世界最速のスピードで高齢化が進行している(9)。

また、少子高齢化の進行による生産年齢人口（一五～六四歳の労働力人口）の減少は、そのまま労働供給の減少となる。出生率が低下し高齢化率が高まると、労働力人口の減少は避けられない。韓国の生産年齢人口は二〇一二年をピークに減少しており、二〇七〇年には生産年齢人口（四六・一％）と高齢者人口（四六・四％）がほぼ同じになり、一人の現役世代が一人の高齢者を支える社会が到来すると予測されている（図４）。したがって、将来の労働力人口の減少とそれによる成長率の低下を懸念した韓国政府は、日本以上に外国人労働者受け入れには積極的な立場をとっている。

こうした急速な人口転換とともに、韓国で大きな社会問題になっているのが高齢者の貧困問題である。近代化の過程で「先成長・後分配」を掲げて福祉の充実より経済成長を優先してきたため、社会保障制度がまだ成熟していない。また、低成長時代に世界最速のスピードで進む少子高齢化に対応するため「低負担・低福祉」が維持されている。今後、高齢化のさらなる進展によって社会保障費の増大は避けられないが、「財政負担の最小化による財源の持続性」を図る韓国政府の方針で、福祉の担い手としての「家族責任」が強調されている。しかし、後述するように、家族による高齢者の扶養や介護機能は急速に弱体化し

図3　高齢化率の推移（国際比較）

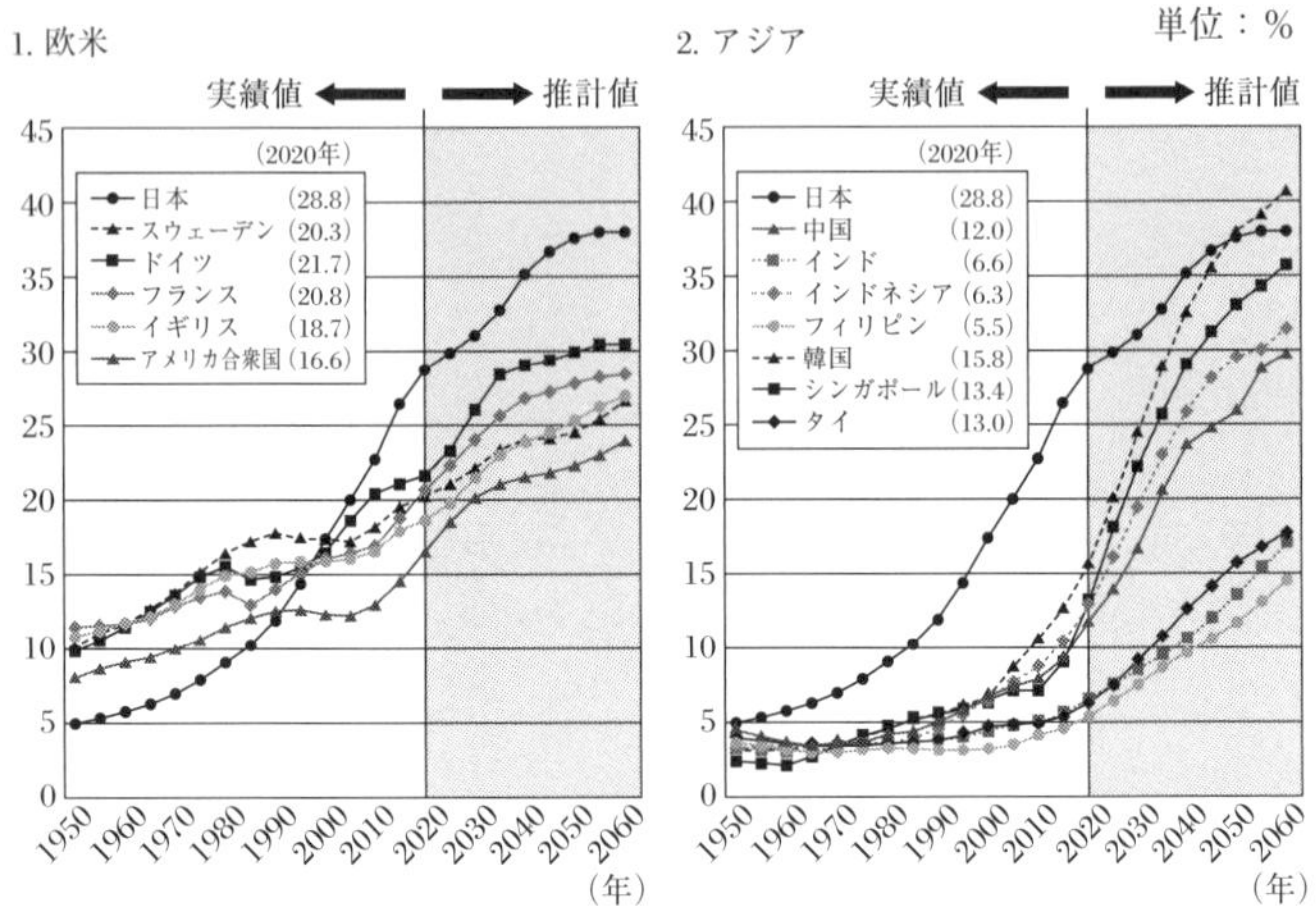

出典：内閣府編集『高齢社会白書　令和3年版』2021年、7頁より引用。

図4　韓国の人口割合の推移と予測（1960～2070年）

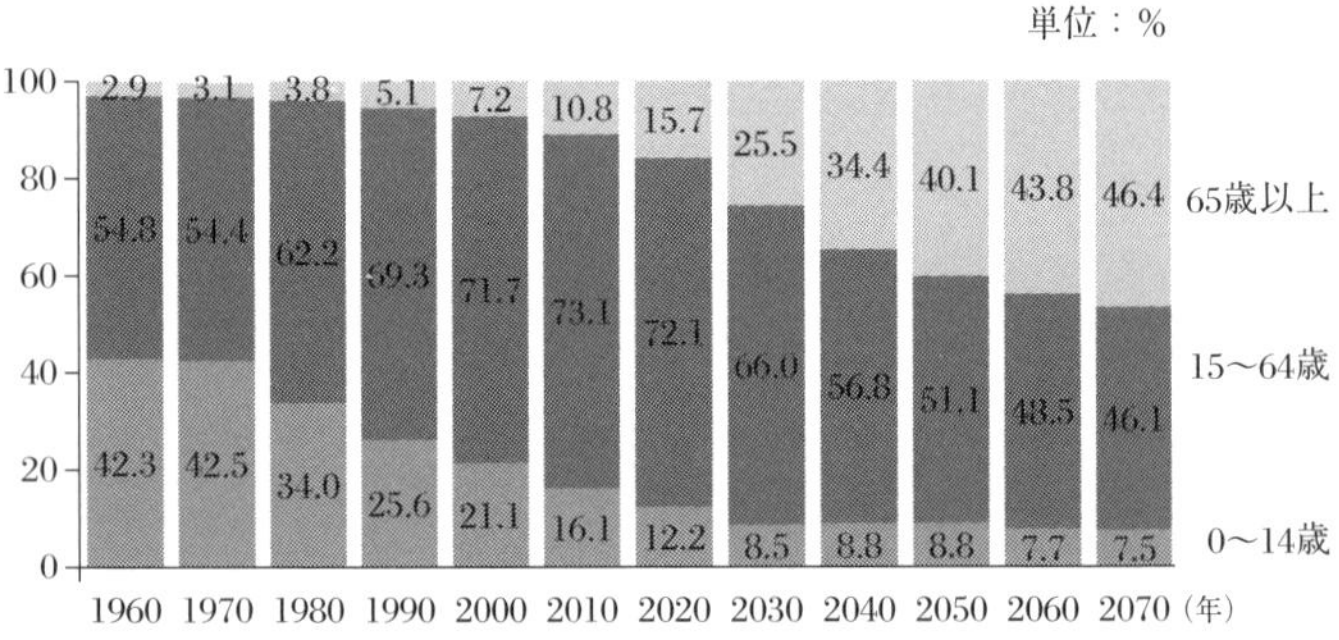

出典：韓国統計庁「将来人口推計――2020～2070」各年度、国家統計ポータル（https://kosis.kr/）より筆者作成。

ているのが現実である。

二〇二〇年は、現在の人口構造において最も大きな人口規模を有する「ベビーブーム世代」（一九五五〜一九六三年生まれ、全人口の約一四％）が六五歳に到達する節目の年であった。ベビーブーム世代の高齢化は労働市場からの引退や公的年金の受給、医療・介護需要の増大など、社会的なインパクトが非常に大きいとされる。高齢者が増えれば社会全体の格差が大きくなり、世代間の利害対立がより深刻化する懸念がある。

（2）長期化する世代間関係と高齢者の貧困

人口構造の変化による高齢化は、世代間関係にも変化を引き起こす。ある世代から人口が極端に少なくなる「人口の崖」(10)に陥ると経済成長が難しくなるだけでなく、世代間のアンバランスから社会保障制度の維持も難しくなるといわれている。韓国も、社会保障制度の未成熟と低成長による世代間格差が拡大している。

高齢化が進行するにつれて、平均寿命が延びたことは周知のとおりである。表2をみると、一九六〇年に男性五一・一歳、女性五三・七歳だった平均寿命は、その後一貫して延び続けている。二〇二〇年には、男性八〇・五歳、女性八六・五歳と、男女ともに約三〇年も延びて「人生八〇年」時代に入った。平均寿命の延びは老年期それ自体の延長につながり、老後の生活費はもちろん年齢が高くなるに従い要介護になる割合が高まる。

世代間関係は、生涯にわたり最も長く継続する人間関係の一つである。高齢化は親子関係を長期化して

表２　韓国の平均寿命の推移（1960〜2020年）

単位：歳

	1960年	1970年	1980年	1990年	2000年	2010年	2015年	2020年
男性	51.1	58.7	61.9	67.5	72.3	76.8	79.0	80.5
女性	53.7	65.8	70.4	75.9	79.7	83.6	85.2	86.5

出典：韓国統計庁「生命表」各年度、国家統計ポータル（https://kosis.kr/）より筆者作成。

きたが、人口減少に伴って社会保障の持続性を含め「誰が誰を支えるのか」を本格的に議論すべき時代になった。韓国における急速な高齢化の進行は、現役世代に対する大幅な負担増に直結する。家族が福祉の担い手として大きな役割を果たしている韓国では、親世代の長寿化に伴う介護や扶養負担は大きく、親子関係の長期化は子世代の負担増を意味する。

戦後、韓国はめざましい経済発展を遂げたものの社会保障が後回しにされたため、年金制度は老後の生活保障として十分に機能していない。国民年金が導入されたのは一九八八年で、皆年金が実現したのは一九九九年と歴史が浅い。高齢者の相対的貧困率[11]は二〇一八年に四三・四％と、ＯＥＣＤ加盟国の中で最も高い（ＯＥＣＤ平均は一四・八％）。貧困高齢者を生み出す要因としては年金の未整備以外にも、扶養意識の低下、子どもの教育と結婚費用による過度な支出と老後の準備不足、早期退職と老後の再就職の困難などが挙げられる。

近代化の過程で社会保障を十分に整備しないまま、家族福祉に助けられ経済成長を成し遂げてきた韓国だが、一九九七年の経済危機は、家族と親子関係にも大きな変化をもたらした。グローバル経済下で起きた企業の倒産と失業によって国民生活は大きな打撃を受け、中間層が崩壊し離婚率も増加した。そして、それ以降は新自由主義体制への急転換を迫られ、職場や教育現場でも競争による成果主義が激化し格差も広がった。

また、経済危機以降の不況は、若年層の失業と非正規職を急増させ、子世代の親への依存は長期化した。韓国の親子関係の特殊性として、子どもの教育に対する親の過剰な関心と強い競争志向がみられる。未曾有の経済危機を経験した韓国人は、年老いた「親」よりも家族の未来を担う「わが子」を重要視した。子どもにより良い教育を受けさせたい成人子世代は、グローバル時代の家族戦略として子ども中心の生活を営むようになった。

韓国統計庁の「社会調査」によれば、一九九八年には約九〇％が「老親の扶養責任は、家族（子ども）にある」と答えたが、二〇二〇年には同じ回答は二二％に減少し親に対する扶養意識は急速に低下した。その背景には一九九七年のアジア経済危機と二〇〇七年の世界金融危機という、二度の経済危機が影響している(12)。

韓国における親子関係の特徴は、儒教を基盤とする「孝」規範と「家族主義」である。孝規範は、家族構成員の個人より家族全体の福祉を優先する家族主義によって維持されてきた。しかし、現在の高齢者は以前の世代ほど家族支援が得られなくなっている。平均寿命が延びているにもかかわらず、二〇一七年に六〇歳定年が義務化されるまで、被雇用者の多くは五〇代前半で強制的に定年退職させられることが多かった。子ども世代の扶養意識が弱体化している中、年金制度の未整備もあって、高齢者は自ら働いて収入を得るほかないが、その多くは単純労働や不安定な仕事が多く自立するのは難しい。韓国は、高齢者が経済の再分配システムから排除されることによる高齢者の貧困が社会問題になっている(13)。

3　家族の変化と晩婚化・非婚化

（1）家族の変化と家族主義

家族は社会の変化と密接な関係にあるが、一九六〇年以降の圧縮された近代化と産業化という社会変動の中、家族も大きく変化した。韓国でも日本同様、核家族化と単身世帯の増加にともなって平均世帯人数は減少してきた。他方、全体の世帯数は一九七〇年に比べて三倍近くまで増加している。とりわけ、単身世帯の増加は顕著である。

表3によれば、家族形態として最も多いのは「核家族」世帯である。家の継承者である長男夫婦が親と同居して扶養するという父系血縁中心の「直系家族」は、急速に減少している。一九六〇年代以降の産業化の過程で、農村の人口が大量に都市へ移動し、二十年あまりの短い期間で都市と農村の人口比率は逆転した。都市化が進むにつれて家族構造も大きく変化した。儒教的伝統家族の「直系家族」は、二〇二〇年にはわずか四・四%にすぎず、同居扶養・介護という従来の規範は社会変化の中で実質的な基盤を失っている。

家族の変化と関連して注目すべき点を二つ挙げると、一つは世帯規模の縮小である。世帯規模の平均人数は、一九六〇年に五・六人だったのが二〇二〇には二・三人に減少した。六〇年間で家族を構成する人数が半分以下に減少している。それに対して「単身世帯」は二〇二〇年に三〇%を超えており、これは未婚率の上昇と高齢者の一人暮らしの増加が影響している。

表3　韓国の家族形態の変化（1960〜2020年）

単位：千世帯、％、人

	1960年	1970年	1980年	1990年	2000年	2010年	2015年	2020年
世帯構成* （世帯数）	— —	100.0 (5,576)	100.0 (7,470)	100.0 (10,167)	100.0 (11,928)	100.0 (12,995)	100.0 (13,693)	100.0 (15,508)
核家族**	—	71.5	72.9	76.0	82.0	82.3	77.8	83.0
直系家族	—	18.8	11.0	10.2	8.0	6.2	5.3	4.4
その他	—	9.7	16.1	13.8	10.1	11.6	16.9	12.6
単身世帯	—	—	4.8	9.0	15.5	23.9	27.2	30.2
世帯規模の平均人数	5.6	5.2	4.5	3.7	3.1	2.7	2.5	2.3

出典：韓国統計庁「人口総調査」各年度、国家統計ポータル（https://kosis.kr/）より筆者が作成。
*世帯構成とは、一般世帯から非血縁世帯と単独世帯を除いた世帯の総数である。
**核家族世帯には、「夫婦・夫婦と未婚の子・一人親と未婚の子」が含まれる。

「世帯規模の縮小」は、社会に新たなリスクを生み出す。世帯の人数が減れば、家族の支えを前提とした看病や介護といったケアは成り立たなくなる。また単身世帯の場合は、家族による経済的な扶養や介護が利用できなくなるなどの脆弱性が高い。生活保護を受給している世帯の中で一人世帯が占める割合は増加し続け、二〇二〇年には七〇％に達した。少子高齢化にともなう人口構造の変化や世帯構成の変化などは、貧困や介護にも影響を及ぼしている。

もう一つは、家族の多様化である。現代社会における家族形態の主流は、夫婦と未婚の子からなる「（典型的な）核家族」だった。ところが、夫婦のみや一人親家族、単身世帯や非婚シングル、無子家族、多文化家族などが増えており、その結果「（典型的な）核家族」そのものは減少し（二〇〇〇年五八％から、二〇二〇年は四四％へ減少）、家族の多様化がいっそう進むと予想される。

家族の変化とともに、個人主義および平等主義の価値観が強まり、男女平等や女性の地位向上など、男女の役割にも変化がみられた。韓国では、二〇〇八年に「老人長期療養保険制度（介護保険制度）」が導入され「介護の社会化」が進んだ。その背景には、急速な高齢化と要介護高齢者の増加、核家族化や世帯規模の縮小による家庭内の介護人材不足、労働市場の変化と雇用不安定、女性の高学歴化と社会進出などがある。これらは「新しい社会的リスク」と呼ばれるが、性別役割分業型の近代家族を前提とした家族主義では、こうした変化に対応できなくなった。男性の扶養者としての役割が不安定になり、女性も学歴と経済力を手に入れると、結婚を義務ではなく一つの選択として認識するようになった。

韓国家族の特徴は、儒教を基盤とする「家族主義[14]」や、生活手段としての機能が強化された「道具的（instrumental）家族主義[15]」といわれている。いずれも「圧縮された近代」のもとで国家の代わりに、家族が多くの社会保障の役割を担ってきた。とくに、二〇〇〇年代以降の新自由主義の進展と少子高齢化の進行は、家族に大きな変化をもたらした。

家族の多様性を認め実質的なジェンダー平等を追求するため、二〇〇五年に「戸主制」は廃止されたが、それと同じ時期に「健康家庭基本法」も施行された。健康家庭基本法は、異性愛にもとづく中間層核家族モデルを「標準」とし、女性を「健康家族（理想的家族）」を維持させるための中心的な対象として設定している[16]。この矛盾した政策と家族イデオロギーの強化は、進歩と伝統の対立、そして男女間の対立を深めている。ここでいう「標準」とは、性別役割分業にのっとった夫婦と子どもからなる家族であり、異性愛（ヘテロセクシュアル）婚姻カップルとその両者と血縁関係にある子どもから構成される家族を意味している。しかし現実には、そうした標準的な家族ばかりでなく、多様な家族をそれぞれどのように支えるのかが重要な課題である。

日本においても、二〇〇〇年代後半から家族イデオロギーの強化が目立つようになった。日本は高齢化率が世界一（二〇二一年は二九％）で、社会保障費の増大が国家の財政を圧迫すると懸念されている。かつて日本は、一九八〇年代に少子高齢化に対応するため、家族中心の「日本的福祉社会」を構想すべく、「二〇世紀体制（男性稼ぎ主－女性主婦型の近代家族）[17]」を強化した。その結果「失われた二〇年」を招来し、長期の経済不況から抜け出せなくなった。生産年齢人口が減少すると、家族はケアを担うことができなくなり、労働力不足を補うために家庭外での仕事の負担が増えるため、家族の再生産力低下はさらに進む。加えて、若年層の失業や不安定雇用が上昇したことで、家族形成自体が困難な人々が増加し、家族の多様化も進む。こうした日本の経験はいまの韓国で進行している状況と非常に似ている。

（２）晩婚化・非婚化と人口減少と若年層の意識変化

韓国では少子高齢化と人口減少が急速に進行しているが、少子化を引き起こした直接的要因は、晩婚化や非婚化の増加である。その背景には、若年層の就職難と雇用の不安定化による将来への不安がある。婚外子が少ない韓国では、夫婦の数が増えなければ子どもの数も増えにくい。日本同様、少子化対策として出産のみならず結婚支援が注目されるのも、近年の若者の結婚・出産を控える傾向が深刻だからである。

かつては日本も韓国も「皆婚社会」といわれ、結婚するのは当たり前と考えていたが、その状況は大きく変わりつつある。近年、韓国では未婚率の上昇や晩婚化・非婚化が急速に進んでおり、同じ問題に直面している日本以上に深刻である。

韓国統計庁の「婚姻・離婚統計」によれば、二〇二〇年の婚姻件数は二一万件で過去最低を記録した。

二〇二〇年に結婚した人々の平均初婚年齢は、男性三三・二歳、女性三〇・八歳となり、男女ともに三〇歳を超えた。一九九〇年には男性二七・八歳、女性二四・八歳で、多くの人は主に二十代で結婚したが、その後着実に高くなり晩婚化が進んだ。二〇一五年になると女性の平均初婚年齢が三十代に突入し、晩婚化による出生率の減少に歯止めがかからなくなった。若年層の就職難によって就職できる年齢が遅くなったせいで、三十代の結婚が一般化している（図5）。

二〇〇〇年以降の晩婚化の影響もあって、女性の出産年齢も急速に高くなった。図6は、出産女性の年齢別割合の変化を示したものである。最も多いのは三〇〜三四歳で四〇%を超えている反面、二十代の出産は減少している（二〇一〇年の三七・二%から二〇二〇年は二二・五%）。二〇二〇年は、三〇歳以上の女性が出産に占める割合は七七・六%となった。

韓国で晩婚（産）化・未（非）婚化が、社会問題として注目されるようになったのは、二〇〇〇年後半以降である。韓国統計庁の「社会調査」によれば、「結婚すべきだ」という意識は減少し続けている（二〇一〇年の六五%から二〇二〇年は五一%）。回答者の中でも未婚者に限定すると、男性は四一%、女性は二二%まで減少しており、若年女性の結婚離れはかなり深刻である。未婚化の要因として、男性は主に経済的理由が多い一方で、女性はその理由が多様である。男性は経済的要因さえ解消されれば結婚を希望する傾向が強いが、女性は経済的自立が確保できるなら結婚しなくてよいと考えている。若年層の就職難の影響もあって、男女ともに人生で最も重要なのは「仕事」と答えた。また「配偶者・子ども」より「仕事・個人生活」を重視する傾向は女性の方が強い。

結婚よりも安定した仕事に就くことを重視する若者が多いにもかかわらず、性別役割規範やジェンダー

図 5　平均初婚年齢および初婚夫婦の婚姻件数（1990～2020年）

単位：千件、％、歳

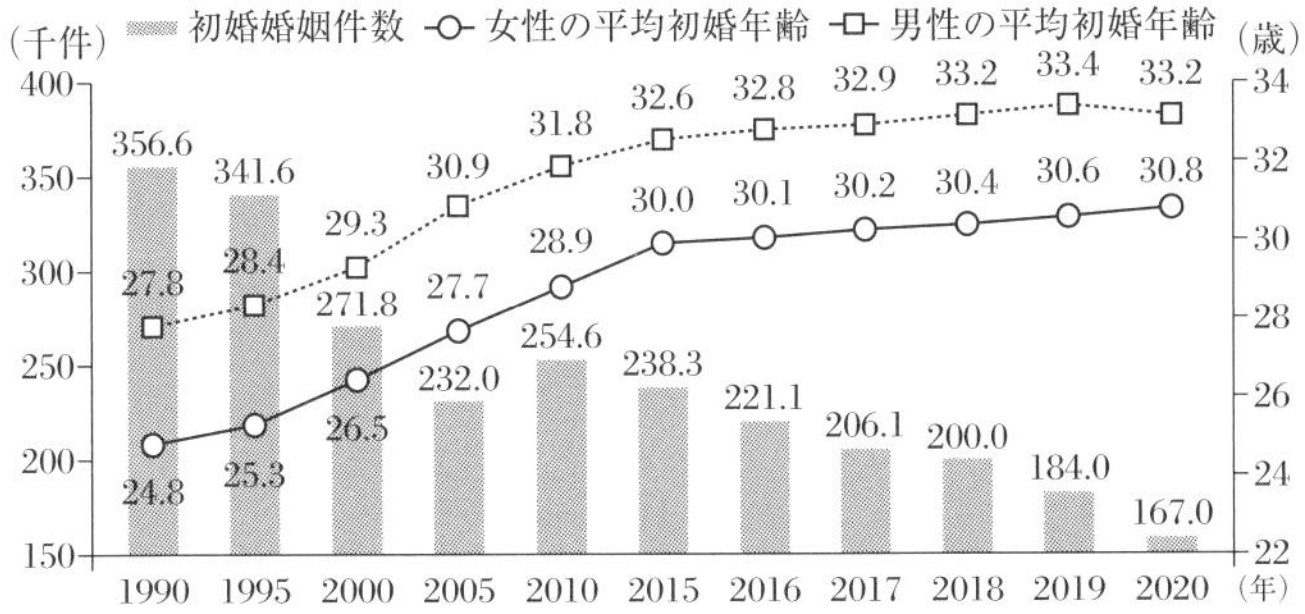

出典：韓国統計庁「人口動向調査」各年度、国家統計ポータル（https://kosis.kr/）より筆者作成。

図 6　出産女性の年齢別割合の変化（2010年と2020年）

単位：（%）

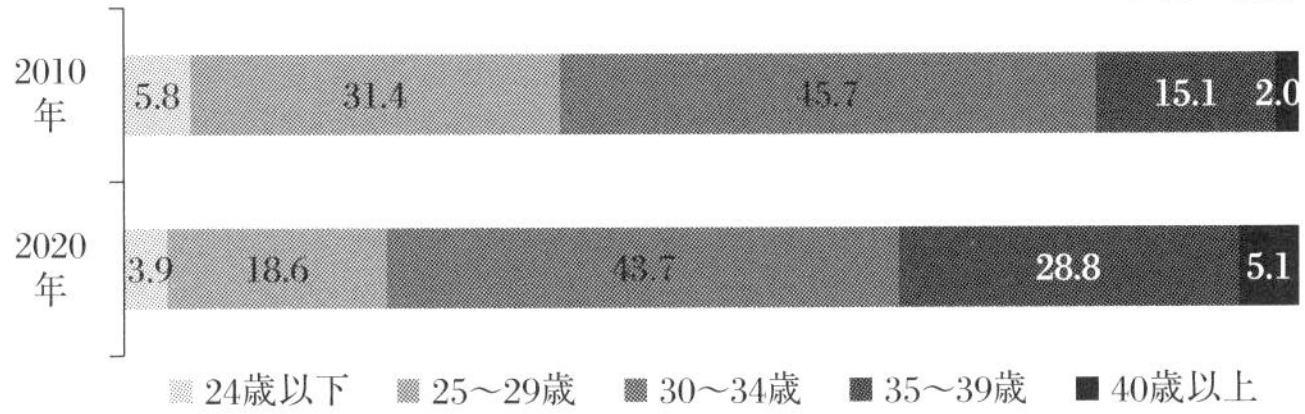

出典：韓国統計庁「2020年出生統計」2021年 8 月25日報道資料、 7 頁から引用。

による固定観念は根強く残っている。結婚後に課せられる経済的な負担（家族を養う責任など）やケアに対する責任、仕事と家庭の両立の難しさを考えれば、以前ほど結婚に魅力を感じない若者が増えるのも理解できる。

韓国では、二〇〇五年から女子の大学進学率が男子を上回るようになり、二〇一八年には女子の進学率は七三・八％と、男子の六五・九％を七・九ポイント上回り、その開きは過去最大となった。女性の大卒者が七割を超えて高学歴化し社会進出が増えているものの、女性は男性以上に就職が困難な状況で、非正規職の七割は女性が占めている。非正規・不安定雇用と家庭内の無償労働という「二重負担」を女性に強いているのは、性別役割分業に基づく家族観と社会観である。

女性に再生産役割（出産）とケア（家事・育児・介護）の役割を当たり前のこととして課している性別役割規範は、現在女性が結婚を選択しない要因となっている。家庭内のケア時間の配分のみならず、賃金の面でも男女格差は依然として大きい。仕事と家庭が両立できる環境が十分に整っておらず、出産後に離職し育児が終わると仕事に戻る「M字カーブ」が女性の就業パターンとして維持されている。世界経済フォーラム（WEF）のジェンダー・ギャップ指数によれば、韓国は一四六カ国のうち九九位（二〇二二年）で、男女格差は顕著である。ジェンダー不平等は韓国のみならず、日本においても解決が急がれる課題で、性別役割分業体制が強い社会では、ますます晩婚化・非婚化が進行する。

若者の恋愛離れは「経済的な不安定によって、結婚どころか恋愛もできない」せいだとされているが、そこには「ジェンダー」の視点が欠けていると柳采延は指摘する。韓国における急激な出生率の低下は、若年女性による「家父長制（男性支配）に対するボイコット」が一因である。一九九〇年代に女性の高学歴化が進む中、親密な関係における不平等や異性愛規範に疑問をもつ人が増え、恋愛や結婚を「正常」とする韓国社会で「恋愛しない自由（個人として尊重されること）」と親密な関係の多様性を主張する声が高まった。そして、二〇一〇年代にフェミニズム議論が活性化すると、若年女性を中心に「脱恋愛・非恋愛主義」の流れが形成され、「非婚志向」が顕著にみられた。さらに、晩婚化や少子化は一九九〇年代後半から進んでいたが、結婚しない・産まない女性に少子化の原因があるとする、出産を女性の「義務」のように扱う政策提言などが、女性の「非婚・非出産宣言」というアクションにつながった(18)とした。

ここで重要なのは、若年女性の「非婚・非出産」には、女性の地位向上と経済的自立への要求と、女性を差別・搾取する家父長制的社会への批判があるという点である。家父長制が女性の生き方を束縛するのに対し、男性社会の隷属から逃れるために女性は非婚を選んでいる。家族のかたちや人々の意識は変化しているのに、従来どおりの「標準家族（性別役割分業にもとづく夫婦と子どもからなる家族）」を前提とする社会制度は変わらない。若年女性にとって、そうした社会で家族をつくる・出産することとは、リスクを背負うことになる。家族への期待や家族の役割が大きすぎると、そのリスクを回避するために家族からの逃避が起こり、その結果少子化になる。

韓国の家族と社会保障は、家父長制にもとづく「標準家族」がモデルとなっている。それに対し若年女性の非婚・非出産とは、自分たちは「男性社会を維持するための資源ではない」という抗議の現れだとみることができる。誰もが標準家族に暮らしているという前提を捨て、多様なライフコースを生きる人たちを包摂できるような制度を作るというパラダイム転換が必要ではないか。結婚制度に入らなくても社会から排除されない包摂的な社会を実現すべきである。

4　文在寅政権における少子高齢化政策

二〇一七年に大統領に就任した文在寅《ムンジェイン》は、二〇一八年秋頃から国政方針を転換した。すなわち、「所得主導成長」から「包容国家（inclusive state）」へのパラダイムシフトである。経済政策は「包容国家」を実現するための戦略と位置づけられ、国政における焦点が「経済政策」から「社会・福祉政策」に移行した[19]。韓国では進歩系政権（金大中《キムデジュン》・盧武鉉《ノムヒョン》）は成長より分配を重視する傾向が強く、文在寅政権も社会保障政策に力を入れ、低所得者層の所得を改善するための政策が数多く施行された。

政権発足直後に発表した「国政運営五カ年計画」では、「国民の国、正義の大韓民国」が国家ビジョンとして掲げられ、その達成のために「五大目標、二〇大戦略、一〇〇大課題」が提示された。五大目標は、「I　国民が主人公の政府、II　みなが共存する経済、III　国民の暮らしに責任をもつ国家、IV　均衡発展する地域、V　平和と繁栄の朝鮮半島」である[20]。発足当初は、II「みなが共存する経済」に軸足を置いた「所得主導成長」が目玉政策だった。所得主導の経済成長政策とは、賃金上昇で家計所得を増やして消費増加をもたらし、経済成長につなげるということである。最低賃金の引き上げと長時間労働の是正を実現させるために「週五二時間勤務制」などが実施された。だが、所得格差は拡大し、雇用は伸び悩んだ。経済政策の失敗が、政権支持の低下を招いた。

その後に登場したのが、III「国民の暮らしに責任をもつ国家」に軸足を置いた「包容国家」政策である。これはIIIの中で最初に言及される「みなが享受する包容的福祉国家」という二〇大戦略を発展させたものである。つまり「包容国家」というスローガンが用いられることによって、社会・福祉政策に力点が置かれることになった。文在寅政権は「包容的福祉」政策を掲げ、その目的を「すべての国民が基本的な生活を営むことができるよう、生涯にわたって支えるもの」とした上で、韓国社会が直面している深刻な少子高齢化問題を解決するために福祉財政を積極的に拡大し、さまざまな社会サービスを提供しようとした。

「包容国家」の福祉改革の方向性は、多様性を認める社会およびジェンダー平等な社会である。文在寅大統領は「フェミニスト大統領」を自認し、ジェンダー平等を目指すために男性稼ぎ主モデルからの転換を試みた。これはいわゆる「包容的福祉」というもので、多様な形態の家族を制度的に認め、伝統的な性別役割分業から脱して、女性と男性がケアと有償労働を平等に分担できる新たな社会モデルを指向した。

文在寅政権は包容的福祉政策のもとで、福祉の充実とともに国家の責任を強調し、多様性を認めるジェンダー平等な社会を目指そうとした。以下では、第三次と第四次「低出産・高齢社会基本計画」を中心に少子高齢化に関連する政策を簡潔にみていく。少子化政策としては、二〇〇一年以降「超低出生率」が続いたことから、パラダイムの転換があった。この新しいパラダイムにおいて強調されたのは、仕事と家庭の両立を支援するためのワーク・ライフ・バランスの推進である。

これまでの少子化対策は、出生率や出生数の上昇を目標とする「出産奨励」が中心だったが、文在寅政権では従来の出産奨励から「個人の選択」を尊重する方針にシフトした。国家主導の政策から脱却し、国民の「生活の質」を向上することが、子どもを生み育てやすい社会となり、それが少子化の根本的な対策であると宣言したのである。個別政策としては、子育て支援の一環として、二〇一八年から「児童手当（二〇一九年から満七歳未満のすべての子どもに月一〇万ウォン給付）」が導入された。さらに、二〇二二年からは「幼児手当（満二歳未満のすべての子どもに月三〇万ウォン給付）」が新設された。男性の育児休業取得および育児への参加を促進するため、二〇二二年度から「三＋三　親育児休業制度」が新設されるとともに、配偶者出産休暇給付金の新設や育児休業給付金の拡大など、普遍的かつジェンダーに配慮した改革が進められた。

高齢化対策としては、高齢者の所得と健康、認知症に関する国家の責任を強化した。高齢者の貧困問題が深刻であることから、老後の所得を補完するために「基礎年金」が増額された（二〇二一年から月三〇万ウォンに引き上げ）。健康保険の対象診療の拡大と患者の自己負担を減らすため、二〇一八年から「文在寅ケア」が推進され、認知症対策における国家の責任を強化する「認知症国家責任制」も導入された。また、生活保護者に対する「扶養義務者基準」を緩和・廃止し、貧困における国家の義務を強化した[21]。

以上のように、文在寅政権の福祉改革は、ジェンダー平等と福祉の充実を図ることで格差問題を是正しようとする試みだった。しかし、実際には個別の政策課題に取り組むだけで、全体を統合する大原則は存在せず、ジェンダー不平等の構造転換を促すにはまったく不十分だった。「包容的福祉」は、ジェンダー平等を推進する政策ガバナンスの不安定さや、韓国社会の経済構造と労働市場に深く根づいている性差別と性別職域分離を解消するには限界があった[22]。

政権途中から政策転換したせいでその認知度が高くない「包容的福祉」であるが、全国民にセーフティーネットを拡大しようとした点は評価できよう。注目すべき点は、家族機能が弱体化しているにもかかわらず、国家の役割を限定した歴代政権とは違って、文在寅政権は家族の機能を社会的にバックアップしていく必要性を認識した上で、「国家の責任」を強化したことである。つまり「家族が責任をもつ」政策から「家族を支援する」政策への転換を図ったことは、高く評価すべきである。「問題解決的な家族に依存したアプローチ」から「総合的予防的な社会的責任によるアプローチ」へのパラダイム転換が起こったのである。

前述した通り、文在寅政権はすべての人に福祉政策を適用する普遍的福祉の実現を掲げ、財政支出を拡大した。それに対して、二〇二二年五月に発足した保守系の尹錫悦《ユンソギョル》政権は「一一〇大国政課題」で、社会的弱者中心の「生産的オーダーメイド福祉」を発表し、進歩系の文在寅前政権の主要政策を全面的に修正する考えを明らかにした。拡張財政から健全財政に転換し、「文在寅ケア」の廃止や「週五二時間勤務制」の見直しを進めるなど、野党と労働組合との対立を深めている。そして、大統領選挙の公約だった「女性家族省」の廃止を盛り込んだ政府組織改編案が正式発表されたため、女性団体や野党は強く反発し難航が予想される。

一方、コロナ危機で急速に少子高齢化が進むなか、尹錫悦政権も積極的な立場をとらざるをえない。政権発足直後に発表した「新政府の経済政策方向」では、老後の所得保障と持続可能性を確保するために国民年金制度の改革が提示された。同時に、子育てに必要な費用を支援し出生率を回復するため、二〇二三年から「父母給与手当（幼児手当から改編）」を新設し月額もさらに増額された。また、低所得層の高齢者を対象にした「基礎年金」も引き上げられた。

ところで少子高齢化を見据えた今後の課題として、いまや子どもをもつことは、個人にとっては極めて長期にわたるコミットメントであり（親子関係の長期化）、その決断には慎重さをともなわざるをえないという点がある。そうした決断に政策が有効に作用するには、その政策を打ち出す政府への信頼が重要である。にもかかわらず、韓国のように、政権が変わるたびに政策が大きく変わるのは政策の一貫性に欠ける。何より、政策の一貫性と財源確保、さらに持続可能な社会保障制度を構築する必要がある。また、社会全体が共同して「人が共に生きることを支える」しくみを作らなければならない。

おわりに

二〇一九年末に始まった新型コロナウイルス感染症の流行は、世界中に甚大な影響を与えた。コロナの変異株が次々と発生するせいで常に新たな懸念が強まっている。感染拡大は、現在進行形で全体像はまだ明らかではないが、戦後最大級とも百年に一度の危機ともいわれている。

韓国においても、一九九七年のアジア経済危機以来最も深刻な影響に見舞われる中、未曾有の少子化が進行し、二〇二一年は史上はじめて人口が減った年で「人口減少元年」となった。韓国は、これまで経験したことのない新たな局面を迎えている。このようなパンデミックが人口動向にどのように影響するかの予測は容易ではない。しかし、人口が長期安定的に持続可能な水準を維持するためにも、「ケア」を中心とした社会制度を作るというパラダイム転換が必要である。

コロナで深刻化した失業と貧困問題などで、人々の人生設計や生活は大きな影響を受けた。結婚や出産を見合わせたり諦めてしまった結果（韓国における婚姻件数と出生率は二〇二〇年以降も過去最低を更新し続けている）、少子高齢化はさらに加速している。また、緊急事態宣言によって、全国一斉休校などが起きた結果、保育と教育、介護、看病などの社会的ケアがいかに重要かが再認識された。在宅勤務によってむしろ家庭が担うケア負担は著しく増大したのである。

少子高齢化問題を考えるには、すでに触れたように「多様で、間接的・中期的な支援策」の視点が必要である。ライフコースが多様化し、そのニーズも多様になっている。どの手段が有効かではなく「選択肢の多さ」が期待されており、同時に政策の一貫性と持続性も極めて重要である。個人の多様なニーズと自主性を尊重し、格差を解消しつつ社会を変えていく必要がある。文在寅政権の「包容国家」の方向性も、まさに「多様性を認める社会」であった。

また、少子高齢化時代には、誰が必要な対人サービス「ケア（生命や生活を支える活動）[23]」を提供するのかが問題になる。コロナ危機でますます明らかとなった「ケアの重要性」、生死を握る力の一つとして、ケアが注目を浴びるようになり、いまや「普遍的（ユニバーサル）・ケア[24]」に関心が集まっている。ユニバーサル・ケアとは、「そのいかなる形式・実践においてもケアが、私たちの第一の関心事であり、単に家庭内領域だけではなく、その他のあらゆる領域、すなわち親族からコミュニティ、そして国家から地球に至るまで優先されること」を意味する。この取り組みは、ケアを疎かにしてきた社会の問題を指摘し、「ケアを中心に据えた社会構想」を提案している。すなわち、私たちの生のあらゆる局面においてケアが中心に置かれる社会という理想像が、「ユニバーサル・ケア」である。文在寅政権では国家の責任を強化した「認知症国家責任制」が導入された。まさに「ウィズ・コロナ」を超えた「ウィズ・ケア」時代の到来である。

さらに、少子高齢化問題を解決するためには、パラダイム転換が必要である。韓国では、一九九七年のアジア経済危機を契機に「後発福祉国家」体制を構築した。国家破産の危機だったからこそパラダイムの転換が求められ、それを実現した経験がある。コロナ危機下、韓国では「ベーシックインカム（basic income）」が本格的に議論されている。失業者や貧困者の生活困窮に対応する社会保障制度が十分に整っておらず、セーフティーネットとしての社会保障制度の網の目が大きすぎて機能不全に陥っているため、そこから抜け落ちてしまった人々の貧困が深刻化している。そうした中でベーシックインカムが注目されると同時に、文在寅政権で生活保護対象者に対する扶養義務者基準を緩和し、貧困に対する国家責任を強化したことは大きな意味をもつ。

従来のシステムに入れない・入らない人々が取り残されている。「標準的」な家族をもつ人ばかりではなくなった社会で、どのような家族関係を結んでいるかによって著しい不平等が生じるのは、フェアなシステムとはとうてい認められない。家族関係によって影響を受けない「ライフスタイル中立的」な社会制度を作るべきである。そして、持続可能な少子高齢化社会を可能にするため、「ケア」を中心に多様なライフコースを生きる人たちを包摂できるような社会制度を作る方向をめざしたパラダイム転換が必要なのである。

（1） 金成垣・松江暁子「アジアにおける高齢化と高齢社会対策をどうみるか」金成垣・大泉啓一郎・松江暁子編著『アジアにおける高齢者の生活保障――持続可能な福祉社会を求めて』明石書店、二〇一七年、一五頁。

（2） 圧縮された近代（compressed modernity）は、社会学者の張慶燮《チャンギョンソプ》が提起した概念である。「圧縮された近代」とは、福祉国家を発展させるのに十分な時間や富の蓄積が得られず、経済的、政治的、社会的、あるいは文化的な変化が、時間的にも空間的にも非常に凝縮された状態で起こる社会状況を指す。つまり、東アジアは「家族主義（家族が社会の単位であり、急速な社会変動の中で個人が背負うリスクや負荷の受け皿として家族が機能した）」によって、「圧縮された近代」を乗り切ってきた。詳細は、以下を参照されたい。張慶燮「個人主義なき個人化――『圧縮された近代』と東アジアの曖昧な家族危機」落合恵美子編『親密圏と公共圏の再編成――アジア近代からの問い』京都大学学術出版会、二〇一三年、三九～六五頁。

（3）原俊彦「縮減に向かう世界人口――接続可能性への展望を探る」『世界』第九四七号、岩波書店、二〇二一年、八八頁。
（4）韓国が急速な少子化を経験している原因の一つに、一九六二年から一九九六年までの約三五年間にわたる強力な国家介入による人口抑制政策（家族計画事業）があった。詳細については、金香男「韓国の人口政策と家族――少子化が進むなかでの男子選好」伊藤公雄・春木育美・金香男編『現代韓国の家族政策』行路社、二〇一〇年、を参照されたい。
（5）新型コロナウイルス感染症の流行は、結婚、妊娠・出産、子育ての当事者に多大な影響を与えており、安心して子どもを生み育てられる環境を整備することの重要性を改めて浮き彫りにした。妊娠中の感染リスクに対する不安、新型コロナウイルス感染症の影響による経済的な不安などが、妊娠を避ける要因となっているとの指摘がある。また、外出自粛や人との接触機会の低減などによる出会いの機会の減少、雇用・生活の不安定などが、今後の婚姻件数の減少に拍車をかけ、将来の出生数の減少につながりうるとの指摘もある（内閣府編集『少子化社会対策白書　令和三年版』日経印刷、二〇二一年、五一頁）。
（6）岩澤美帆「家族政策の出生力への影響を考える」上村泰裕・金成垣・米澤旦編著『福祉社会学のフロンティア――福祉国家・社会政策・ケアをめぐる想像力』ミネルヴァ書房、二〇二一年、一一九頁。
（7）国連開発計画（ＵＮＤＰ）『アジア太平洋人間開発報告書　二〇一六年概要版』二〇一六年、五頁。
（8）安倍誠「低成長時代を迎えた韓国」安倍誠編『低成長時代を迎えた韓国』アジア経済研究所、二〇一七年、一二頁。
（9）韓国統計庁「人口動態統計」各年度、日本は内閣府編集『高齢社会白書』各年版を参照した。
（10）村山宏「いま東アジアで何が起きているのか――結婚しない若者」『世界』第九四七号、岩波書店、二〇二一年、一〇四頁。
（11）相対的貧困率とは、所得が中央値の半分を下回る貧困者が全人口に占める比率である。

(12) 扶養意識については、金香男「韓国の高齢者と世代間関係」小池誠・施利平編『家族のなかの世代間関係——子育て・教育・介護・相続』日本経済評論社、二〇二一年、二三三～二五三頁、を参照されたい。

(13) 裵俊燮「韓国の老後所得保障政策の政治過程における特徴——高齢者の利益代表における制度的断絶を中心に」『現代韓国朝鮮研究』第一八号、二〇一八年、五三～六四頁。

(14) 家族主義(familism)とは、「家族がいかなる社会集団よりも重要視され、個人は家族から独立できず、家族内の人間関係は上下序列によって成り立つ。このような人間関係の原理が外部社会まで拡大された組織形態」である(崔在錫『韓国人の社会的性格(第三版)』玄音社、一九九四年、二三頁(韓国語))。

(15) 張慶燮「韓国家族の理念と実際」『哲学と現実』第二一号、一九九四年、五一～六六頁(韓国語)。

(16) 金賢美(羅一等訳)「『社会的再生産』の危機と韓国家族の多層化」平田由紀江・小島優生編『韓国家族——グローバル化と『伝統文化』のせめぎあいの中で』亜紀書房、二〇一四年、一五～一六頁。

(17) 落合恵美子『二一世紀家族へ——家族の戦後体制の見かた・超えかた(第四版)』有斐閣、二〇一九年、二六〇～二八二頁。

(18) 柳采延「『家父長制ボイコット』としての非恋愛——韓国社会の変化と若者の恋愛」『現代思想』第四九巻第一〇号、二〇二一年、一六四～一七四頁。

(19) 奥田聡「世界情勢 所得主導成長から『包容国家』へ——韓国・文在寅政権のパラダイムシフト」東レ経営研究所『経営センサー——産業と経営の情報誌』第二一二号、二〇一九年、一一～一五頁。

(20) 国務調整室『文在寅政府四年一〇〇大国政課題推進実績』二〇二一年(韓国語)。

(21) 金明中『韓国における社会政策のあり方——雇用・社会保障の現状とこれからの課題』旬報社、二〇二一年、二一一・二九一頁。

(22) 黄晶美(大畑正姫訳)「文在寅政権の福祉改革と韓国におけるジェンダー体制——女性労働者の社会権を中心に」法政大学大原問題研究所『大原社会問題研究所雑誌』第七四九号、二〇二一年、三五～五一頁。

(23) 落合恵美子「あとがき」落合恵美子編著『どうする日本の家族政策』ミネルヴァ書房、二〇二一年、二九一頁。

(24) ケア・コレクティヴ（岡野八代・冨岡薫・武田宏子訳）『ケア宣言――相互依存の政治へ』大月書店、二〇二一年、三四頁。

第5章　金正恩政権の権力構造の変遷

平井　久志

はじめに

北朝鮮の金正恩《キムジョンウン》政権が発足して一〇年以上が過ぎた。金正日《キムジョンイル》総書記が二〇一一年一二月一七日に死亡して金正恩時代が始まったが、[1]金正恩政権のこの一〇年余の変化はわれわれの予測をはるかに超えるものだった。北朝鮮が「唯一的領導体系」と呼ぶ個人独裁体制がこれほど早く、これほど強力なものになるとは一〇年前には誰も予測していなかっただろう。本章はそのわれわれの予測を超えた金正恩政権の権力構造の変遷を検証しようとするものだ。

金正日総書記が二〇〇八年八月に健康悪化に見舞われ、二〇〇九年一月に三男の金正恩が後継者に決定した。儒教的な価値観の強く残る北朝鮮で、長男の金正男《キムジョンナム》や二男の金正哲《キムジョンチョル》でなく、三男の金正恩が後継者に決定したこと自体が異例だった。長男の金正男は後継者としての実績づくりの失敗や二〇〇一年五月に日本に入国しようとして国外追放されたことなどで後継者レースから脱落した。二男の金正哲は政治に関心がなく後継者の地位を求めず、健康にも問題があるとされ、三男の金正恩が後継者となった。

1　金正恩への権力継承

(1) 第三回党代表者会

韓国の聯合ニュースは二〇〇九年一月一五日に、金正日総書記が金正恩の誕生日の一月八日に、党組織指導部に対して、三男の金正恩を自身の「後継者」に決定したことを通告したと報じた。[2] 金正日総書記は二〇〇九年四月に元山農業大学の視察に金正恩を同行させたのをはじめ、後継者としての訓練を積ませていった。

朝鮮労働党の第三回党代表者会は二〇一〇年九月二八日に開催された。金正日朝鮮人民軍最高司令官はその前日の九月二七日付で「命令〇〇五一号」を出し、金正恩を含む計四〇人に軍事称号を与えた。この命令で金慶喜《キムギョンヒ》、金正恩、崔龍海《チェリョンヘ》、玄永哲《ヒョンヨンチョル》、崔富一《チェブイル》、金京玉《キムギョンオク》の六人に「大将」の軍事称号を与えた。[3]

金正日総書記が金正恩を党の要職に就ける前に「大将」の軍事称号を与えたことは、金正日自身は「先軍政治」の継続を求めているとみられた。しかし、一方で第三回党代表者会の開催は党の復権であり、金正恩時代の権力中枢機関は朝鮮労働党になるとみられた。六人の大将任命者をみれば、金慶喜、金正恩、金崔龍海、金京玉の四人は軍人ではなく党人だった。先軍政治を継続しながらも、党の幹部に軍事称号を与え、党人による軍の統制を考えた人事とみられた。

第三回党代表者会で金正恩は党中央軍事委員会副委員長、党中央委員のポストに就いた。興味深いのは、党の中枢機関である党政治局に入らなかったことである。金正恩の党中央軍事委副委員長起用は先軍政治の継続を示すとともに、その一方で金正恩を党政治局入りさせなかったのは権力の「二元化」を防ぐためとみられた。当時の金正日総書記は健康をある程度回復しており、金正恩にあまりにも急速に重要ポストを与えると権力の二元化が起きる恐れがあったと判断したと思われる。

一方、金正恩が党中央軍事委員会の副委員長に就いたことで、党中央軍事委員会が金正恩後継政権の「産室」のような役割を果たすのではないかという見方が出た。金正日総書記が党中央軍事委員長を務め、その下で金正恩と李英鎬《リヨンホ》総参謀長が副委員長を務めるという構造は、金正日総書記が李英鎬総参謀長を金正恩の最側近、もしくは後見人として起用したということを意味するとみられた。

（２）金正日総書記の死

金正日総書記の健康悪化は二〇〇八年八月に表面化したが、彼の命がいつまで続くのかは誰も分からなかった。

北朝鮮のメディアは二〇一一年一二月一九日正午の「特別放送」で金正日総書記が同一七日午前八時半に死亡したと発表した。死亡から五一時間半後の発表だった。

朝鮮労働党中央委員会、党中央軍事委員会、国防委員会、最高人民委員会常任委員会、内閣の北朝鮮の

権力五機関は「訃告」を発表し、「わが革命の陣頭には主体革命偉業の偉大な継承者であり、わが党と軍隊と人民の卓越した領導者である金正恩同志が立っている」とし、金正恩が権力を継承することを明確にした。(4)「訃告」とともに、二三二人で構成される「国家葬儀委員会」の名簿が公開された。(5)名簿のトップは金正恩であり、ここでも金正恩が後継者であることが明確になった。

二〇一一年一二月二八日、雪の積もる平壌で、金正日総書記の永訣式が行われた。金正日総書記の遺体を乗せた霊柩車の周辺を八人の幹部が囲んだ。右側には金正恩党中央軍事委副委員長、張成沢《チャンソンテク》党行政部長（国防委員会副委員長）、金己男《キムギナム》党書記、崔泰福《チェテボク》党書記という朝鮮労働党幹部が、左側には李英鎬軍総参謀長、金永春《キムヨンチュン》人民武力部長、金正覚《キムジョンガク》党軍総政治局第一副局長、禹東則《ウドンチュク》国家安全保衛部第一副部長ら軍幹部が並んだ。(6)

新たに出発する金正恩政権がどういう権力構造になるかについては当時、様々な見方があった。多くの見方は、まだ二七歳の若者が父や祖父のような絶対的な権力者にはなれないだろうという見方だった。朝鮮労働党という党機関が中核となり国家を運営することになるのではという見方や、霊柩車を囲んだ八人を中心とした集団指導体制になるのではないかという見方もあった。しかし、結果としてこうした観測は外れた。

「永訣式」に続き、翌日一二月二九日、金日成広場で中央追悼大会が開かれた。金永南《キムヨンナム》最高人民会議常任委員長は追悼の辞の中で「敬愛する金正恩同志は、偉大な金正日同志の思想、領導、人格と徳望、胆力と気概をそのまま受け継いだわが党と軍隊と人民の最高領導者である」とし、金正恩を「党と軍隊と人民の最高領導者」と規定した。さらに「われわれは、金正恩同志の領導に従い、悲しみを百倍千倍の力と勇気に変えて、今日の難局を克服し、偉大な金正日同志が教えた先軍の一路を一層力強く歩んでいくであろう」と強調した(7)。ここでも「先軍の一路」が強調された。

朝鮮労働党はその翌日の一二月三〇日、党政治局会議を開き、「偉大な領導者、金正日同志の遺訓に従い、朝鮮労働党中央軍事委員会副委員長である敬愛する金正恩同志を朝鮮人民軍最高司令官として高く奉じた」と決定した(8)。金正恩が党の要職に就く前に最高司令官の地位に就いたこともまた「先軍政治」の継承の流れであった。しかし、それを党政治局会議で決めたことは、その後の国家運営が党中心で推移することを示した。

（3）第四回党代表者会

朝鮮労働党第四回代表者会が二〇一二年四月一一日、平壌で開催された。第三回党代表者会は金正日総書記が主導して開いたものであった。これに対し、第四回党代表者会は金正恩と金正日総書記の妹、金慶喜、その夫の張成沢党行政部長ら親族が共同で主導したものとみられた。この党代表者会で金正日総書記は「永遠の総書記」となり、金正恩は党第一書記、党政治局常務委員、党中央軍事委員長に就任し、金正日総書記が就いていた職責を継承した(9)。

これに続き、四月一三日には最高人民会議第一二期第五回会議が開催され、金正日は「永遠の国防委員長」に奉じられ、金正恩は国防委員会第一委員長に就任した(10)。この代表者会でのもう一つの注目点は崔龍海の台頭であった。崔龍海は第三回党代表者会では党政治局候補に過ぎなかったが、第四回党代表者会では党政治局員を飛び越えて、党政治局常務委員、軍総政治局長、党中央軍委副委員長の職責に就いた。崔龍海は抗日パルチザン出身の崔賢《チェヒョン》元人民武力部長の二男で、抗日パルチザン二世である。北朝鮮の青年組織である社会主義労働青年同盟（社労青）の幹部を経て、一九八六年には社労青委員長になり、同年一二月には党中央委員になった。

第四回党代表者会での人事で、党政治局常務委員会は金正恩党第一委員長、金永南最高人民会議常任委員長、崔永林《チェヨンリム》首相、崔龍海軍総政治局長、李英鎬軍総参謀長の五人で構成されたが、党内序列では崔龍海が李英鎬より上位となった。崔龍海は党中央軍事委員会でも副委員長となり、国防委員会にも委員として加わった。第四回党代表者会とそれに続く最高人民会議第一二期第五回会議によって形成されたのは「李英鎬包囲網」であった。

金正恩党第一書記は金日成主席誕生百周年となる二〇一二年四月一五日に金日成広場で行われた閲兵式（軍事パレード）で、肉声で演説した。金正恩は「偉大な金日成同志と金正日同志が開いた自主の道、先軍の道、社会主義の道に沿って真っすぐ進む、ここに我が革命の百年大計の戦略があり、終局的勝利がある」と述べ、「自主、先軍、社会主義の道」を歩むことを強調した。また、「私は、聖なる先軍革命の道で常に同志と生死運命をともにする戦友となり、金正日同志の遺訓を体して祖国と革命の前で担った責任を果たすであろう」と語り、先軍革命路線を進むとした。その上で「世界で一番良い我が人民、万難の試練を克服して党に忠実に従ってきた我が人民が、二度とベルトを締め上げずに（腹を空かさずに）済むようにし、社会主義の富貴栄華を思う存分享受するようにしようというのが我が党の確固たる決心である」と一九九〇年代後半の「苦難の行軍」のような苦痛を人民に味わわせないとした(11)。

金正恩はこれに先立ち、四月六日に党幹部に対し談話（公表は四月一九日）を発表し「朝鮮労働党の指導思想は、偉大な金日成・金正日主義である。朝鮮労働党は、金日成・金正日主義を指導思想とし、その実現のために闘う栄光に輝く金日成・金正日主義党である」と述べ、「金日成・金正日主義」を指導理念とするとし、「全社会の金日成・金正日主義化」を訴えた(12)。しかし、この時点で「金日成・金正日主義」とは何かといえば、そこに思想的な核はなく、それは四月一五日の演説で示された「自主」、「先軍」、「社会主義」という三つのアイテムであった。

また「活動家は、人民のために自身のすべてをささげなければならない。活動家のために人民がいるのではなく、人民のために活動家がいる」と述べた。四月一五日演説の「二度とベルトを締め上げずに（腹を空かさずに）済むようにする」と述べたことも共通しており、後に「人民大衆第一主義」という理念に集約されていくことになる。

朝鮮労働党は二〇一二年四月の第四回党代表者会で党規約を改正した。この規約改正では、序文で「朝鮮労働党は偉大な金日成・金正日主義を唯一の指導思想とする金日成・金正日主義党、チュチェ型の革命的な党である」と規定し、「金日成・金正日主義」を「唯一の指導思想」とすると定めた(13)。

(4) 李英鎬軍総参謀長の粛清

朝鮮労働党中央委員会政治局会議は二〇一二年七月一五日（発表は十六日）、「病気の関係」で、李英鎬軍総参謀長を「すべての職責から解任する」と決定した。李英鎬は軍総参謀長、党政治局常務委員、党中央軍事委副委員長などの職責を持つ軍部のトップだったが、突然、解任された。解任の理由は「病気のため」とされたが、事実上の粛清であった(14)。この解任が党政治局会議で決定されたことからもわかるように、金正恩党第一書記が党を基盤とする権力形成のために、軍のトップを切ったものとみられた。

続いて朝鮮労働党中央軍事委員会と国防委員会は七月一六日（発表は一七日）、玄永哲《ヒョン・ヨンチョル》大将（第八軍団長）に「次帥」の軍事称号を与えることを決めた[15]。玄永哲が李英鎬の後任として軍総参謀長に起用された。さらに、党中央委員会、党中央軍事委員会、国防委員会、最高人民会議常任委員会は七月一七日（発表は一八日）、金正恩党第一書記に「共和国元帥」の称号を授与することを決定した[16]。

金正恩への「共和国元帥」の軍事称号授与が発表された七月一八日、平壌の四・二五文化会館で人民軍将校による「忠誠を誓う決意大会」と元帥就任を祝う舞踏会が行われた[17]。内務軍将兵による同様の大会と舞踏会も同日行われた[18]。一九日には金正恩への元帥称号授与を祝う平壌市慶祝大会が開催され、金永南、崔永林、崔龍海党政治局常務委員をはじめ党の指導部が大挙参加した[19]。さらに全国各地でも元帥就任を祝う大会が開催された。李英鎬解任によって生まれる軍部の動揺を、金正恩の「共和国元帥」就任に伴う軍や社会団体の忠誠強化キャンペーンで、最小限に抑え込もうとしたとみられた。その意味で、李英鎬総参謀長解任と共和国元帥の軍事称号授与はワンパッケージであった可能性が高い。

金正恩政権は軍トップの李英鎬軍総参謀長を粛清したことで、金正日総書記の先軍時代に大きな権限を持っていた軍部を抑え込むことになった。この背景には軍が持っていた経済的な利権を軍から党へ移管する狙いもあったとみられた。

2　「先軍」からの離脱と「並進路線」

（1）「人民大衆第一主義」の登場

朝鮮労働党は二〇一三年一月二八、二九両日、平壌で朝鮮労働党第四回細胞書記大会を開催した。金正恩はこの大会での演説で初めて「金日成・金正日主義は本質において人民大衆第一主義である」という自身の時代の新しいスローガンを掲げた[20]。金正恩時代の新たなイデオロギーとなる「人民大衆第一主義」は、幹部たちの「権力乱用と官僚主義」へのアンチテーゼとして提示されたが、この理念がさらに大きなテーゼに成長していくためにはさらに時間を必要とした。

朝鮮労働党は党中央委員会二〇一三年三月総会を三月三一日に開催した。続いて四月一日に最高人民会議第一二期第七回会議が開催された。党中央委総会では「経済建設」と「核兵器開発」を並行して推進する「新しい戦略的路線」を打ち出した[21]。経済建設と国防建設を同時進行させること自体は「新しい路線」ではなく、金日成主席も金正日総書記も行ったことであった。党中央委二〇一三年三月総会後に出された「報道」は「新しい並進路線の真の優越性は、国防費を追加的に増やさなくても戦争抑止力と防衛力の効果を画期的に高めることによって、経済建設と人民の生活向上に力を集中するのを可能にすることにある」とした。これは、金正恩政権が、先代たちの政権と異なり、核兵器やミサイルという大量破壊兵器の開発を通じて在来式兵器の劣勢をカバーしようとする路線をとっているということであり、並進路線を取ることで追加的に国防費が増えることはないと主張した。

(2) 張成沢党行政部長の粛清

朝鮮労働党は二〇一三年一二月八日に党中央委政治局拡大会議を開催し、金正恩の叔父である張成沢党行政部長(党政治局員、国防委副委員長)を「反党・反革命宗派行為」を理由に、すべての職責から解任し、一切の称号を剝奪し、党から追放、除名するという党中央委政治局決定書を採択した[22]。さらに、そのわずか四日後の同一二月一二日、国家安全保衛部特別軍事法廷が開かれ、張成沢に対し「国家転覆陰謀」の罪で死刑の判決が下され、即刻、執行された。軍事法廷が下した判決には様々な罪状が上げられたが、最も大きな罪状は「領導の継承問題を妨害し」、「唯一的領導体系を妨げた」というものであった。金正恩による「唯一的領導体系」という名の独裁体制づくりを妨害したということであった。金正恩は軍の実力者である李英鎬総参謀長に続き、党の実力者である張成沢党行政部長を粛清したことで、唯一的領導体系確立の妨害者を排除することに成功した。朝鮮労働党では、党の中核組織である党組織指導部と、司法機関を統制する張成沢の党行政部の葛藤も深まっていた。張成沢党行政部長の粛清は、金正恩の指示を受けた党組織指導部と公安機関である国家安全保衛部が主導したものとみられた。

(3) 党による軍への統制強化

金正恩は軍部が大きな力を持った金正日時代の先軍路線から次第に朝鮮労働党中心の国家運営へと舵を切っていった。金正日時代の末期には党の幹部が背広を脱いで、軍の階級を得た上で軍服を着て軍を統制するという世界でも例のないやり方で、党による軍の統制が進んだ。金正恩政権になると、軍を政治的に統制する軍総政治局長に党人の崔龍海氏や黄炳瑞《ファンビョンソ》を起用して党が軍を統制した。金正日時代の軍部優位の「先軍」路線は次第に弱まっていったが、核ミサイルを中心にした国防力の強化は、経済建設と核ミサイル開発を同時に進める「並進路線」として継続された。ただし、核ミサイル開発も軍ではなく、党軍需工業部が中心になって進められた。

金正恩党第一書記は李英鎬総参謀長を粛清し、軍の力を削いだが、その後は頻繁に軍幹部の人事異動を行って軍を自身の統制下に置いていった。自身が起用した人物であっても命令に従わなかったりミスがあったりすると粛清や解任を行うことで、軍部を自身の統制下に置いていった。粛清した李英鎬総参謀長の後任に起用された玄永哲は、軍総参謀長、人民武力部長を務めたが、結局は、金正恩によって粛清された。韓国の情報機関、国家情報院は玄永哲が二〇一五年四月末に反逆罪で粛清されたと国会で報告した。処刑されたという情報もあるとした[23]。

金正恩政権が実質的に政権の陣容を整えた二〇一二年四月の第四回党代表会で最も注目を集めたのは崔龍海の台頭だった。しかし、崔龍海が二〇一四年四月に軍総政治局長を解任され、黄炳瑞が後任の軍総政治局長に就くと、崔龍海と黄炳瑞の間で「ナンバー２」争いが激化した。

黄炳瑞は党組織指導部で軍部を長く担当してきた党官僚である。黄炳瑞は二〇一四年四月に次帥に昇格し、五月に崔龍海の後任として軍総政治局長の座に就いたことが確認された[24]。九月には崔龍海が国防委員会の副委員長を解任され、黄炳瑞がその後任に就いた。この時点では両者の力関係が逆転し、黄炳瑞が上になったような印象を与えた。二〇一五年一一月に最後のパルチザンといわれた李乙雪《リウルソル》元帥が死亡したが、その国家葬儀委員会の名簿に崔龍海の名前がなく、一時、崔龍海失脚説が流れた。韓国の国家情報院は一一月二四日、国会への報告で、崔龍海が地方の農場に追放され「革命化教育」を受けていると報告した。

しかし、崔龍海はすぐ復権した。

二人とも二〇一六年五月の第七回党大会では党政治局常務委員に、六月の最高人民会議では国務委員会副委員長に選出された。党を崔龍海が、軍を黄炳瑞が担当するという布陣だった。しかし、二〇一七年秋になると、崔龍海は党の核心部署とされる組織指導部の部長に就任し、軍総政治局へのチェックを始めた。黄炳瑞は二〇一八年四月の最高人民会議第一三期第六回会議では国務委員会副委員長を解任された。崔龍海と黄炳瑞の権力闘争は結果的には崔龍海の勝利に終わった。

しかし、金正恩党委員長は二〇一九年四月に崔龍海を最高人民会議常任委員長、新設の国務委員会第一副委員長という「ナンバー2」的な職責に就けながら、権力の核心部である組織指導部長の職は解任した。これにより崔龍海の政治的な実権は低下したとみられた。金正恩の一貫した政策は自身の個人独裁体制の強化であり、側近が過度に権力を強化し「ナンバー2」になることは防ごうという姿勢がみられた。

（4）第七回党大会

朝鮮労働党は二〇一六年五月六日から九日まで、平壌で三六年ぶりの党大会となる第七回党大会を開催した。金正恩が長時間にわたり党中央委事業総括報告を行い「先軍政治は、わが党と人民が厳しい難局を克服して歴史の奇跡を創造するようにした勝利の宝剣であった」と先軍政治を評価した。報告は、二〇一三年三月の党中央委三月総会で打ち出した経済建設と核ミサイル開発を同時に進める「並進路線」について「わが党の新たな並進路線は、激変する情勢に対処するための一時的な対応策ではなく、朝鮮革命の最高の利益からして恒久的に堅持していくべき戦略的路線である」と、この路線を堅持する姿勢を示した。

一方、金正恩党委員長は報告で「党活動全般に人民大衆第一主義を徹底的に具現しなければならない。人民大衆第一主義を具現するのは、人民大衆のために闘い、人民大衆に依拠して活動するわが党の本性的な要求である」と強調し「人民大衆第一主義」を前面に押し出し「全党が偉大な人民のために滅私奉公しよう！」と訴えた[25]。

第七回党大会では党規約を改正し。党の「最高首位」の職責をこれまでの「党第一書記」から「党委員長」に改正し、金正恩は「党委員長」に推戴された。党の中枢機関である党政治局常任委員会は金正恩がトップに立ち、最高人民会議常任委員長の金永南、軍を統制する黄炳瑞、内閣の朴奉珠《パクポンジュ》、党を代表する崔龍海の五人で構成され、党政治局常務委員に生粋の軍人は含まれなかった。

党政治局員では金己男、崔泰福、呉秀容《オスヨン》、郭範基《クアクボムギ》、楊亨燮《ヤンヒョンソプ》、金元弘《キムウォンホン》の六人が留任、政治局員候補から金平海《キムピョンヘ》、盧斗哲《ロドゥチョル》、崔富一の三人が党政治局員に昇格、元政治局員の李明秀《リミョンス》が復帰した。新任は李洙墉《リスヨン》、金英哲《キムヨンチョル》、李萬建《リマンゴン》、朴永植《パクヨンシク》の四人だった。

党書記局は党政務局に改編され、これまでの党書記が党中央委副委員長となった。党中央委政務局は全員が党政治局員以上で占められた。党部長は三九号室を入れて一六人で、うち六人は政治局員や党副委員長を兼務した。金正恩党委員長の公式活動に頻繁に同行している趙甬元《チョヨンウォン》党組織指導部副部長らが党中央委員に選出された。

この第七回党大会に続いて、二〇一六年六月二九日には最高人民会議第一三期第四回会議が開催され、憲法が改正された。憲法改正では「国防委員会」が「国務委員会」に改編された[26]。それは単に委員会の名称が変更されただけではなく、金正日時代の先軍政治の中核機関であり、先軍政治を主導した「国防委員会」が、その歴史的役割を終えたことを意味した。第七回党大会では依然として先軍政治の意義が強調されたが、先軍政治を主導した国防委員会が国務委員会に改編されたことで、金正恩政権の方向性は党主導の国家運営へと大きく転換した。党規約などに「先軍」という文言はまだ残っているが、事実上、「先軍時代」が終了したという意味を持った。

国防委員会は、ある意味では、金日成主席と金正日総書記の権力の二元構造が生み出した産物であった。金日成主席は党中央軍事委員長の座にあったため、金正日は党中央軍事委を通じての軍の統制ができなかった。そこで国家機関の一部であった国防委員会を独立、強化し、国防委員会を通じて軍の掌握を図った。しかし、金正恩政権は父である金正日総書記の死によって生まれた政権であり、権力の二元構造は存在しない。すべての権力構造を金正恩に一元化しようとしたのが、この四年半の権力再編であった。

金正恩が「唯一的領導体系」という個人独裁体制を構築するためには、権力の二元構造の産物である国防委員会は必要ない。軍の統制を党中央軍事委員会に一元化することは、党中心の社会主義国家体制の本来の姿であった。こうして、国防委員会はその歴史的役割を終えた。

憲法改正では序文にあった「偉大な首領、金日成同志を共和国の永遠の主席として、偉大な領導者、金正日同志を共和国の永遠の国防委員会委員長として高く奉じ」という部分が「偉大な金日成同志と金正日同志を主体朝鮮の永遠の首領として奉じ」と改正され、「偉大な首領金日成同志と偉大な領導者金正日同志」が「偉大な金日成同志と金正日同志」とそれぞれ改正され、憲法でも金日成主席、金正日総書記を「首領」と呼称した。(27)

３　核ミサイル開発と首脳外交

（1）「国家核武力完成」

金正恩党委員長は第七回党大会での事業総括報告で経済建設と核ミサイル開発を同時に進める「並進路線」を「恒久的に堅持していくべき戦略的路線」とし、核やミサイルの開発に拍車を掛けた。

北朝鮮は本章校正時（二〇二二年一二月）まで六回の核実験を行ったがそのうち四回は金正恩政権になってからである。北朝鮮は二〇一七年九月三日に行った六回目の核実験について「大陸間弾道ミサイル（ＩＣＢＭ）装着用水爆の実験に完全成功」とした(28)。

また、ミサイル開発も推進し、日本の防衛省によれば、金正恩政権下のミサイル発射実験回数は、二〇一二年二回、二〇一四年一一回、二〇一五年二回、二〇一六年二三回、二〇一七年一七回、二〇一九年二五回、二〇二〇年八回、二〇二一年六回、二〇二二年三七回に及んでいる。特に二〇一七年一一月二九日には「米国本土全域を打撃することのできる超大型重量級核弾頭の装着が可能な新型ＩＣＢＭ『火星一五号』」の発射実験に成功し、金正恩党委員長は「本日ついに国家核武力完成の歴史的大業、ロケット強国偉業が実現された」と述べ、「国家核武力の完成」を宣言した(29)。

（2）「戦略国家」としての首脳外交

金正恩党委員長は二〇一八年の「新年の辞」で「米国本土全域がわが方の核打撃の射程圏内にあり、核のボタンが私の事務室の机の上に常に置かれている」と米国を威嚇する一方で、韓国に対しては「(平昌冬季オリンピックへの)代表団派遣を含めて必要な措置を講じる用意があり、そのために北南当局が至急会うこともできるであろう」と、韓国に対話姿勢を示した(30)。

北朝鮮は二〇一八年に建国七〇周年を迎えたが、金正恩は「新年の辞」で「わが国家を世界が公認する戦略国家の堂々たる地位に引き上げた偉大な人民が、自分の国家の創建七〇周年を盛大に記念するのは実に意義深いことである」と述べ、北朝鮮を「戦略国家」と位置づけた。この背景には、二〇一七年一一月の新型ICBM「火星一五号」という「戦略兵器」の発射実験の成功があるとみられ、その後の外交で「戦略的な外交」を展開するという意思表明のようにみえた。

金正恩党委員長は二〇一八年二月の平昌五輪に北朝鮮選手団を派遣した。金永南最高人民会議常任委員長や、自身の特使として妹の金与正《キムヨジョン》党第一副部長をソウルへ送り、親書を文在寅大統領に渡し、文大統領の訪朝を要請した。冬季五輪後、韓国は三月五〜六日に特使団を平壌へ派遣し、四月末に板門店で首脳会談をすることで合意した。韓国特使団はその後訪米し、三月八日にトランプ大統領に会い、金正恩党委員長が米朝首脳会談を希望していると伝え、トランプ大統領がこれを受諾した。金正恩党委員長は米朝首脳会談の約束を取り付けると、二〇一八年三月二五日から二八日まで自身初の外国訪問として中国を訪れ、習近平中国共産党総書記と伝統的な中朝友好関係の発展などを確認した。米朝首脳会談を前に中国との関係強化を固める狙いとみられた。

こうして四月二七日に板門店で文在寅大統領と南北首脳会談を行い、朝鮮半島の非核化などを含む「板門店宣言」を発表した。そして六月一二日にはシンガポールでトランプ大統領と会談し、朝鮮半島の完全非核化や新たな米朝関係の確立、持続的で安定した平和体制構築への努力など四項目の原則合意を含む「米朝共同声明」を発表した。

金正恩党委員長はこの結果を踏まえ、六月一九～二〇日にまた北京を訪問して習近平総書記と会談した。金正恩党委員長は九月には文在寅大統領と平壌で会談し、「九月平壌宣言」を発表すると同時に、南北間の軍事分野の合意書にも署名した。南北両首脳はその後白頭山にも共に登り親睦を深めた。金正恩党委員長は二〇一九年一月には自身の誕生日（八日）を含む七日から一〇日にかけて四回目の訪中をし、中朝関係強化を確認した。

（3）「わが国家第一主義」

金正恩党委員長は二〇一九年元日の「新年の辞」で、「すべての党員と勤労者は情勢と環境がどう変わろうとも、わが国家第一主義を信念とし、朝鮮式に社会主義経済建設を力強く推し進め（中略）愛国の熱意を抱き、誠実な血と汗で祖国の偉大な歴史をつづっていくべきだ」と述べた[31]。金正日は「わが民族第一主義」を提唱してきたが、金正恩は「わが国家第一主義」を北朝鮮の指導理念として掲げたのである。北朝鮮では二〇一七年一一月ごろから「わが国家第一主義」が『労働新聞』や『民主朝鮮』などのメディアに登場していたが[32]、金正恩党委員長のこの「新年の辞」で公式に定式化された。

これまで、金正恩の「新年の辞」の発表の際には、朝鮮労働党の党旗が横に掲げられたが、二〇一九年の「新年の辞」の発表では、党旗と並んで国旗が掲げられた。金正恩は背広姿でソファに座り、国民に語り掛けるような発表スタイルだった。

注目の核問題については「わが方はすでに、これ以上核兵器をつくらず、実験もせず、使用も拡散もしないということについて内外に宣言し、各種の実践的諸措置を講じてきた」と述べた。金正恩が核兵器について「製造」「実験」「使用」「拡散」をしないと述べたことは大きな進展だった。「すでに内外に宣言した」としているが、最高指導者が「これ以上製造しない」と言明したのはこれが初めてとみられた。金正恩は二度目の米朝首脳会談を控え、非核化問題に前向きな姿勢を示したものと思われた。

しかし、二〇一九年二月二七～二八日にハノイで行われた二回目の米朝首脳会談では、米国側が大量破壊兵器の完全な放棄を要求したのに対し、北朝鮮側は寧辺の核施設を廃棄する代わりに国連の主要な五制裁の解除を要求し、結局は、何の合意も得られず決裂した。

最高指導者、金正恩にとって人生最大の挫折であったとみられた。金正恩党委員長は米朝首脳会談で制裁の解除などで合意すれば、帰国後に予定されていた最高人民会議で新たな職責に就くのではとみられていたが、そういう動きにも冷水を浴びせる会談結果となった。また米朝首脳会談の決裂は、順調に関係改善を深めていた南北関係にも深刻な影響を与え、南北関係も急速に冷却化した。

(4) 体制の立て直し

最高人民会議の第一四期代議員選挙が二〇一九年三月一〇日に行われたが、金正恩は代議員に含まれなかった。金日成も金正日も死亡するまで代議員だった。妹の金与正は代議員に選出された(33)。

朝鮮労働党は四月九日に党政治局拡大会議、一〇日に党中央委第七期第四回全員会議(総会)を開催した。金正恩党委員長は「変遷した国際的環境と、日増しに先鋭化しつつある現情勢の特殊性を科学的に分析」し、「最近行われた朝米首脳会談の基本の趣旨とわが党の立場」について明らかにした。その上で「自力更生と自立的民族経済は、われわれ式社会主義の存立の基礎、前進と発展の動力であり、われわれの革命の存亡を左右する永遠の生命線だ」と「自力更生」を主張した。『朝鮮中央通信』が伝えた党中央委第四回総会の「報道」の中で、金正恩は二〇回以上にわたって「自力更生」という言葉を繰り返した。

人事では、首相として経済運営の司令塔の役割を果たしてきた朴奉珠が党副委員長に選出された。党副委員長が首相を兼務するということはあまりないため、首相を辞めて、党で経済分野を担当するとみられた。また、党組織指導部第一副部長で党政治局員候補であった李萬建が党副委員長、党政治局員、党部長、党中央軍事委員に選出されたことから、党組織指導部長になったとみられた。この時点での党組織指導部長は崔龍海であったから、これは崔龍海が組織指導部長から解任されたことを意味した。そして、側近中の側近とみられた趙甬元党組織指導部副部長が党組織指導部第一副部長に昇格し、党政治局員候補にも選出された。

党中央委総会に関する「報道」では「党中央委政治局常務委員、政治局員および局員候補らが召還（解任）、補選された」とあったが、高齢の金永南最高人民会議常任委員長が党政治局常務委員を解任され、最高人民会議代議員の職責は維持するものの事実上、引退したものとみられた。

四月一一～一二日には最高人民会議第一四期第一回会議が開催された。最も注目された金正恩朝鮮労働党委員長の新たな職責への就任はなく、国務委員長として再選された。

憲法上、形式的な元首の役割を果たしている最高人民会議常任委員長は、金永南が引退し、崔龍海党政治局常務委員が後任に選出された。崔龍海はさらに国務委員会においても新設の第一副委員長に就任し、職制上、金正恩党委員長（国務委員長）に次ぐ地位を固めた。だが、実権という意味では党組織指導部長時代の方が大きかったのではないかとみられた。

朴奉珠首相に代わって金才龍《キムジェリョン》が首相に選出された。国務委員会委員のうち、金才龍、李萬建、金秀吉《キムスギル》、努光鉄《ノグァンチョル》、崔善姫《チェソンヒ》の五人は新任であった。対米外交の前面に出ている崔善姫は、外務省でも外務次官から第一外務次官に昇格したことが確認された。政治局メンバーでもない崔善姫が国務委員会委員になったのは異例であった。内閣人事に関しては、新たに金才龍首相を選出したが、他のメンバーの大半は留任で、首相を除く内閣メンバー四七人のうち新任は七人だけだった

金正恩国務委員長は会議二日目に「施政演説」を行った。国際的な制裁に屈することなく自力更生路線を貫くとし、ハノイ会談について「われわれが戦略的決断と大勇断を下して踏み出した歩みが果たして正しかったかという強い疑問を抱かせ、米国が真に朝米関係を改善しようとしているのかという警戒心を抱かせる契機となった」とした。その上で「ともかく今年の末までは忍耐強く米国の勇断を待つつもりだが、この前のようによい機会を再び得るのは確かに難しいだろう」と、期限を切って米国に姿勢変化を求めた。[34]

党機関紙『労働新聞』は二〇一九年四月一六日付で、金正恩が金日成主席の誕生日に錦繡山太陽宮殿を訪問したことを報じる中で、金正恩に「朝鮮労働党委員長」、「国務委員会委員長」に加え「朝鮮民主主義人民共和国武力最高司令官」という呼称を使った。これまでは「朝鮮人民軍最高司令官」という肩書であったが、「共和国武力最高司令官」に変わった。[35]

最高人民会議第一四期第二回会議が八月二九日に開催され、憲法を改正し、国務委員長の権限を強化した。国務委員長に、最高人民会議法令、国務委員会の重要な政令や決定の公布、外国に駐在する外交代表

を任命または償還する権限が新たに付与された。また、国務委員長は最高人民会議の代議員に選出しないという規定を新たに設け、代議員でない金正恩が国務委員長に選出されたことを憲法的に追認した。

北朝鮮はすでに四月の最高人民会議で憲法を改正しており、わずか四カ月で再び憲法を改正することは異例だった。これは二月のハノイでの米朝首脳会談で「成果」があることを見越して、四月に金正恩の職責を含む憲法改正を行う予定だったが、会談決裂で何の成果もなかったために急きょ憲法の改正内容を修正したせいで、八月にまた補充的な改正を行わざるをえなかったものとみられた。北朝鮮は当初、改正された憲法の全文を発表しなかったが、九月二一日、北朝鮮が運営するサイト「ネナラ」（わが国）で八月に改正した憲法の全文を公表した。

朝鮮労働党は九月六日党中央軍事委員会拡大会議を開き、台風一三号の被害を防ぐための緊急対策を協議し、金正恩党委員長がこれを指導した。また、李永吉《リヨンギル》軍総参謀長を解任し、朴正天《パクジョンチョン》を後任に任命した。さらに人民軍総参謀部作戦総局の指揮メンバーを解任および転勤し、新しい幹部を任命すると決定した。(36)

また、北朝鮮メディアは一二月二二日、党中央軍事委員会第七期第三回拡大会議が開催されたと報じた。この会議では「党の軍事戦略的企図に即して新しい部隊を組織し、拡大改編する問題、一部の部隊を所属変更させる問題と部隊の配置を変更させる重要な軍事的問題と対策が討議、決定された」(37)とし、軍の組織改編を示唆した。

(5) 中ロとの関係強化と国防力強化

金正恩は、ハノイの米朝首脳会談の決裂という挫折を乗り越えるために国内の政治体制を整備し、二〇一九年四月二五日にウラジオストクでロシアのプーチン大統領と会談した。金正恩は「米国の一方的・非善意的態度で情勢が膠着」しているとし、朝鮮半島の平和安全は米国の今後の態度次第とした。プーチン大統領は非核化実現のためには北朝鮮の体制維持のための国際的な保証が必要であるとした。

さらに、中国の習近平党総書記が六月二〇、二一両日、北朝鮮を「国家訪問」(北朝鮮側発表、中国側発表では「国事訪問」)した。中国の最高指導者の訪朝は二〇〇五年一〇月の胡錦濤総書記の訪朝以来一四年ぶりだった。北朝鮮側の発表では、約二五万人の市民が習近平総書記の訪朝を出迎えるなど最大級の歓迎をした。

習近平総書記は、金正恩党委員長との首脳会談で「朝鮮側および関係各者と調整・協調を強化し、朝鮮半島の非核化および地域の長期的安定・平和の実現のために積極的、建設的役割を発揮したい」と述べ、「朝鮮半島の非核化」と「朝鮮半島の長期的安定・平和」の実現のために積極的に関与するとした。金正恩党委員長は「朝鮮側は朝鮮半島問題の解決プロセスにおいて、中国側が発揮している重要な役割を高く評価している」と応じた(38)。

金正恩党委員長は六月三〇日には、訪韓中だったトランプ米大統領と、板門店の韓国側にある「自由の家」で約五〇分間対面し、その後、文在寅大統領とも会った。米朝両首脳は米朝協議を再開することでは合意した。その後、この合意にもとづき、米朝双方は一〇月五日にスウェーデンのストックホルム郊外で約八時間半にわたる実務協議を行ったが、合意を生み出せなかった。米国側は協議の継続を求めたが、北朝鮮側は、実務協議は決裂したとした。

北朝鮮はハノイ会談の決裂を受けて、国内の政治体制を再編するとともに、新たなミサイル兵器の開発のための発射実験を続けた。北朝鮮は、㈠北朝鮮版イスカンデル「KN23号」、㈡北朝鮮版ATACMSといわれる地対地ミサイル、㈢大口径多連装ロケット砲、㈣超大型多連装ロケット砲、㈤SLBM「北極星三号」の発射実験を行ったが、いずれも「固体燃料」を使ったものであった。二〇一七年までのミサイル開発は、米国本土に到達可能なICBMの開発に重点を置いたものだったが、二〇一九年からは在韓米軍や在日米軍、韓国を攻撃対象にできる固体燃料を使った迎撃が難しい兵器開発を進めた。

(6) 党中央委第七期第五回総会

朝鮮労働党中央委第七期第五回全員会議（総会）が、二〇一九年一二月二八～三一日、平壌の党本部で開催された。金正恩党委員長は二八日から三〇日の三日間で七時間にわたる報告を行い「自力更生の威力で敵の制裁・封鎖策動を総破綻させるための正面突破戦」を呼び掛けた。報告では「朝米間の信頼構築のために核実験と大陸間弾道ミサイルの発射実験を中止」したが、「米国は相応の措置で応えるどころか、大統領が自ら中止を公約した大小の合同軍事演習を数十回も繰り広げ、先端戦争装備を南朝鮮に搬入」したと、米国を批判した。その上で「世界は遠からず、わが国の新たな戦略兵器を目撃するだろう」と語り、「新たな戦略兵器」の登場を予告した。[39]

金正恩は二〇一三年から毎年、元日に「新年の辞」を発表してきたが、二〇二〇年元日には第五回総会で行ったこの報告の内容が報じられ、これが「新年の辞」に代わる形となった。

この総会では大規模な人事も行われた。政治局員に、李日煥《リイルファン》党中央委部長、李炳哲《リビョンチョル》党軍需工業部長、金徳訓《キムドクフン》副首相の三人が選出された。政治局員候補には、金正官《キムジョングァン》人民武力次官、朴正天軍総参謀長、金《キム》衡俊《ヒョンジュン》駐ロシア大使、許《ホ》チョルマン、李ホリム、金イルチョルの六人が選出された。李日煥は党宣伝扇動部長の職に就いたのではないかとみられた。その後、金正官の人民武力相就任が確認された。

この党中央委総会では、一挙に一〇人の部長人事を発表した。新たに党中央委部長になったのは李日煥、金衡俊、崔輝《チェフィ》、李炳哲、金徳訓、崔富一、許チョルマン、李ホリム、韓光相《ハングァンサン》、呉日晶《オイルジョン》の一〇人だった。金衡俊は党国際部長に就いたとみられた。

また、金ドンイル、李永吉、金与正、李英植《リヨンシク》の四人が党第一副部長に任命された。金与正は二〇一七年一〇月の党中央委第七期第二回総会で党政治局員候補になっていた。『朝鮮中央放送』は二〇一八年二月九日、北朝鮮の高位級代表団が平昌冬季五輪開幕式に出席するために平壌を出発したと報じる中で、金与正を党第一副部長の肩書で報じた。再度、党第一副部長に起用されたことになるが、一度降格されて再び第一副部長になったという見方と、所属の部を異動したとの見方が出た。また、閣僚の任命は、本来は最高人民会議の権限であるが、この党中央委総会では閣僚四人の任命が行われた。

4　コロナ下での「正面突破戦」

(1) 制裁、コロナ、水害の「三重苦」

金正恩党委員長は「正面突破戦」を宣言したが、二〇二〇年一月に新型コロナウイルス感染症の世界的な流行という困難が発生した。医療水準の低い北朝鮮は新型コロナを「国家存亡と関連した重大な政治問題」とみなし、二〇二〇年一月下旬に中国やロシアとの鉄道や航空便の運航を停止し、国境を閉鎖した。

北朝鮮という国を国際社会から「国ごと隔離」したのである。その結果、貿易の九割以上を占める中朝貿易も二〇二〇年は前年の約八割減となり、北朝鮮経済に大きな打撃を与えた。北朝鮮は国連による経済制裁に加え、新型コロナウイルス防疫とそれによる貿易の激減、さらに水害復旧の「三重苦」に直面した。

人事では一月に李善権《リソングォン》の外相就任が確認された。北朝鮮メディアは二月二九日、朝鮮労働党政治局拡大会議が開かれ「党中央委員会の幹部と党幹部養成機関の活動家の中」で不正腐敗があったとし李萬建、朴《パク》泰徳《テドク》両党中央委副委員長を現職から解任したと報じた。平壌市党委員長に金英歓《キムヨンファン》が、両江道党委員長に李テイルが、開城市党委員長にチャン・ヨンロクが任命された[40]。

党機関紙『労働新聞』は三月二九日、「超大型放射砲（多連装ロケット砲）」の発射実験を行ったことを報じる中で、李炳哲党中央委副委員長や張昌河《チャンチャンハ》国防科学院長ら党軍需工業部と国防科学研究部門の指導幹部がこの試験を「指導」したと報じた[41]。北朝鮮では通常、「指導」という言葉は最高指導者だけに使われてきたため、この報道が注目された。

朝鮮労働党は四月一一日に党政治局会議を開催した。朴正天総参謀長を党政治局員に、李善権外相、金与正党第一副部長を党政治局員候補に選出した[42]。続いて、最高人民会議第一四期第三回会議が四月一二日に開催され、国務委員会で、李洙墉前党国際部長、太宗秀《テジョンス》前党軍需工業部長、李容浩《リヨンホ》外相、崔富一前人民保安相、努光鉄前人民武力相の五人が解任され、李炳哲党軍事工業部長、金衡俊党国際部長、金正官人民武力相、李善権外相、金ジョンホ人民保安相の五人が、新たに国務委員に選出された[43]。

米ＣＮＮテレビが四月二〇日、米情報当局者の話として、金正恩が手術を受けたと報じ、重体になっているとの情報もあるとした。しかし、金正恩は五月一日、平安南道順川の「順川リン酸肥料工場」の完工式に出席し、健在が確認された。[44]

（2）「現地指導」から「会議統治」へ

北朝鮮では二〇二〇年に入り、金正恩の軍や経済現場への現地指導が減少し、下半期ごろから党の会議などが頻繁に開かれるようになった。一つには新型コロナウイルス感染症の影響で、金正恩が人民に直接接触することを避けるという配慮があったと考えられた。その一方で、北朝鮮の最高指導者の伝統的な統治手法であった「現地指導」の重要度が下がり、会議を通じた「会議統治」へ移行しているようにみえた。

北朝鮮メディアは二〇二〇年五月二四日、朝鮮労働党中央軍事委第七期第四回拡大会議が開催されたと報じた。この拡大会議では「戦略武力を高度の撃動状態で運用するための新たな方針（複数）が提示された」とされるが、「戦略武力」とは核兵器を意味するとみられた。拡大会議では、李炳哲党副委員長（党軍需工業部長）を党中央軍事委副委員長に選出し、党中央軍事委員会の一部委員を解任、補選し、および軍の主要指揮官の解任・移動など新たな人事を行った。[45] しかし、李炳哲以外は具体的な人事の内容は明らかにされなかった。また、金正恩は五月二三日付で「党中央軍事委員長命令第〇〇一五号」を発し、朴正天総参謀長に次帥、鄭京択《チョンギョンテク》国家保衛相に大将、崔ドゥヨンら七人に上将、金グクチャンら二〇人に中将、李ソンミンら六九人に少将の軍事称号を授与する軍幹部昇格人事を行った。[46] 朴正天総参謀長に与えられた「次帥」は現役軍人では最高位の軍事階級である。北朝鮮軍幹部の序列はそれまでは軍総政治局長、軍総参謀長、人民武力相という順だったが、総参謀長の朴正天が軍事階級でトップに立ったことで軍部の序列に変化が生まれた。また、砲兵局長出身の朴正天は、固体燃料を使った変則軌道を飛び迎撃が困難な短距離ミサイルの開発に関与してきた、金正恩時代になって頭角を現した金正恩の側近軍人であり、軍部の世代交代の意味もあった。さらに秘密警察である国家保衛省の鄭京択国家保衛相を大将に昇格させ、内部統制強化の方針を示した。

一方、朝鮮中央放送は六月二日、平壌総合病院の建設を伝えるニュースで、これを支援している単位の一つとして「社会安全省」を挙げた[47]。これにより、警察の役割を果たしている人民保安省が再び社会安全省に名称変更されたとみられた。

朝鮮労働党中央委第七期第一三回政治局会議が六月七日に開催された[48]。北朝鮮メディアが党政治局会議の回数を「第七期第一三回会議」と明示するのは金正恩政権になって初めてとみられた。北朝鮮はこれ以降、政治局会議の回数を明示するようになったが、金正恩政権の機関決定主義を示すものとして注目された。

金正恩党委員長の妹の金与正党第一副部長が六月四日、韓国在住の脱北者が北朝鮮へ向けて五月末にビラを散布したことを非難する談話を発表した。そして、北朝鮮は六月一六日に開城工業団地にある「南北共同連絡事務所」を爆破した[49]。朝鮮労働党は七月二日、党中央委員会第七期第一四回政治局拡大会議を開催した。金正恩党委員長が会議を司会し、国家防疫体制の強化を指示、平壌総合病院の建設への対応を協議した。朝鮮労働党は七月一八日には党中央軍事委員会第七期第五回拡大会議を開催し、「戦争抑止力」の強化を協議、「核心的な重要軍需生産計画指標」を承認した。

こうした中で、朝鮮中央通信は七月二六日、新型コロナウイルスに感染したとみられる脱北者が韓国から北朝鮮の開城市に戻る事件があり、同市を二四日午後から完全封鎖したと伝えた。朝鮮労働党政治局は二五日に非常拡大会議を緊急招集し、金正恩党委員長が出席し防疫体制を最大限に強化することを決めた(50)。結果的には、この脱北者はコロナに感染していなかったとされ開城市の封鎖は八月一三日に解除された。

朝鮮労働党は八月五日、党本部庁舎で党中央委第七期第四回政務局会議を開催した。会議では、党中央委員会に新しい部署を設けることなどが討議された(51)。党政務局（旧党書記局）会議の開催が北朝鮮メディアで報じられるのは少なくとも一九九〇年代以降初めてとみられた。

北朝鮮では八月上旬に集中豪雨で大きな被害が出た。金正恩党委員長は八月六、七両日、同月上旬の集中豪雨で大きな被害の出た黄海北道銀波郡大青里一帯の水害状況を視察した(52)。

朝鮮労働党は八月一三日には平壌の党本部で党中央委第七期第一六回政治局会議を開催した。金正恩党委員長は金才龍首相を更迭し、金徳訓を新首相に任命した(53)。本来は党の会議で国家機関である内閣のトップを選出することはありえず、首相の選出は最高人民会議で行うものである。しかし、『労働新聞』（八月一四日付）は「党中央委員会政治局の提議によって、朝鮮民主主義人民共和国国務委員会の委員長は社会主義憲法が付与した権限に従って朝鮮民主主義人民共和国内閣総理を解任および任命した」とした。

第一六回政治局会議では、党政治局常務委員会の委員に、新たに首相に起用された金徳訓と、李炳哲党中央軍事委副委員長を選出した。これまで党政治局常務委員会は金正恩党委員長、崔龍海最高人民会議常任委員長、朴奉珠党副委員長の三人体制だったが、二人が新たに選出され五人体制となった。さらに、朴太徳を党政治局員に、朴明順《パクミョンスン》、全光虎《チョングァンホ》を党政治局員候補に選出した。党副委員長には金才龍と朴太徳が補選された。金才龍は首相を解任されたが、経済担当の党副委員長、党部長に転出し、金才龍と金徳訓が入れ替わったとみられた。党政治局員に補選された朴太徳は二〇二〇年二月の党政治局拡大会議で党幹部養成機関の不正腐敗と関連して党副委員長を解任された人物だ。この際に党政治局員も解任されたとみられるが、この政治局会議で復権したかたちだ。党部長には、金才龍、朴太徳、朴明順（女性）、全光虎、金勇帥《キムヨンス》が選出された。

八月五日の党政務局会議で党中央委に新たな部署を設けることを決めたが、韓国の国家情報院は八月二〇日の国家情報委員会への報告で、北朝鮮は二〇一九年末に「軍政指導部」を新設したと報告した(54)。軍に対するさらなる統制強化の動きとみられた。

朝鮮労働党は八月一九日、党中央委第七期第六回全員会議（総会）を開催した。中央委総会では第八回党大会を二〇二一年一月に招集することを決定した。金正恩党委員長は第八回党大会では、新たな「国家経済発展五カ年計画」を発表すると表明した。また、党中央委総会が発表した「決定書」は第七回大会で決定した「国家経済発展五カ年戦略」について、「計画された国家経済の成長目標がはなはだしく未達成となり、人民の生活が著しく向上しない結果も招かれた」との評価を下した。党中央委総会の「決定書」が、目標を「はなはだしく未達成」とし、失敗したことを認めるのは異例だった。

党第七期第一七回政治局拡大会議と党第七期第五回政務局会議が八月二五日に開催され、金正恩党委員長が両会議に参加した。

北朝鮮では八月上旬の集中豪雨に続き、その後の台風などでそれぞれ大きな被害が出た。もともと核実験によって国連の経済制裁を受けていた上に、新型コロナウイルス感染防止と、そのための国境封鎖と貿易激減となり、そこにこの水害が加わったことで、北朝鮮は「三重苦」に直面する事態となった。政務局拡大会議では「党咸鏡南道委委員長の金成日《キムソンイル》を解任し、党中央委組織指導部の副部長を新たに咸鏡南道党委員長に任命した」とした。北朝鮮メディアの報道では金成日党咸鏡南道委委員長を呼び捨てにしており、台風対応に不備があったせいで更迭されたとみられた。(55)

金正恩党委員長は被災地から、首都・平壌の全党員へ公開書簡を出し、中核党員一万二〇〇〇人による「首都党員師団」を咸鏡南・北道にそれぞれ派遣することを決心したとし、これに応じるように訴えた。

党中央軍事委第七期第六回拡大会議が九月八日、平壌の党本部で招集され、金正恩がこれを指導した。拡大会議では水害に「国家的な復旧対策」を取ることが決まり、金正恩は人民軍を派遣する命令書に署名した。九月八日には首都党員師団戦闘員一万二〇〇〇人が大会を開き、被災地へ向かった。

党中央委第七期第一八回政治局会議が九月二九日に党本部で開催され、新型コロナウイルス感染症防止活動の欠点について指摘がなされ、国家的な非常防疫活動をより強力に施行することを研究、討議した。また、災害復旧状況についても点検し、党創建七五周年を「全人民的な慶事」として盛大に祝い、「国家経済発展五カ年戦略」を勝利のうちに締めくくるための現実的な措置を講じることを確認した。

党中央委第七期第一九回政治局会議が一〇月五日に開かれ、二〇二一年一月の第八回党大会に向けて「八〇日戦闘」を行うことを決めた。(56)また、党中央委、党中央軍事委、国務委員会の共同決定で、李炳哲党副委員長と朴正天軍総参謀長に人民軍元帥の軍事称号が授与された。(57)さらに同日、金正恩党中央軍事委員長は、朝鮮労働党創建七五周年に際して軍幹部の軍事称号を与えることを命令し、方頭燮《パンドゥソプ》、林光日《リムグァンイル》に大将、金正植党軍需工業部副部長と、朴クァンジュ軍団長（推定）に上将の軍事称号を与えた。(58)方頭燮は軍総参謀部第一副総参謀長兼作戦総局長に就いたと推定され、韓国の統一部によると、林光日は軍偵察総局長とみられた。

（3）党創建七五周年

朝鮮労働党創建七五周年の二〇二〇年一〇月一〇日、平壌の金日成広場で、「慶祝閲兵式」（軍事パレード）が異例の午前零時から行われた。金正恩党委員長は演説で計一二回にもわたって感謝の気持ちを表明した[59]。北朝鮮の最高指導者の言葉としては異例のことで、演説中に、涙ぐむような様子をみせた。

一方、一〇月一一日付党機関紙『労働新聞』に掲載された党中央委員会、党中央軍事委員会、国務委員会、最高人民会議常任委員会、内閣の権力五機関が金正恩党委員長宛に出した「祝賀文」では、金正恩党委員長の業績として「国家核武力建設」を挙げ、「核武力を中枢とする自衛的国防力を質・量的に増大させて、わが国を世界的な軍事強国として引き続き輝かせていく」と述べ、「核武力を中枢とする自衛的国防」の強化の方針を明確化した[60]。

軍事パレードで注目を集めたのは最後に登場した片側車輪一一個の移動式発射台に載せられた、超大型の新型ＩＣＢＭと、新型の潜水艦発射弾道ミサイル（ＳＬＢＭ）「北極星四号」であった。軍事パレードで、北朝鮮軍の核ミサイルを担当する戦略軍司令官が、金洛兼《キムナクキョム》大将から金ジョンギル上将に交代したことが確認された。軍総参謀部第一副総参謀長兼作戦総局長も、朴寿日《パクスイル》上将から方頭燮大将に交代したとみられた。党中央委第七期第二〇回政治局拡大会議が一一月一五日に開催された、拡大会議では、平壌医科大学で深刻な不正があったことが明らかになった。

党中央委第七期第二一回政治局拡大会議が一一月二九日に党本部で開かれた。拡大会議では、第八回党大会の準備状況、党思想活動部門を強化するための党中央委の機構改編などが討議された。

党中央委第七期第二二回政治局会議が一二月二九日に党本部で開かれ、既に二〇二一年一月招集が決まっている第八回党大会を同年一月初旬に開催することを決めた。

5　第八回党大会

(1) 党総書記に就任

朝鮮労働党は二〇二一年一月五日から一二日までの八日間にわたり、第八回党大会を開催した。金正恩はこの大会で「党総書記」に推戴された。北朝鮮では金日成主席は「永遠の主席」、金正日総書記は「永遠の総書記」とされていた。金正恩は父や祖父と同じ「総書記」の地位に就くことで、父や祖父と同様の絶対的な権力の座に就いた。金正恩を総書記に推戴する辞では「金正恩元帥は、指導者としてだけでなく革命家として人間として身につけなければならない風貌を最も崇高に体現している人民的首領である」と称賛し、金正恩を「人民的首領」と位置づけた。

また、大会では党規約の改正も行われ、序文にあった金日成主席や金正日総書記の業績を称えた部分は削除された。金日成や金正日、金正恩の固有名詞も「金日成・金正日主義」という表現を除いては削除された。金正恩は第八回党大会を通じて、金日成時代、金正日時代を過去のものとして歴史化する作業を行ったようにみえた。

金正恩は党大会で三日間にわたり計九時間に及ぶ党中央委員会の事業（活動）総括報告を行った。対外関係では、米国を「最大の主敵」と規定、「核先制・報復打撃能力」の高度化を推進するとし、各種兵器の開発計画を具体的かつ詳細に明らかにし、今後「国家防衛力を持続的に強化する」とした。

この党大会で発表された人事では、金正恩の公開活動に頻繁に同行し、最側近とみられる趙甬元党組織指導部第一副部長（党政治局員候補）が、党政治局員を経験せずに一気に党政治局常務委員に大抜擢された。経済政策の中核を担ってきた八一歳の朴奉珠党政治局常務委員が引退し、党政治局常務委員会は、金正恩党総書記、崔龍海国務委員会第一副委員長、李炳哲党中央軍事委員会副委員長、金徳訓首相、趙甬元党書記の五人で構成されることになった。

この人事が発表された段階では、趙甬元の序列は五位であったが、一月一四日夜に行われた軍事パレードの報道では、党政治局常務委員会のメンバーは、金正恩党総書記、崔龍海、趙甬元、李炳哲、金徳訓という序列で報じられ、党ナンバー3の扱いを受けた[61]。趙甬元党政治局常務委員は党書記、党中央軍事委員も兼任している上に、党書記局では組織（人事）を担当しており、党の人事や査察に大きな権力を握る地位に就いたといえる。

金正恩党総書記の妹、金与正は党大会で、党政治局員候補から党政治局員に昇格するのではないか、という見方が多かったが、党中央委員に留任したものの党政治局員候補は解任された。第八回党大会終了が報じられた一月一三日早朝に「談話」（談話は一二日付）を発表したが、その時の肩書きは「党副部長」で、それまでの党第一副部長から党副部長に降格になっていることも確認された[62]。

党政治局は常務委員五人以外では朴泰成《パクテソン》党宣伝扇動部長、朴正天人民軍総参謀長、鄭《チョン》サンハク党中央検査委員長、李日煥勤労団体部長、金頭日《キムドゥイル》党経済部長、崔相建《チェサンゴン》党科学教育部長、金才龍党組織指導部長、呉日晶党軍政指導部長、金英哲党統一戦線部長、呉秀容第二経済委員長、権ヨンジン軍総政治局長、金正官国防相、鄭京択国家保衛相、李永吉社会安全相の一四人となった。政治局員候補は、朴太徳党規律調査部

長、朴明順党軽工業部長、許チョルマン党幹部部長、李哲万党農業部長、金ヒョンシク党法務部長、太《テ》亨徹《ヒョンチョル》最高人民会議常任委副委員長、金栄歓平壌市党委員会責任書記、朴チョングン国家計画委員会副委員長、楊勝虎《ヤンスンホ》副首相、全ヒョンチョル党経済政策室長、李善権外相の一一人が選出された。呉振宇《オジヌ》元人民武力部長の三男、呉日晶が、党が軍を統制する部署である党軍政指導部長として政治局員になった。統一戦線部長を外れていた金英哲が同部長に戻った。党規約改正で「党政務局」もかつての「党書記局」になり、「党副委員長」は「党書記」となった。注目されたのは対南担当書記と国際担当書記が空席だったことだった。

また、経済部門では「国家経済発展五カ年計画」（二〇二一～二五年）がスタートした。それまでの「国家経済発展五カ年戦略」は「国家経済の成長目標はほとんど達成できなかった」とし「人民生活も十分に向上できなかった」と失敗に終わったことをあらためて認めた。しかし、公表された報告では、五カ年計画で具体的な数値で目標が明らかになったのは、セメント八〇〇万トン生産と、平壌市で五カ年で五万戸、咸鏡南道・検徳地区で二万五〇〇〇戸の計七万五〇〇〇戸の住宅を建設するということだけだった(63)。

(2) 党規約改正

第八回大会での党規約改正によって、序文で改正前は「朝鮮労働党の当面の目的は、共和国北半部で社会主義強盛国家を建設し、全国的な範囲で民族解放民主主義革命の課業を遂行することにあり」としていた部分が、「朝鮮労働党の当面の目標は共和国北半部で富強で文明な社会主義社会を建設し、全国的な範囲で社会の自主的で民主主義的な発展を実現することにあり」と改正され、「民族解放民主主義革命の課業を遂行」が削除された(64)。「民族解放」路線の放棄は武力による対南革命路線の放棄とも読み取れた。少なくとも一九五〇年の朝鮮戦争のような武力による赤化統一路線は放棄したとの見方も出た。

金正恩自身は二〇一九年の「新年の辞」で「わが国家第一主義」を提唱していた。この考えは、北朝鮮という国家を第一とする考えである以上、「統一朝鮮」への志向は後退せざるをえない側面を持っていた。「わが国家第一主義」や「民族解放」路線の放棄は、金正恩政権が事実上「二つの朝鮮」を志向しつつあるのではないかという見方を補強しているようにみえた。

また、党規約改正では、これまでになかった「党第一書記」という職責をつくり、「党中央委員会第一書記は朝鮮労働党総書記の代理人である」という条項を書き加えた。党第一書記が金正恩党総書記の代理人であるなら、それは「ナンバー2」を意味する。金正恩がこの一〇年間追求してきたのは自身への権力を集中させる「唯一的領導体系」の確立であり、「ナンバー2」の存在を認めない政治手法を駆使してきた。党第一書記の新設はこれに反するものであった。しかし、本稿執筆段階（二〇二二年七月）では、党第一書記はまだ空席であり、誰も任命されていないとみられる。金正恩党総書記の健康上の不安などの将来的なリスク管理のために新設した可能性があるが、この改正の意図はまだ不明だ。ただし、将来的に妹の金与正がこのポストに就くのであれば、金与正は金正恩の「アバター（分身）」的存在であり、一心同体であるだけにその可能性はあろう。

また、この党規約改正は党の基本政治方式をこれまでの「先軍政治」から「人民大衆第一主義」に変更し、「人民大衆第一主義」をこれまで以上に党の基本理念化した。金正恩は党大会の事業総括報告で「人民大衆第一主義政治を党の存亡と社会主義の成敗を左右する根本問題、基本政治方式として全面に立たせ、力強く一貫して実施することによって党と人民の一心団結をより磐石に打ち固める上で、社会主義の偉業の主体を強化し、その役割を強める上で明確な成果を収めた」と総括した[64]。

金正恩は第八回党大会の「結論」において「『以民為天』『一心団結』『自力更生』、まさにここにわが党の指導力を強められる根本的秘訣があり、わが党が大衆の中に一層深く根を下ろすための根本的方途があり、われわれが唯一に生き続け、前途を切り開くことのできる根本的保証がある」と述べた[65]。

さらに党大会を五年ごとに開くことを規約に明記し、朝鮮労働党の機関決定主義を明確にした。

(3) 末端組織への働き掛けと「書簡、演説統治」

第八回党大会後、最高人民会議第一四期第四回会議が二〇二一年一月一七日に開かれたが、金正恩党総書記は出席しなかった。国務委員会のメンバーの入れ替えもなく、閣僚二六人が任命された[66]。その後朝鮮労働党の外郭団体である「金日成・金正日主義青年同盟」(「社会主義愛国青年同盟」と改称)の第一〇回大会を四月に、「朝鮮職業総同盟」の第八回大会を五月に、「朝鮮社会主義女性同盟」の第七回大会を六月に開くなどし、各組織に党大会の決定の実行を促した。また第一回市・郡党責任書記講習会を三月に、朝鮮労働党第六回細胞書記大会を四月に、党中央委・各道党委員会幹部協議会を六月に、朝鮮人民軍第一回指揮官・政治活動家講習会を七月に、第五回「三大革命先駆者大会」を一一月に、第八回「軍事教育活動家大会」を一二月に開催し、中央党が、党や軍の末端組織や現場への働き掛けを強めた。これは党組織の上意下達だけでは組織が機能せず、中央が末端組織に直接働き掛けることで党の統制を強化する動きとみられた。

党中央委第八期第二回会議が二月八日から一一日まで開かれ、党大会で決まった「国家経済発展五カ年計画」の初年計画が批判され、これを手直しする決定書が採択された。この責任を問われ金頭日党経済部長が更迭され、呉秀容が再び経済部長に復帰した。李善権外相が党政治局員に、金成男党国際部長が党政治局員候補に選出された(67)。

党中央軍事委第八期第一回拡大会議が二月二四日に開かれ、会議では「人民軍指揮メンバーの軍事・政治活動と道徳生活において提起される一連の欠点」が指摘され、「人民軍内に革命的な道徳規律を確立するための問題」が討議された。権ヨンジン軍総政治局長と、金正官国防相に軍次帥の階級が付与された(68)。

そして、党中央委第八期第三回全体会議（総会）が六月一五日から一八日まで開催された。総会で、金正恩党総書記は「人民の食糧事情が緊張（切迫）している」と述べ、食糧不足を認めた上で、自ら署名した「特別命令書」を発令した。これは軍事用に備蓄している食糧の拠出を命じたものではないかとみられた。人事では政治局員に太亨徹最高人民会議常任委副委員長を政治局員候補に、ウ・サンチョル中央検察所長を補選した(69)。

党中央委第八期第二回政治局拡大会議が六月二九日に開催され、幹部の職務怠慢で「重大事件」が発生したとされ、崔相建党政治局員、李炳哲党政治局常務委員、朴正天党政治局員（軍総参謀長）が処分されたとみられた(70)。

朝鮮労働党は九月二日、党中央委第八期第三回政治局拡大会議を開催し、金正恩党総書記は新型コロナウイルス感染症対策強化と自然災害最小化のため国土管理事業に最優先で取り組む方針を表明した(71)。

北朝鮮メディアは九月七日、党政治局公報として、朴正天前朝鮮人民軍総参謀長が党政治局常務委員と党書記に選出されたと報じた。党政治局常務委員が李炳哲から朴正天に交代した形だ。軍総参謀長の後任には情報機関トップの偵察総局長を務めていた林光日が就任した。また、党軍需工業部長に劉進・前党軍事工業部副部長、社会安全相に張正男元人民武力部長が起用された。三人は政治局員候補に補選された(72)。

建国七三周年の九月九日未明には「民間・安全武力閲兵式」が行われた。金正恩が観閲したが、ミサイルなどの戦略兵器は登場しなかった。

最高人民会議第一四期第五回会議が九月二八〜二九日に開催され、金正恩が二九日、施政演説を行った。南北通信線を一〇月初めに復元するとし、韓国の文在寅政権が提唱している「終戦宣言」について、その前に相互尊重や敵視政策の撤廃が必要と主張した(73)。

この会議では、国務委員会の改選が行われ、朴奉珠が副委員長を解任され、金徳訓首相が補選された。国務委員では、金才龍党組織指導部長、李萬建元党第一副部長、金衡俊元党副委員長、李炳哲前党政治局常務委員、金秀吉元軍総政治局長、金正官前国防相、金ジョンホ前社会安全相、崔善姫第一外務次官の九人が解任され、趙甬元党政治局常務委員、朴正天党政治局常務委員、呉秀容党書記、李永吉国防相、張正男社会安全相、金成男党国際部長、金与正党副部長の七人を補選した。交代した人数が多いようにみえるが、多くはこれまでの人事で党や軍などの職責交代を行ってきたことの反映だ。金与正党副部長が国務委員に起用されたことは注目された(74)。談話発表などで南北関係、米朝関係を担当しており、金正恩党総書記の「アバター（分身）」として今後、地位を上げるとみられた。また、国務委員への起用は国家機関において南北および米朝関係を担当する意味もあるとみられた。

金正恩党総書記は党創建七六周年の一〇月一〇日「社会主義建設の新たな発展期に即して党活動をさら

に改善強化しよう」と題した演説を行い、第八回党大会で策定した経済五カ年計画を通じ、住民の衣食住問題の解決を急がなければならないと強調した[75]。

国防発展展覧会「自衛―二〇二一」が一〇月一一日から二二日まで平壌で開催され、金正恩党総書記が一一日に演説し「われわれは誰かとの戦争を論じるのではなく、戦争そのものを防止し、国権守護のために文字通り戦争抑止力を養っている」と主張した[76]。この展覧会には北朝鮮がこれまでに開発したＩＣＢＭや中・短距離ミサイル、ＳＬＢＭ、新型戦車、極超音速ミサイル「火星八号」や、新型反航空（地対空）ミサイルなども展示された[77]。

また、「第五回三大革命先駆者大会」が平壌で一一月一八日から二二日まで開催された。金正恩党総書記は出席せず「三大革命の炎を激しく燃え上がらせて社会主義の全面的発展を成し遂げよう」と題する書簡を送り、その中で、三大革命赤旗獲得運動の形骸化を指摘した。北朝鮮の「三大革命運動」は主に、機関や企業、職場などで行われてきたが、金正恩は、この運動を市、郡、連合企業所を含むより広範な範囲に拡大する新たな方針を示した[78]。

一二月四、五日に平壌で開催された朝鮮人民軍第八回軍事教育活動家大会では金正恩党総書記は、「すべての軍事教育活動家を党の思想と指導に限りなく忠実な真の教育戦士に準備」させることを強調し、「学生たちを党中央に絶対的に忠誠を尽くす指揮メンバーに育成すべきである」と思想教育を強調した。

(4)「人民的首領」の登場

朝鮮労働党機関紙『労働新聞』と党理論誌『勤労者』は二〇二〇年一〇月三日付で、「人民のために滅私奉仕するわが党の偉業は必勝不敗である」と題した共同論説を発表した。この共同論説は、朝鮮労働党がいかに人民に依拠してきた党であるかを論じながら、「最高指導者金正恩元帥はわが党を人民のために滅私奉仕する革命的党として絶えず強化、発展させていく人民の偉大な首領である」とし、金正恩を「人民の偉大な首領」と表現した。(79) 二〇二一年一月の第八回党大会でも、金正恩に対する党総書記への「推戴の辞」で「金正恩元帥は、指導者としてだけでなく前述したように、革命家として人間として身につけなければならない風貌をもっとも崇高な高さで体現している人民的首領である」とし、金正恩を「人民的首領」と表現した。

二〇二一年五月ごろから党機関紙『労働新聞』などで金正恩を「首領」と表現する記事が急に多数登場し始めた。『労働新聞』は五月一四日付で「人民の忠僕の党」と題された「政論」を掲載した。この政論は「『人民の忠僕の党』とは「人民に対する滅私奉仕を畢生のいちずな心に刻んだ人民的首領である総書記だけが闡明できる高貴な呼び名である。それは偉大な金正恩時代を象徴するもう一つの激動的な時代語であり、総書記が導く朝鮮労働党の真の姿、栄光に輝く戦闘的な旗印である」と述べ、金正恩を「人民的首領」とした。(80)

『労働新聞』ではこれ以降、金正恩を「首領」と呼称する記事が多数登場した。さらに『労働新聞』は一〇月二二日付で「運命も未来も全部引き受けてくださる偉大なオボイ（慈父）を首領として高く戴いた人民の栄光は限りない」と題した論説を掲載した。これは金正恩を「偉大なオボイである首領」とする論説だった。(81) 北朝鮮では金正日時代までは「首領」とは金日成主席だけを意味する言葉であった。金正日総書記は存命中は自身を「首領」と名乗ることを避けていた。しかし、金正日総書記が死亡すると、金正恩政権は金正日総書記も「首領」と呼称し始めた。「オボイ首領様」という言葉も金日成主席だけに使われてきた呼称だ。しかし、まだ三七歳の金正恩が自身を「首領」と呼称させ、さらに「偉大なオボイである首領」という表現まで使わせるようになった。

韓国の情報機関、国家情報院は一〇月二八日、国会情報委員会で、北朝鮮では党の会議室などから金日成主席や金正日総書記の写真が外されているとし、北朝鮮内部で「金正恩主義」という言葉が使われ始めていると報告した。しかし、本稿執筆時点（二〇二二年七月）では、北朝鮮メディアに「金正恩主義」という言葉が使われている事例を筆者は確認できていない。だが、北朝鮮メディアに「金正恩同志の革命思想」という言葉が頻繁に登場し始めた。その一方で、金正恩は自身の誕生日を祝日にしていないし、本格的な自叙伝も発表されていない。金正恩は最高指導者の神格化には否定的であり、神格化はむしろ最高指導者への忠誠を弱めると考えているようにみえる。第八回党大会で金日成主席や金正日総書記の固有名詞や業績を党規約から抹消したことは、先代、先々代を「歴史化」しようとする作業ではないかとみられるが、「金正恩主義」や「金正恩同志の革命思想」が体系化されるにはもう少し時間が必要なようにみえる。

（5）党中央委第八期第四回総会

朝鮮労働党は二〇二一年一二月二七日から三一日まで党中央委員会第八期第四回全員会議（総会）を開いた。二〇二一年一二月は金正恩政権がスタートして一〇年の区切りだっただけに、金正恩政権の執権一〇年を総括し、新たな一〇年の展望を示すのではないかという期待があったが、そうした長期展望を示すことはなかった。総会では引き続き、新型コロナウイルス感染症の防疫対策を最重要課題に掲げた(82)。

金正恩党総書記はすでに二〇二一年一二月一日に開催した党第八期第五回政治局会議で、二〇二一年について「全体的に勝利の年だ」と総括しており、困難な情勢の中でそれなりの成果を上げたという評価を下していた。党中央委総会の内容も、欠点を指摘しつつも成果を評価する内容であった。

しかし、金正恩はこの総会の開会にあたり「今年の活動に劣らず、膨大かつ重大な来年の活動の戦略的重要性について自覚するとともに、重くて責任ある苦悩に向き合うであろう」と語った(83)。北朝鮮を取り巻く厳しい状況を考えれば「重く責任ある苦悩」に直面せざるをえないという現実を率直に吐露したものだった。

総会では金正恩党総書記が今後の対南（韓国）や対米政策を示すのではないかと注目を集めていた。しかし、公表された総会の「報道」では「多事多変な国際政治情勢と周辺環境に対処、北南関係と対外事業の原則的問題と一連の戦術的方向などを提示」したとあるだけで、具体的な対外政策を公表することを避けた。これは二〇二二年三月には韓国大統領選挙、同一一月には米中間選挙という大きな「変数」を抱えた中で、北朝鮮が明確な外交方針を打ち出し難い状況を反映したものとみられた。よくいえば柔軟な対応の可能性を残したといえるが、悪くいえば明確な路線を打ち出せなかったともいえる。

金正恩党総書記は総会で「朝鮮式社会主義農村発展の偉大な新時代を開いて行こう」と題する報告を行い、今後一〇年間に段階的に達成すべき穀物生産目標などを提示したが、その具体的数値目標は公表されなかった(84)。一方、こうした目標を達成するために農村で思想・技術・文化の三大革命を推進するとした。経済制裁や新型コロナウイルス感染症対策とそれによる中朝貿易の激減という厳しい状況にある北朝鮮住民にとって、最も重要な問題が食糧問題の解決であることは明白だ。その意味で、金正恩政権が農業への技術・財政支援を打ち出したことは当然といえるが、三大革命運動を農村へ波及させ、農民を「思想革命」することが生産増大に結びつくかどうかは不透明だった。

軍事については「日ごとに不安定になっている朝鮮半島の軍事的環境と国際情勢の流れは、国家防衛力の強化を片時も緩めることなく一層力強く推し進めることを求めている」とし、「第八回党大会の決定を体して収められた成果を引き続き拡大しながら、現代戦に相応した威力ある戦闘技術機材の開発、生産を力強く推し進める」とした。第八回党大会で決定した「国防科学発展および兵器システム開発五カ年計画」を二〇二二年も計画通り推進して国防力の強化を進める方針を示した。しかし、北朝鮮側発表に核やミサイルの言葉はなく、不必要に国際社会を刺激することは避けたとみられた。

人事では、注目されていた金正恩党総書記の妹、金与正党副部長の党政治局入りはなかった。朴ジョングン副首相兼国家計画委員長が政治局員候補から政治局員に昇格し、李太燮《リテソプ》第五軍団長が社会安全相に起用され、政治局員候補に選出された。また、党中央委員に二一人が選出されたが、このうち九人は内閣の閣僚などだった。党中央委員候補に二二人が選出されたが、このうち九人が中央委員会から中央委員候補に降格された軍幹部であった。これは内閣の経済官僚を優遇し、軍幹部に厳しい人事として注目された。

（6）コロナ感染拡大と党中央委第五回総会

朝鮮労働党は五月一二日未明に党中央委員会第八期第八回政治局会議を開き、同八日に平壌で新型コロナウイルスのオミクロン株派生型「BA・2」が検出されたことを明らかにし、コロナ感染者の発生を初めて認めた。国家防疫体制を「最大非常防疫体系」に転換、「全国のすべての市、郡を徹底的に封鎖」することを決定した(85)。

国家非常防疫司令部は同月一六日、四月末から同一五日夕までの全国的な発熱者は一二一万三五五〇人に達し、五〇人が死亡したとした。一四日夕から一五日夕までに全国で三九万二九二〇人の発熱者が発生したとした(86)。だが、北朝鮮は七月一九日夕時点で、一日の発熱者数は二五〇人余まで下がったとし、コロナウイルスの感染拡大防止に自信を示した(87)。

そして、党中央委と内閣は八月一〇日に「全国非常防疫総括会議」を招集し、会議を指導した金正恩党総書記は「重要演説」を行い「領内に流入した新型コロナウイルスを撲滅し、人民の生命健康を保護するための最大非常防疫戦で勝利を獲得した」と「勝利」を宣言した(88)。

それまでの発熱者は四七七万人余りに達したが、死亡者は七四人に過ぎなかった。死亡者数があまりに少なく信憑性が疑われた。ただし、発熱者には、黄海南道で発生した腸チフスとみられる伝染病などが含まれていた可能性があった。発熱していない感染者の存在を考慮すれば、人口の二割以上がコロナに感染したとみられた。北朝鮮が取った対策は基本的にロックダウン方式で、人の移動を抑えて感染拡大を防ぐやり方だった。

また、党中央委員会第八期第五回全員会議（総会）拡大会議が六月八日から一〇日まで平壌で開催され、大規模な人事が行われた(89)。同会議では、経済制裁に加えてコロナ禍にある北朝鮮の状況を「未曾有の国難」と表現した。コロナで全国が封鎖されているのに田植えや経済建設はしなければならないという困難な状況で、食糧事情も悪化しているとみられた。

総会では党政治局員候補であった全ヒョンチョル、李太燮を党政治局員に昇格、朴泰成を政治局員に復活させた。趙春龍《チョチュンリョン》、朴寿日、李チャンデ、崔善姫、韓光相の五人を党政治局員候補に選出した。趙春龍は党軍需工業部長、朴寿日は警察の役割を果たす社会安全相、李チャンデは秘密警察の国家保衛相、崔善姫は外相、韓光相は党軽工業部長にそれぞれ任命された。外相だった李善権は党統一戦線部長に横すべりした。崔善姫外相、李善権党統一戦線部長はともに強硬派で知られ、対米、対南対話が再開される見通しは立っていない。

趙甬元党政治局常務委員が党組織指導部長を兼務、さらに権限を強化した。金才龍党組織指導部長は党検査委員会委員長に移動し、党内統制強化の役割を担うことになった。

一度処分を受けた朴泰成などが復活し、幹部の職務を変える横滑り人事が目立った。全体的に党、軍、内閣の内部統制を強化し難局を乗り越えようとする意図が見えた。

朝鮮労働党は党中央委総会に続き、六月二一日から二三日まで党中央軍事委員会第八期第三回拡大会議を開いた[90]。会議では朝鮮人民軍の各前線部隊の作戦任務に「重要軍事行動計画」を追加することや「戦争抑止力をなお一層拡大、強化するための軍事的保証を打ち立てる上で提起される重大な問題」を承認したが、それらの具体的内容は明らかにならなかった。この会議で李炳哲党政治局常務委員を党中央軍事委副委員長に選出した。

（7）核兵器保有を法制化、「核放棄、非核化」は「絶対ない」

北朝鮮は朝鮮戦争の休戦協定締結日の七月二七日に「戦勝六九周年記念行事」を行い、金正恩党総書記はここでの演説で「自分らが実際に一番恐れる絶対兵器を保有しているわが国家を相手に軍事的行動を云々するのは不当千万なことであり、危険極まる自滅行為」とし、尹錫悦政権が軍事的に対応すれば「尹錫悦『政権』と彼の軍隊は全滅するだろう」と威嚇した。(91)

北朝鮮は九月七、八日に最高人民会議第一四期第七回会議を開いた。この会議では法令「核武力政策について」が採択され、核保有を法制化した。北朝鮮は二〇一三年四月に法令「自衛的核保有国の地位をいっそう強固にすることについて」を採択したが、(92)この効力を失効させ、その代替となるものだった。核兵器保有国であることをさらに強く確認し、核兵器使用の可能性を高める内容であった。新たな法令は「核戦力の使命」を「戦争抑止を基本使命とする」としながら「戦争抑止が失敗する場合、敵対勢力の侵略と攻撃を撃退し、戦争の決定的勝利を達成するための作戦的使命を果たす」とし、抑止に失敗した場合の核兵器使用の意思を明確にした。

さらに核兵器の使用の条件について㈠北朝鮮に対する核兵器、またはその他の大量殺戮兵器による攻撃が強行されたり、差し迫ったと判断される場合、㈡国家指導部と国家核戦力指揮機構に対する敵対勢力の核および非核攻撃が強行されたり、差し迫ったと判断される場合、㈢国家の重要戦略的対象に対する致命的な軍事的攻撃が強行されたり、差し迫ったと判断される場合、㈣有事に戦争の拡大と長期化を防ぎ、戦争の主導権を掌握するための作戦上の必要が不可避に提起される場合、㈤その他、国家の存立と人民の生命安全に破局的な危機を招く事態が発生して核兵器で対応せざるを得ない不可避な状況が生じる場合、と規定した。しかし、その表現が曖昧であり、核兵器に関するすべての決定権を持つ金正恩国務委員長の恣意的な判断で核兵器が使用される危険性を内包していると言えた。(93)

金正恩党総書記は二日目に「施政演説」を行い、核保有の法制化で「わが国家の核保有国としての地位は不可逆的なものとなった」とした。その上で「先に核を放棄したり非核化するようなことは絶対にあり得ず、そのためのいかなる交渉も、そのプロセスで交換する取り引き材料もない」と述べ、「核放棄、非核化」は「絶対ない」とした(94)。

(8) 年間三七回、七〇発以上のミサイル発射

また、北朝鮮は二〇二二年に入ってもミサイルの発射実験を続け、一月五日に極超音速ミサイルの発射実験を行ったのを皮切りに、同年末までに三七回、七〇発以上に及んだ。一年間のミサイル発射としては歴代で最多だった。北朝鮮は二〇一八年四月の党中央委員会総会で、核実験とＩＣＢＭの発射実験の中止を決定した。しかし、二〇二二年一月一九日に朝鮮労働党第八期第六回政治局会議を開き、われわれが先決的に、主動的に講じた信頼構築措置を全面再考し、暫定的に中止していたすべての活動を再稼動させる問題を迅速に検討することに対する指示を当該部門に与えた」と核実験やＩＣＢＭ発射の凍結をやめることを示唆した(95)。

一月三〇日には、中距離弾道ミサイル「火星一二号」を発射した。そして、三月二四日、日本海に向けＩＣＢＭを発射した。北朝鮮は翌二五日、発射したのは新型ＩＣＢＭ「火星一七号」であるとした。韓国では発射されたのは「火星一七号」ではなく「火星一五号」という主張も出た。一〇月四日には中距離弾道ミサイル「火星一二号」を発射、日本列島を越え、太平洋に落下した。日本上空飛行は七回目で、二〇一七年九月以来だった。日本はＪアラートを発信した。一一月一八日には新型ＩＣＢＭ「火星一七号」をロフテッド軌道で発射、最高高度は六〇四〇・九キロ、飛行距離は九九九・二キロで、一時間八分五五秒飛

行し日本海の公海上に落下した。通常角度で発射すれば一万五千キロ飛行したとみられた。また、金正恩党総書記はこのミサイル発射を視察したが、二女の金ジュエを同行し、その意図に関心が集まった[96]。

(9)「核弾頭を飛躍的に増大」、軍トップを解任

朝鮮労働党は二〇二二年一二月二六日から三一日まで党中央委員会第八期第六回全員会議(総会)を開催し、その結果が二〇二三年元日に公表された[97]。金正恩党総書記が三日間にわたり報告し「核戦力政策を公式に法制化して万年の大計の安全保証を構築し、わが国家の戦略的地位を世界に明白に刻印させる歴史的課題を解決した」と核兵器保有の法制化を評価した。その上で米国に対し「軍事的圧迫の水位を最大に引き上げる一方、日本、南朝鮮(韓国)との三角共助の実現を本格的に推し進めながら、『同盟強化』の看板の下で『アジア版NATO』のような新たな軍事ブロックの樹立に没頭している」と非難した。韓国に対しても「明白な敵」になったとし対決姿勢を明確にした。

その上で「戦術核兵器の大量生産の重要性と必要性を浮き彫りにさせ、国の核爆弾保有量を幾何級数的に(飛躍的に)増やすことを求めている」と述べ、戦術核兵器を量産し、核弾頭を飛躍的に増やすとした。

人事は、軍トップの朴正天を党書記、党中央軍事委員会副委員長から解任し、李永吉国防相を後任に任命した。朴正天の党政治局常務委員の職責がどうなったかは言及していないが、その後の党政治局常務委員の参加した行事に姿がなく、解任された可能性が高い。党政治局常務委員会では軍人は李炳哲だけとなり、李炳哲が軍事、軍需工業の両分野を担当するとみられた。解任の理由は明らかになっていないが、何らかの失策が理由とみられた。金正恩党総書記は信賞必罰を人事の原則にしており、何らかのミスが理由

とみられた。しかし、金正恩党総書記は最近、処分をした幹部を再起用するケースも多く、朴正天が将来、復活する可能性もあるとみられた。

国防相の後任には強純男《カンスンナム》党民防衛部長を充てた。李太燮《イテソプ》総参謀長の後任に朴寿日社会安全相を起用し、社会安全相には李太燮総参謀長を充てた。李太燮は朴寿日社会安全相の前任者であり、わずか半年で元に戻った形だ。軍部の人事は「横滑り人事」が目立った。朴寿日氏は軍総参謀長に就くと同時に党政治局員にも選出された。

党政治局員候補にはチュ・チャンイル党宣伝扇動部長、李熙用《リヒヨン》党組織指導部第一副部長、金秀吉《キムスギル》・新平壌市党委員会責任書記、金サンゴン党規律調査部長兼党中央検査委員会副委員長、強純男・新国防相を選出した。

おわりに

金正恩政権が歩んできた約一〇年間は激動の一〇年間であった。金正恩による個人独裁体制がこれほど強化されるとは誰も予測できず、北朝鮮の核ミサイル開発がこれほど急激に進むことも予測できなかった。また、米朝関係改善はハノイ会談の決裂によって失敗したが、トランプ大統領という特異なキャラクターが登場したためとはいえ、金日成主席も金正日総書記も実現できなかった米朝首脳会談がこれほど容易に実現することも予測できなかった。

金正恩政権が最も一貫して追求してきたのは、「唯一的領導体系の確立」といわれる最高指導者による個人独裁体制の確立であった。政権発足間もない二〇一二年七月に軍の実力者、李英鎬総参謀長を、翌二〇一三年末には党の実力者、張成沢党行政部長を粛清した。李英鎬総参謀長の粛清は「先軍政治」で権限を強めた軍部への牽制であり、党主導の国家運営回復のスタートであった。これは経済的利権をめぐる軍と党の闘争でもあった。

軍を統制下に置いた朝鮮労働党内では、組織指導部と、張成沢が率いる党行政部が二大勢力となったが、その張成沢の粛清は金正恩の指導権確立であると同時に、党組織指導部の党内権力獲得闘争でもあった。党組織指導部は国家安全保衛部と連携し、張成沢党行政部長を粛清した。後に党組織指導部長になった崔龍海は軍総政治局に対する査察を行うことで、ライバルの黄炳瑞総政治局長や、当時同局にいた金元弘前国家安全保衛部長らを権力中枢からの退陣に追い込んだ。さらに、二〇一七年二月一三日には金正恩の異母兄の金正男が、マレーシアのクアラルンプール空港内で暗殺された。

金正恩の一〇年を通じて、結局は、金正恩総書記が「首領」となり、党の核心部署である党組織指導部の一元的な支配構造が固まった。

一方で、金正恩は新型コロナウイルスの影響もあり、二〇二〇年ごろから現地指導の数が減り、党の会議やそこでの演説を通じた統治を行い始めた。特に経済現場へは金徳訓首相が数多く出向いた。党の幹部たちに責任を分担させ、金正恩自身はその上の存在として国家運営に当たる姿勢を強めている。責任は分担させているが、権力は分散せずに金正恩に集中させる「責任分担統治」システムが強化されており、幹部に失敗や不正腐敗があればすぐに更迭されるということが続いている。

また、金正恩の一〇年は「先軍」から「党主導」への移行の一〇年であった。「先軍」時代の延長線上で権力を継承した金正恩であったが、当時の最高権力機関である国防委員会でなく党政治局の推戴で最高司令官に就いた。そこから「脱先軍」が始まった。

金正日総書記の死亡を伝えた「訃告」は「金正日同志の遺訓を守り、主体革命、先軍革命の道で一寸の譲歩も、一寸の揺らぎもないであろう」とした。しかし、金正恩は「先軍」路線の継承を語りながらも、一〇年の歳月をかけて注意深く「先軍」から朝鮮労働党主導の「先党」へと舵を切っていった。金正日時代末期から、党幹部は背広を脱いで、軍の階級を得て軍服を着て軍の統制に着手していった。これは世界の社会主義国家でも前例のないアプローチであった。そして「軍による先軍」から「党による国防力強化」へと巧みに誘導し、党軍需工業部が中心となって核ミサイル開発を行った。金正恩は二〇一六年五月の第七回党大会では事業総括報告で「先軍政治は、わが党と人民が厳しい難局を克服して歴史の奇跡を創造するようにした勝利の宝剣」と称えた。しかし、同年六月の最高人民会議で先軍政治の最高機関であった国防委員会を国務委員会に改編し、事実上、先軍時代を終わらせた。だが、第七回党大会で党規約改正を行ったにもかかわらず、党規約に先軍政治は残った。そして、ついに二〇二一年一月の第八回党大会で党規約改正で党の社会主義基本政治方式を「先軍政治」から「人民大衆第一主義」に差し替え、「先軍政治」を党規約から葬り去った。一〇年の歳月を経て「先軍」は「歴史化」されつつある。

金正恩は第八回党大会の党規約改正で金日成主席や金正日総書記の固有名詞や業績を削除した。自身の名前も入れなかったが、金正恩党総書記を意味する「党中央」という言葉が一七回も登場し、朝鮮労働党が金正恩総書記の私党化した印象を与えた。

一方で、金正恩は核ミサイル開発を党による「国防力強化」という方針の下で推し進めた。自身の政権で四回の核実験を行い、米国にまで到達するＩＣＢＭを完成させた。さらに固体燃料を使った迎撃困難な短距離ミサイルも推進した。第八回党大会では国家核武力の全面的な高度化を宣言し、今後も核ミサイル開発を続けると宣言した。

経済面では、金正恩政権は政権初期には、圃田担当責任制や社会主義責任管理制を導入し、市場経済的な要素を取り入れることで経済成長を遂げた。しかし、その後の核ミサイル開発のために国連による経済制裁を受け、「人民生活の向上」は実現していない。二〇二〇年からは新型コロナウイルスやそれによる中朝貿易の激減、さらの水害などが加わり、人民生活は極めて深刻な困難に直面している。

金正恩は政権を実質的にスタートさせた二〇一二年四月一五日の初の肉声演説で「世界で一番良いわが人民、万難の試練を克服して党に忠実に従って来たわが人民が、二度とベルトを締め上げず（腹を空かさず）に済むように、社会主義の富貴栄華を思い存分享受するようにしよう」と約束した。しかし、その約束は一〇年を経ても果たされず、「人民生活の向上」は実現していない。

金正恩政権は金正恩を「首領」に推戴し、「唯一的領導体系」を確立し、核・ミサイルの全面的な高度化を推進している。しかし、金日成主席や金正日総書記が実現できていないと嘆いた「白い米のご飯に肉のスープ、絹の服に瓦葺きの家」を人民に提供できていない。北朝鮮は最近、「金正恩同志の革命思想」を掲げ、その体系化を図ろうとしている。同思想は「人民大衆第一主義」と「わが国家第一主義」を二本柱にした金正恩時代の指導理念になるとみられるが、「人民生活の向上」を実現せず「人民大衆第一主義」は成り立たない。

（1）『労働新聞』二〇一一年一二月二〇日「偉大な領導者金正日同志の逝去に際し、全党員たちと人民軍将兵たちと人民に告げる」。
（2）『聯合ニュース』二〇〇九年一月一五日「消息筋『北の金正日、三男正恩を後継者に指名』　今月初めに党へ教示下達、現代史で初めての『三代世襲』」。
（3）『労働新聞』二〇一一年一二月二〇日「朝鮮人民軍最高司令官命令第〇〇五一号　主体九九（二〇一〇）年九月二七日、平壌　朝鮮人民軍指揮メンバーの軍事称号を上げることについて」。
（4）『労働新聞』二〇一一年一二月二〇日「偉大な領導者金正日同志の逝去に際し　全党員たちと人民軍将兵たちと人民に告げる」。
（5）『労働新聞』二〇一一年一二月二〇日同「偉大な領導者金正日同志の逝去に際して　国家葬儀委員会を次のように構成する」。
（6）『労働新聞』二〇一一年一二月二九日付掲載写真。
（7）『労働新聞』二〇一一年一二月三〇日「わが党とわが人民の偉大な指導者金正日同志を追悼する中央追悼大会、革命の首都平壌で厳粛に挙行」。
（8）『労働新聞』二〇一一年一二月三一日「朝鮮労働党中央軍事委員会副委員長、金正恩同志を朝鮮人民軍最高司令官として高く奉じた」。
（9）『労働新聞』二〇一二年四月一二日「朝鮮労働党第四回代表者会進行」。
（10）『労働新聞』二〇一二年四月一二日「偉大な領導者金正日同志を朝鮮労働党総書記として永遠に高く奉じ、偉大な金正日同志の革命生涯と不滅の革命業績を長く輝かせるための決定書」。
（11）『労働新聞』二〇一二年四月一四日「朝鮮民主主義人民共和国最高人民会議第一二期第五会会議進行」。
（12）『労働新聞』二〇一二年四月一六日「金正恩同志、金日成主席誕生一〇〇周年閲兵式で演説」。
（12）『労働新聞』二〇一二年四月一九日「金正恩《偉大な金正日同志をわが党の永遠の総書記として高く奉じ、

チュチェ革命偉業を輝かしく完成させていこう》」。
(13)『労働新聞』二〇一二年四月一二日「朝鮮労働党第四回代表者会決定書〈朝鮮労働党規約〉改正について」「朝鮮労働党規約序文」。
(14)『労働新聞』二〇一二年七月一六日「朝鮮労働党中央委員会政治局で」。
(15)『労働新聞』二〇一二年七月一七日「朝鮮人民軍次帥称号を授与するための決定」。
(16)『朝鮮中央通信』二〇一二年七月一八日「金正恩同志に朝鮮民主主義人民共和国元帥称号を授与するための決定発表」。
(17)『朝鮮中央通信』二〇一二年七月一八日「金正恩元帥様の領導を忠実に奉じていくことを人民軍将兵たちが誓い」。
(18)『朝鮮中央通信』二〇一二年七月一八日「金正恩元帥様を高く奉じ、内務軍の威容を轟かせていくことを決意」。
(19)『朝鮮中央通信』二〇一二年七月一九日「金正恩元帥様を平壌市民たちが熱烈に祝賀」。
(20)『労働新聞』二〇一三年一月三〇日「敬愛する金正恩同志が朝鮮労働党第四回細胞書記大会で行われた演説」。
(21)『労働新聞』二〇一三年四月一日「朝鮮労働党中央委員会二〇一三年三月全員会議に関する報道」。
(22)『労働新聞』二〇一三年一二月九日「朝鮮労働党中央委員会政治局拡大会議に関する報道」。
(23)『聯合ニュース』二〇一五年五月一三日「国情院『玄永哲処刑理由は居眠り指示不履行のため』」。
(24)『労働新聞』二〇一四年五月二日記事「5・1節慶祝労働者宴会を盛大に進行」で、黄炳瑞の肩書きを「人民軍総政治局長」と報道。
(25)『労働新聞』二〇一六年五月八日「朝鮮労働党第七回大会で行った党中央委員会事業総和報告―金正恩」。
(26)『労働新聞』二〇一六年六月三〇日「敬愛する金正恩同志をわが共和国の最高水位である朝鮮民主主義人民共和国国務委員会委員長として高く推戴するための金永南代議員の演説」「朝鮮民主主義人民共和国社会主義憲

法を修正補充することに対する報告」。
(27) 北朝鮮運営ウェブサイト『내나라』(ネナラ　わが国)は二〇一六年九月四日、同六月に改正された北朝鮮憲法の全文を公表した。
(28)『労働新聞』二〇一七年九月四日「朝鮮民主主義共和国核兵器研究所声明　大陸間弾道ロケット装着用水素弾試験で完全成功」。
(29)『朝鮮中央通信』二〇一七年一一月二九日「〈朝鮮民主主義人民共和国政府声明〉新型の大陸間弾道ロケット試験発射成功」。
(30)『労働新聞』二〇一八年一月一日「新年の辞　金正恩」。
(31)『労働新聞』二〇一九年一月一日「新年の辞　金正恩」。
(32)『労働新聞』二〇一七年一一月二〇日「政論　非常に確固たる信念を持って疾風怒涛のように進もう」。
(33)『労働新聞』二〇一九年三月一三日「中央選挙委員会報道」。
『労働新聞』二〇一七年一一月三〇日「社説　祖国の青史に永久に輝く民族の大慶事、偉大な朝鮮人民の大勝利」。
(34)『労働新聞』二〇一九年四月一三日「金正恩、現段階での社会主義建設と共和国政府の対内外政策について」。
(35)『労働新聞』二〇一九年四月一六日「敬愛する最高領導者、金正恩同志が民族最大の慶事である太陽節に際し、錦繡山太陽宮殿を訪問された」。
(36)『労働新聞』二〇一九年九月七日「朝鮮労働党中央軍事委員会非常拡大会議緊急召集、朝鮮労働党中央軍事委員会委員長、金正恩同志が会議指導」。
(37)『労働新聞』二〇一九年、二月二二日「朝鮮労働党中央軍事委員会第七期第三回拡大会議進行　敬愛する最高領導者、金正恩同志が党中央軍事委員会拡大会議指導」。
(38) 中国中央テレビ「新聞聯播」二〇一九年六月二〇日午後七時放送。
(39)『労働新聞』二〇二〇年一月一日「朝鮮労働党中央委員会第七期第五回全員会議に関する報道」。

(40)『労働新聞』二〇二〇年二月二九日「朝鮮労働党中央委員会政治局拡大会議進行」。
(41)『労働新聞』二〇二〇年三月三〇日「国防科学院　超大型放射砲試験射撃進行」。
(42)『労働新聞』二〇二〇年四月一二日「朝鮮労働党中央委員会政治局会議公報」。
(43)『労働新聞』二〇二〇年四月一三日「朝鮮民主主義人民共和国最高人民会議第一四期第三回会議進行」。
(44)『労働新聞』二〇二〇年五月二日「偉大な正面突破戦思想がもたらした自力富強、自力繁栄の建造物、順川燐酸肥料工場の竣工式盛大に　金正恩党委員長が参加して竣工のテープをお切りになった」。
(45)『労働新聞』二〇二〇年五月二四日「朝鮮労働党中央軍事委員会第七期第四回拡大会議進行　敬愛する最高領導者、金正恩同志が党中央軍事委員会拡大会議を指導」。
(46)『労働新聞』二〇二〇年五月二四日「朝鮮労働党中央軍事委員会委員長命令第〇〇一五号主体一〇九（二〇二〇）年五月二三日、平壌　指揮メンバーの軍事称号を上げることについて」。
(47)『聯合ニュース』二〇二〇年六月三日「北朝鮮『警察庁』の役割の人民保安省→社会安全省に名称変更」。
(48)『労働新聞』二〇二〇年六月八日「朝鮮労働党中央委員会第七期第一三回政治局会議進行」。
(49)『労働新聞』二〇二〇年七月三日「朝鮮労働党中央委員会第七期第一四回政治局拡大会議進行」。
(50)『労働新聞』二〇二〇年七月二六日「朝鮮労働党中央委員会政治局非常拡大会議の緊急召集　国家非常防疫体系を最大非常体制に移行するための決定採択」。
(51)『労働新聞』二〇二〇年八月六日「朝鮮労働党中央委員会第七期第四回政務局会議進行」。
(52)『労働新聞』二〇二〇年八月七日「敬愛する最高領導者、金正恩同志が黄海北道銀波郡大青里付近の洪水被害状況を現地で了解された」。
(53)『労働新聞』二〇二〇年八月一四日「〈すべての力を集中して洪水被害を早くなくし、民に安定した生活を保障しよう〉朝鮮労働党中央委員会第七期第一六回政治局会議進行」。
(54)『聯合ニュース』二〇二〇年八月二三日「金正恩、軍部を党統制の中に閉じ込め……組織部・軍政指導部、二重ロック」。
(55)『労働新聞』二〇二〇年八月二六日「朝鮮労働党中央委員会第七期第一七回政治局拡大会議と朝鮮労働党中央委員会第七期第五回政務局会議進行」。
(56)『労働新聞』二〇二〇年一〇月六日「朝鮮労働党中央委員会第七期第一九回政治局会議進行」。
(57)『労働新聞』二〇二〇年一〇月六日「朝鮮人民軍元帥称号を授与するための決定」。
(58)『労働新聞』二〇二〇年一〇月六日「朝鮮労働党中央軍事委員会委員長命令」。
(59)『労働新聞』二〇二〇年一〇月一〇日「朝鮮労働党創建七五周年慶祝閲兵式で行われた我が党と国家、武力の最高領導者、金正恩同志の演説」。
(60)『労働新聞』二〇二〇年一〇月一一日「我々の党と国家、武力の最高領導者、金正恩同志に捧げる祝賀文」。
(61)『労働新聞』二〇二一年一月一五日「朝鮮労働党第八回大会記念閲兵式、盛大に挙行　敬愛する金正恩同志が閲兵式に参加された」。
(62)『朝鮮中央通信』二〇二一年一月一三日「金与正党中央委員会副部長談話」。
(63)『労働新聞』二〇二一年一月九日「我々式社会主義建設を新たな勝利に導く偉大な闘争綱領　朝鮮労働党第八回大会で行われた敬愛する金正恩同志の報告について」。
(64)二〇二一年六月に韓国政府が入手した党規約。
(65)『労働新聞』二〇二一年一月一三日「朝鮮労働党第八回大会で行われた結論　金正恩」。
(66)『朝鮮中央通信』二〇二一年一月一八日「最高人民会議第一四期第四回会議」。
(67)『労働新聞』二〇二一年二月一二日「朝鮮労働党中央委員会第八期第二回全員会議公報」。
(68)『労働新聞』二〇二一年二月二五日「朝鮮労働党中央軍事委員会第八期第一回拡大会議進行　敬愛する金正恩同志が拡大会議指導」。
(69)『労働新聞』二〇二一年六月一九日「朝鮮労働党中央委員会第八期第三回全員会議公報」。

(70)『労働新聞』二〇二一年六月三〇日「朝鮮労働党中央委員会第八期第二回政治局拡大会議に関する報道」。
(71)『労働新聞』二〇二一年九月三日「朝鮮労働党中央委員会第八期第三回政治局拡大会進行」。
(72)『労働新聞』二〇二一年九月七日「朝鮮労働党中央委員会政治局公報」。
(73)『労働新聞』二〇二一年九月三〇日「敬愛する金正恩同志が歴史的な施政演説《社会主義建設の新たな発展のための当面の闘争方向について》を行われた」。
(74)『労働新聞』二〇二一年九月三〇日「朝鮮民主主義人民共和国最高人民会議第一四期第五回会議次会議二日目会議進行」。
(75)『労働新聞』二〇二一年一〇月一一日「敬愛する金正恩同志が綱領的な演説《社会主義建設の新たな発展期機に合わせて党事業をさらに改善強化しよう》を行われた」。
(76)『労働新聞』二〇二一年一〇月一二日「国防発展展覧会で行われた金正恩同志の記念演説」。
(77)『労働新聞』二〇二一年一〇月一二日「国防発展展覧会《自衛―二〇二一》盛大に開幕　敬愛する金正恩同志が開幕式に参加し記念演説を行われた」。
(78)『労働新聞』二〇二一年一一月一九日「第五回三大革命先駆者大会開幕　敬愛する金正恩同志が大会参加者に綱領的な書簡を送られた」。
(79)『労働新聞』二〇二一年一〇月三日「《労働新聞》、《労働者》共同論説　[論説]　人民のために滅私奉公するわが党の偉業は必勝不敗である」。
(80)『労働新聞』二〇二一年五月一四日「政論　人民の忠僕の党」。
(81)『労働新聞』二〇二一年一〇月二二日「[論説]　運命も未来も全部引き受けてくださる偉大なオボイを首領として高く戴いた人民の栄光は限りない」。
(82)『労働新聞』二〇二三年一月一日「〈偉大なわが国家の富強発展とわが人民の福利のためにさらに力強く戦っていこう〉朝鮮労働党中央委員会第八期第四回全員会議に関する報道」。

(83)　同右。
(84)　同右。
(85)　『労働新聞』二〇二二年五月一二日「朝鮮労働党中央委員会第八期第八回政治局会議進行」。
(86)　『朝鮮中央通信』二〇二二年五月一六日「全国的な伝染病伝播及び治療状況通報」。
(87)　『朝鮮中央通信』二〇二二年七月二〇日「全国的な伝染病伝播及び治療状況通報」。
(88)　『労働新聞』二〇二〇年〇八月一一日「偉大なわが人民が獲得した輝かしい勝利。全国非常防疫総括会議行われる―金正恩同志が全国非常防疫総括会議で重要演説を行う」。
(89)　『労働新聞』二〇二二年六月一一日「勝利の信念と強い意志を刻み付けて今年の闘争目標を目指して力強く前へ！　朝鮮労働党中央委員会第八期第五回総会拡大会議に関する報道」。
(90)　『労働新聞』二〇二二年六月二四日「朝鮮労働党中央軍事委員会第八期第三回拡大会議に関する報道」。
(91)　『労働新聞』二〇二二年七月二八日「偉大な戦勝六九周年記念行事盛大に行われる―金正恩同志が参席して意義深い演説を行なった」。
(92)　『労働新聞』二〇二二年九月九日「朝鮮民主主義人民共和国最高人民会議第一四期第七回会議第二日会議行われる」。
(93)　『朝鮮中央通信』二〇二二年九月九日「核武力政策に関する法令を発布」。
(94)　『労働新聞』二〇二二年九月九日「朝鮮民主主義人民共和国最高人民会議第一四期第七回会議第二日会議行われる」。
(95)　『労働新聞』二〇二三年一月二〇日「朝鮮労働党中央委員会第八期第六回政治局会議進行」。
(96)　『労働新聞』二〇二二年一一月一九日「核には核で、正面対決には正面対決で、朝鮮労働党の絶対不変の対敵意志厳かに宣言　金正恩同志が朝鮮民主主義人民共和国戦略武力の新型大陸間弾道ミサイル試射を現地で指導」。

（97）『労働新聞』二〇二三年一月一日「偉大なわが国家の富強・発展とわが人民の福利のためにいっそう力強く闘っていこう　朝鮮労働党中央委員会第八期第六回総会拡大会議に関する報道」。

第6章　金正恩政権の外交戦略と日本

朴　正　鎮

はじめに

北朝鮮の核危機が始まってから三〇年が経とうとしている。北朝鮮がテロ集団ではなく国民国家である以上、北朝鮮における「核」は自国の安全保障論理の上に存在する。よって、北朝鮮による脅威は長期にわたって国際社会の非難と警戒の対象となったが、その本質は抑止であり生存が目的となる。その目的を果たすということで、金日成《キムイルソン》政権は第一次核危機（一九九三年）を起こした。金正日《キムジョンイル》政権による第二次核危機（二〇〇三年）も同じ論理に立っている。いずれも北朝鮮の核拡散防止条約（ＮＰＴ）からの脱退宣言が行われ、それをもって「危機」と呼ばれた。北朝鮮の核危機は核の保有や実験ではなく、核不拡散

表1　金正恩政権における核武装の拡大段階

時　期	核武装の段階
2012～13年	「核保有国」であることを憲法に明文化し、「核保有国の地位」に関する法令を採択
2013～14年	HEU を中心に核物質を保有、短距離ミサイル性能改善
2015～16年	核分裂爆弾の技術確保、中距離ミサイル実践能力確保
2017～18年	水素爆弾の技術確保、中長距離ミサイル実践能力確保およびミサイル多種化体系の構築

出典：チョン・ソクニュン『金正恩政権の核戦略と対外・対南戦略』統一研究院、2017年、49～50頁（韓国語）。

という国際レジームに対する挑戦から始まったのである。だからこそ国際社会の関心を集め、国連から制裁を受けることになる。

金正恩《キムジョンウン》時代は第二次核危機の延長線上にある。だが、その脅威のあり方は先代のそれとは明らかに異なる。金正恩時代における北朝鮮の核危機は核武装の拡大と実験の反復を特徴とする。これまで北朝鮮では六回にわたる核実験があったが、そのうち四回が金正恩政権によって行われた。この政権が登場した二〇一一年から二〇二一年までの一〇年で九〇回以上の弾道ミサイル発射実験があり、その後も核武装は段階的に拡大している[1]。

金正恩政権によって北朝鮮の核兵器は実在するようになり、米国と韓国に対する先制攻撃まで公言するほど、核戦略は攻撃的に展開されてきた。しかし、その一方で攻撃の対象であるはずの米国の大統領と数回にわたり親書を交換し、史上初となる首脳会議を実現させた。その回数は三回にまで至る。韓国の大統領とも二度の首脳会談の場を持ち、金正恩のソウル訪問まで取り沙汰された。こうした一連の動きは北朝鮮の非核化プロセスと呼ばれた。極めて対照的な核戦略の展開である。非核化プロセスに込められた北朝鮮の真意は論争の対象である。その主役である金正恩のリーダーシップもいまだ不明な部分が多い。それらを探るため、本章は金正恩政権の外交戦略を分析し、それが実践された例として、米朝関係と南北関係を論じる。(2)さらに日朝関係についても検討することで、北朝鮮の非核化プロセスにおいてほぼ論外にされてきた日本の戦略的位置づけを確認し、その含意を考える。

1　金正恩政権の国家戦略と日朝関係

(1) 権力継承と並進路線の登場

北朝鮮の外交戦略は金正恩個人のリーダーシップによるものではない。金正日死去の約三カ月前の二〇一〇年九月二八日に、金正恩は第三回朝鮮労働党・党代表者会議で後継者として公式化された。当時二六歳の若さである。権力継承の過程は短期間かつ圧縮的に行われた。金正日の死去から三カ月後の二〇一二年四月一一日の第四回党代表者会議で、第一秘書をはじめ党・政・軍における最高位の職責をすべて金正恩が承継した。その後七月一八日に、党中央委員会・党中央軍事委員会・国防委員会・最高人民会議常任委員会連名の「重大報道」を通じて、「元帥」と呼称されることになる。これは、三〇年以上の後継体制と統治経験を通じて形成された金正日のリーダーシップとは対照的である。(3)

権力継承が行われた党代表者会議とは、長期路線と緊急事案に関する問題を決定するための臨時会議であり、最高意思決定機関である党大会に準ずるものである。金正日時代には党大会はおろか党代表者会議すら開催されなかった。党大会は金正日が公式の後継者となった一九八〇年の第六回大会が最後である。その時選出された約二〇〇人の党中央委員会の委員や候補委員が、その後三〇年以上北朝鮮を統治してきた主流グループである。党代表者会議の招集と金正恩への権力承継も彼らの意思が反映されたものであった。権力基盤の安定的な維持のためには「白頭血統」（建国の祖である金日成の直系）の世襲が必要だと判断したのである。北朝鮮の外交戦略もこの権力エリートらによる集団指導の結果といえる。それは核とミサイル問題に現れている。

二〇〇九年五月に行われた二回目の北朝鮮核実験は、金正恩への後継体制の始まりを知らせるシグナルであった。権力継承が一段落した二〇一二年四月の第四回党代表者会議の二日後には、光明星三号の発射があった。この発射実験自体は失敗に終わったが、そこには米国に対するメッセージが込められていた。米朝両国はすでに同年二月二九日に「長距離ミサイル発射、核実験および活動に関するモラトリアム」を含む合意文を発表していた（二・二九合意）。オバマ政権で初の米朝合意である。それが光明星三号の発射によって事実上破棄されたことになる。光明星三号の発射当日は最高人民会議が開かれ、金正恩が国防委員会第一委員長に就任すると同時に、北朝鮮を「核保有国」として明記した改正憲法が採択された。一二月一二日には北朝鮮における最初の人工衛星といわれている光明星三号二号機を発射し衛星軌道への投入を成功させている。

二〇一三年一月一日には金正恩が国防委員会第一委員長として初の新年の辞を発表し、米国の「侵略的アジア支配政策」によって朝鮮半島が「世界最大の熱点地域、核戦争発源地になりつつある」という情勢認識を示した。しかしその一方で同月三日には国連安保理は光明星三号の発射を受け、北朝鮮に対して軍事的に転用される恐れがある全品目に輸出統制をするという内容の制裁決議第二〇八七号を採択した。それに対抗する形で、北朝鮮は二月一二日に第三回核実験を行った。そして三月三一日の党中央委員会総会で「経済建設と核武力建設の並進路線（以下核・経済並進路線）」を提示し、それに連なる措置として、四月一日の最高人民会議では「自衛的核保有国の地位をさらに固めることについて」という法令を承認した。こうして金正恩時代の新しい戦略路線が登場したのである。(4)

核・経済並進路線の決定過程には党組織の改編が伴っていた。まず、金正日時代には機能しなかった党中央委員会党政治局が二〇一一年一二月の党中央委員会総会で復活した。党政治局会議の再開は軍に対する党の指導が復活したことを意味する。二〇一二年四月の党代表者会議で崔竜海《チェリョンヘ》が党政治局の常務委員に任命され、党中央軍事委員会委員ならびに朝鮮人民軍総政治局長を兼任することになったことが、それを象徴している。軍部のナンバーワンとして台頭した崔竜海は、軍出身ではなく党のエリートである。金日成とともに北朝鮮で最も尊敬されている抗日バルチザン崔賢《チェヒョン》の息子でもある。革命第二世代の代表格として崔竜海が朝鮮人民軍総政治局長を務めることで、軍より党の経済エリートの影響力が大きくなった。朴奉珠《パクポンジュ》が軽工業部長を経て、二〇一三年四月に内閣総理になったのが代表的な例である。朴奉珠は軍需経済より「人民経済」を重視している人物として知られている。

軍から党への権力の移行は権力闘争と世代交代を伴っていた。張成沢《ジャンソンテク》国防委員会副委員長の処刑（二〇一三年）を始まりに、玄永哲《ヒョンヨンチョル》人民武力部長の粛清（二〇一五年）、そして金正男《キムジョンナム》の暗殺（二〇一七年）が後次いだ。党と内閣では革命第三世代が浮上し、一部の第四世代も政治舞台に登場した。革命第三世代と第四世代は朝鮮戦争の経験はないものの、「苦難の行軍」（一九九四年から九八年頃にかけて発生した大飢饉）を体験したことから経済復興への強い思いを持っている。新しい国家戦略はこうした世代交代の中で形成されたものである。それは党中央委員会政治局会議→党中央委員会総会→最高人民会議→内閣会議といった政策決定過程を経ていた。最終的に内閣が専門性に基づいた本務を始めたことで金正日時代には省略されていた公式な手続が蘇った。そして最終的に三十年以上開かれなかった党大会が予定された。それは「先軍」による非常体制からの脱却を意味する(5)。

このように、金正恩政権の国家戦略は核・経済並進路線を通じて、核保有国としての地位を確立するとともに、通常国家への復帰を目指していたことがわかる。しかしこの目標には論理的な矛盾が内在している。安全保障の手段として「核建設」を進めるほど、NPT違反に対する国際的な制裁が不可避となり「経済建設」は難しくなる。核保有国の地位を獲得するには非常体制の堅持が必要になることから、通常国家への復帰という目標とも矛盾が生じる。国際的に北朝鮮の核保有が認められることは核不拡散の国際レジームに反することである。その実現を本当に目指すのであれば、米国や国際社会との長期にわたる対立に備えた国内統制と国民動員が必要となる。その一方で、通常国家への復帰のためには米国との関係改善と制裁解除を通じた安全保障と経済復興が必要であり、政権の支持基盤もそこから生まれる。しかしそれには北朝鮮非核化が前提となることは明らかである(6)。

国家戦略の変化によって他国への政治的行為、すなわち外交も変わることになる。核保有国の地位という目標はその方法論においても整合性が欠けていたが、とりわけ外交戦略は具体的な内容が提示されなかった。金正恩政権には実権を持った外交戦略の設計者も見当たらない。ただし、核・経済並進路線は大国の援助に依存しないという「自強」の論理に基づいており、そこには、中国との一定の距離感が見てとれる。それも金正恩を取り巻く主流エリートたちの集団意思といえる。また、金正恩への権力継承過程で確認されたのは核武装を可視化することであり、そのターゲットは米国であった。その中で韓国に対する姿勢も強硬になっていた。そこに実際に核不拡散の国際レジームを解体させる意図があったのかは不明だが、第七回党大会の開催を目処に金正恩政権は国際環境の変化を試みたのは確かである。その実践における最初の対象は日本であった。

（2）日朝ストックホルム合意へ

二〇一三年五月に安倍晋三首相の特使として飯島勲内閣官房参与が訪朝した。その後同年一二月から翌年の三月まで中国、ベトナム、香港などで日朝間の非公式会談が続いた(7)。二〇〇二年の日朝平壌宣言の後、日朝間の公式関係が途絶えた契機は、北朝鮮が提供した拉致被害者である横田めぐみの遺骨に関するDNA検証問題であった。北朝鮮当局が「死亡」したと主張する一方で、日本政府は「生存」を前提としたため対立が生まれていた。この対立が解消されない限り日朝間の対話と交渉は難しい状況であった。こうした状況が飯島参与の訪朝によって転機を迎えることになる。二〇一四年三月にウランバートルで横田夫妻と横田めぐみの娘であるキム・ヘギョンとの面談が実現したからだ。キム・ヘギョンの証言によって横田めぐみの「死亡」が覆える可能性は低い。それを承知の上で日本政府は北朝鮮にアプローチしたことになる。

日本政府の対北朝鮮政策に変化が確認されたので北朝鮮も積極的に呼応した。その後二〇一四年五月二六日から二八日までストックホルムで開催された日朝局長級会談で、拉致被害者調査および対北朝鮮制裁解除で両国は合意した（日朝ストックホルム合意）。合意が成された際に日本外務省側は「拉致問題解決の手掛かりを摑んだ」と評価した。実際の合意文書の詳細を見ると、拉致被害者のみならず「一九四五年前後に北朝鮮域内で死亡した日本人の遺骨および墓地、残留日本人、日本人配偶者」について調査するとの記載があり、再調査の対象が増えていたことがわかる。「日本人配偶者」とは在日朝鮮人帰国事業で北朝鮮に移住した日本人配偶者やその家族を指す。合意文書では「全ての日本人に関する調査」と表現され、拉致被害者の再調査とともに「包括的かつ全面的」な実施を定めている(8)。日朝平壌宣言以来、拉致問題以外の事案で合意が行われたのは初めてであった。

日朝ストックホルム合意に至るまで、韓国や米国との事前調整を行っていなかったのも前例のないことであった。困惑したのは韓国の朴槿恵《パククネ》政権である。慰安婦問題をめぐる緊張の高まりで日韓関係が悪化していた一方で、日朝関係は南北関係に直接影響を及ぼすため、韓国もまた当事者だったからだ。米国にも事前協議の申し入れはなかった。光明星三号の発射による「二・二九合意」の破棄によって、オバマ政権の北朝鮮核問題に対する姿勢が厳しいものになっていた時期である。日朝ストックホルム合意は、北朝鮮核問題が未解決のままでは日朝関係の進展はない、といった従来の図式がもはや説得力を持たないことを示していた。拉致問題が日朝間の双務的な議題として定着し、それによって多国間関係に左右されてきた日朝関係が二国関係としての性格を強めたことを、この合意は表していた。

日朝ストックホルム合意を受け、安倍晋三内閣は北朝鮮に対する独自の経済制裁の一部を解除することで拉致問題と北朝鮮核問題とをいったん切り離した。これは、「北朝鮮核・ミサイル問題の包括的解決」という日本政府の公式的立場を後退させた措置といえるが、まったく新しい措置というわけではない。北朝鮮核問題と切り離した拉致問題の追加調査と経済制裁の一部解除という解決方式は、二〇〇八年六月の日朝実務者協議でも合意されたことがある。当時は福田康夫首相の退陣によってこの合意は白紙となった。

民主党政権時に再び推進されたが、これもまた東日本大震災の混乱によって継続されなかった。つまり日朝ストックホルム合意はそれまで棚あげされていた解決方法を実行に移したものともいえる。

日朝ストックホルム合意で北朝鮮は、拉致被害者が確認された場合には即時帰国を約束し、拉致問題解決のための特別調査委員会を設置した。日朝平壌宣言以後、「拉致問題はこれ以上存在しない」としてきた北朝鮮の公式的立場も事実上撤回されたことになる。さらに特別調査委員会には国家安全保衛部の徐大河《ソデハ》安全担当参事を委員長として任命し、その下には四つの分科会（拉致被害者分科会、行方不明者分科会、残留日本人および日本人配偶者分科会、日本人遺骨問題分科会）を設け、国家安全防衛部、人民防衛部、朝鮮赤十字中央委員会など部門別に局長級以上の責任者が調査を担当した。この点から調査の実行力に対しても期待が寄せられた[9]。

日朝ストックホルム合意に込められた北朝鮮の意図については、これまでは経済問題が主な要因として考えられてきた。北朝鮮の当面の目標は日本による経済制裁の解除であり、その後日本からの投資や経済支援を期待したということである。しかし、北朝鮮の日本に対する経済依存度はゼロに近い状態であった。日本の経済制裁は当初から北朝鮮を動かす交渉のレバレッジではなかった。北朝鮮の経済危機は長期化しているが、日朝ストックホルム合意があった二〇一四年頃は危機の度合いがとりわけ深刻であったとはみられない。北朝鮮経済に大きな影響を及ぼしていた中朝交易が中断または低調になったわけでもない。当時の中朝交易や過去の「南北経協」に相応するほど大規模な日朝間の経済協力は、日朝国交正常化が視野に入らない限り実現可能にはならないのである。

日朝ストックホルム合意が日朝国交正常化に直結することはありえない。交渉の際に北朝鮮は拉致問題以外の議題を追加して交渉のカードを確保し、複数の合意事項を課することによって時間を稼ごうとしていた。そこには日朝ストックホルム合意を一過性のものとして終わらせまいとする意図が窺える。仮に北朝鮮が経済協力を求めたとしても、それを実現させるためには第一二回を最後に途絶えていた日朝国交正常化本会談を再開しなければならない。日朝国交正常化本会談には北朝鮮の核とミサイル問題に関する議題が「国際問題」としてすでに設けられている。「国際問題」は日朝間の双務的議題ではないので、南北関係はもちろんのこと、なによりも米朝関係が変化しなくては進展しない。北朝鮮が日本との関係で重視したのは経済的な利害より、日朝ストックホルム合意が第一三回日朝国交正常化本会談の再開に繋がるステップにあった。

それ以前の北朝鮮の日本に対する外交的接近は、一九七〇年代のデタントと一九九〇年代のポスト冷戦を背景に行われた。いずれも国際関係が大幅に揺れ動いた時期であり、それに対応するために北朝鮮は対日政策のみならず外交戦略の見直しも行っていた[10]。飯島参与の訪朝から日朝ストックホルム合意に至る時期も、北朝鮮国内では権力継承とともに新しい国家戦略が現れていた。金正恩政権にとっては、第七回党大会を成功させるためには対外関係における成果が必須の時期であった。そこで日本との関係改善は米国との関係を図るためのテストケースだったといえる。日朝ストックホルム合意が実行段階にあった約二年間、北朝鮮が核実験を行わなかった理由はそこにある。

二〇一四年一〇月二八日に、外務省の伊原純一アジア大洋州局長が率いる訪朝団が平壌を訪れ、特別調査委員会の活動結果を直接聴取した。日朝ストックホルム合意の実行が膠着をみせたのはこの伊原局長の訪朝からである。当時の詳細は明らかになっていないが[11]、日本側が拉致被害者に関する調査結果をまず要求したことに対して、北朝鮮側は残留日本人の問題の同時解決を主張したと言われている。だが、これは北朝鮮からすると想定内の対立であったであろう。それまで安倍首相は訪朝を計画するほど意欲をみせていた。ところが、七月一六日にケリー米国務長官が岸田文雄外相との電話会談において、米国と「事前に十分な議論なしに」安倍首相が訪朝することには反対する旨を伝えたことが公になった。北朝鮮が核を放棄しない限り、対話には応じないというオバマ政権の「戦略的忍耐（strategic patience）」の姿勢が再確認されたといえる。この時期から日朝ストックホルム合意はすでに決裂に向かっていた(12)。

（３）第七回党大会――未完の外交戦略

金正恩第一書記は二〇一六年の新年の辞で、朝鮮半島から戦争の脅威を除去し緊張を緩和しようとした努力を米国が無視したと、非難を始めた。それから間もない一月六日に北朝鮮は四回目の核実験を実施した。最初の水素爆弾実験である。引き続き二月七日には光明星三号より約二倍の大きさの光明星四号の発射実験も行った。北朝鮮は一層強化された核武力をみせつけたのである。これを受け国連安保理は三月二日に制裁決議第二二七〇号を採択し、石炭など鉱物輸出に対する「分野別制裁」を初めて適用した。これは北朝鮮の最大の外貨収入源に直接打撃を与える措置で、国民生活に関連する経済活動にまで影響を及ぼす厳しいものであった。これまでの国連の制裁決議は北朝鮮の「不法的な行為」に焦点を当てていたが、第二二七〇号は北朝鮮そのものを「不法的な存在」として扱い始めたのである。

こうした中で二〇一六年五月六日から第七回党大会が開催された。この大会では対外関係に関する強硬な姿勢が示された。金正恩第一書記は総括報告で南北関係を「最悪の対決状態」としながら「統一大戦」

の可能性にすら言及し、大会決定書では米国が「世界平和と安全の狂乱者、破壊者」として非難された。米国を「主な打撃対象」に設定し「核武力の質量的な強化」を通じて「東方の核大国」を目指す一方で、二〇二〇年を目処に国家経済発展五カ年戦略を打ち出した。核・経済並進路線を堅持するということであるが、経済に関しては今後五年間の「計画」ではなく「戦略」になっており、具体性が欠けていることがわかる。五年という期間は第八回党大会を想定したものであったが、米国との関係が定まらない限り、その展望は不透明にならざるをえなかった。

第七回党大会には約三四〇万人の党員が参加したが、その五割以上が新規党員であった。三六年ぶりの開催だったのでこれは正常な入れ替えだといえる。第七回党大会から二〇一七年一〇月の第二回党中央委員会総会に至るまでは、党政治局など中央委員会の委員や候補委員が大幅に刷新された。金与正《キムヨジョン》が政治局候補委員として権力の中枢に入り、革命第三世代が党や国家機構の要職に続々と配属された。この過程で新しい外交エリートらが台頭した。北朝鮮外交の顔であった革命第二世代の李洙墉《リスヨン》が外相から退いた一方、中央委員に新たに加わった李容浩《リヨンホ》がその後継となった。党統一戦線部長になった金英哲《キムヨンチョル》は党中央委員会副委員長および政治局委員として対南事業のみならず対外関係の中心人物となった。六者会合の北朝鮮代表として活躍した崔善姫《チェソンヒ》（外務省米国局局長）と南北実務者会談の北側代表であった李善権《リソンゴン》（最高人民会議外交委員）も第七回党大会を機に対米関係に携わることになった(13)。

第七回党大会直後の六月の最高人民会議では、憲法を改定して国防委員会を廃止し、代わりに国務委員会を新たに設置することが決まった。これで金正恩は第一国防委員長ではなく国務委員長の肩書きを持つようになった。国防委員会の歴史的役割を終わらせることで通常国家を目指す方針を法制度として再確認したといえる。ただ、経済建設の展望が不透明な状況で先軍政治は維持された。第七回党大会で示された金正恩政権の国政運営は過渡期的な「党による先軍政治」であり、外交戦略の詳細は未完成のまま、ひとまず対外政策の対象を米国に集中させた。それは八月二四日の北極星一号の打ち上げに表れている。北極星一号は潜水艦発射弾道ミサイル（ＳＬＢＭ）である。米国に対する先制攻撃（preemptive-strike）能力の誇示であった。九月九日にはＴＮＴ（トリニトロトルエン）約一〇kt規模の核実験を再開した。これはとりわけ米国の大統領選挙を意識したものであった。

二〇一七年一月に登場したトランプ米政権は北朝鮮に対する制限的先制攻撃を意味する（いわゆる「鼻血作戦《ブラッディーズ》」）の可能性も検証するなど、オバマ政権とは異なる対応をみせた。対北朝鮮政策の推進はポンペオＣＩＡ局長に任され、ＣＩＡにはコリアミッションセンターが新設された。特定の国家を対象にした大規模組織をＣＩＡが立ち上げるのは異例である。トランプ政権発足三カ月でまとめられた対北朝鮮政策は「最大限の圧力（maximum pressure）」を基本方針とするものであった。軍事・経済的圧力を最大限に引き上げ、必要であれば体制の転覆も辞さないという姿勢が示された。それと同時に、あらゆる選択肢はテーブル上にあるとし、対話も排除しないと呼びかけた(14)。

それに対する答えとして北朝鮮は七月四日と二八日の二回にわたって火星一四号の発射実験を強行した。今回は人工衛星ではなく大陸間弾道ミサイル（ＩＣＢＭ）であると公表した。これに対しトランプ大統領は北朝鮮が「炎と怒りに直面することになる」と警告し、国務省は八月一六日に、核実験の中断、ミサイル発射実験の中断、域内を不安定化する行動の中断といった米朝対話のための三つのガイドラインを提示した。しかし北朝鮮は九月三日にＴＮＴ約一〇〇～三〇〇キロトン規模の六回目の核実験を続行し、一一月二九日には火星一五号を発射することでこの呼びかけへの拒絶を示した。火星一五号の推定射程距離は一万三〇〇〇キロメートルでニューヨークやワシントンにも到達可能である。これをもって朝鮮中央通信は北朝鮮が「核武装を完成した」と宣言した。この宣言は米国に対する全面対決姿勢の継続であったが、同時に北朝鮮の核戦略における新しいステップの始まりでもあった。(15)

2　北朝鮮非核化プロセスをめぐる攻防と日本

(1) 北朝鮮非核化プロセスの始まり

二〇一八年の新年の辞で金正恩国務委員長は「米国本土全域が我々の核攻撃の射程圏内にあり、私の執務室のデスク上には常に核スイッチが置かれている」と述べた。ところが、三月八日に金正恩委員長からトランプ大統領宛に親書形式の招待状が届いたことが明らかになる。これに対する米国の反応も予想を超えていた。親書を受け取ってから約一時間後にトランプ大統領は金正恩委員長との首脳会談を決定したのである。これは米国務省やホワイトハウスの決定ではなくトランプ大統領個人の決断であった。トランプ大統領は金正恩委員長からの親書がその間の「最大限の圧力」の政策効果であると判断したのかもしれない。他方で金正恩委員長はトランプ大統領のこうした対応は「核武装の完成」による成果であり予想どおりの反応だと評価した可能性もある。いずれにせよ、両国の最高リーダーの決断をなくしては実現できない劇的な変化であった。

その後、北朝鮮は南北関係を媒介として米国にアプローチした。金正恩委員長は、二月九日に開幕した平昌オリンピックに、金永南《キムヨンナム》最高人民会議常任委員会委員長を団長とし金与正と李善権らを含む代表団を派遣した。四月二七日には板門店で文在寅《ムンジェイン》大統領と首脳会談を行い、共同声明を発表した（南北板門店宣言）。南北板門店宣言を通じて北朝鮮は初めて「完全非核化」を公約した。一方でトランプ大統領が首脳会談を受諾した後、金正恩委員長は三月と五月に北京と大連で習近平中国主席とも首脳会談を行った。中朝関係を背後にしながら米朝首脳会談に臨んだのである。その間、四月二〇日には第三回党中央委員会総会を開いて「社会主義経済建設に総力集中」という新しい方針を掲げた。核・経済並進路線は「恒久的路線」とされたが、会議で核武装に関する議題は取り下げられていた。首脳会談を控えて米国に対する宥和を意識したものと思われる。

米国は四月一日にポンペオＣＩＡ局長とコリアミッションセンターの責任者アンドリュー・キムを北朝鮮に派遣し、米朝首脳会談のための事前調整に着手した。ポンペオはその後四回にわたって訪朝することになる。五月九日には国務長官として訪朝し金正恩委員長と首脳会談の議題について議論した。この時北朝鮮はスパイ容疑で抑留していた三名の韓国系米国人を釈放した。それだけでなく、二四日には咸鏡北道吉州郡にある豊渓里の核実験場を破壊するほか、核・ミサイル発射実験モラトリアム、反米宣伝中断などを次々と行った。北朝鮮が非核化のために取ったと主張する「先行措置」であった。

トランプ大統領と金正恩委員長による最初の米朝首脳会談は、全世界の注目のもと六月一二日、シンガポールのセントーサ島で実現した。会談で両首脳は「新しい米朝関係の樹立と朝鮮半島における恒久的かつ確固たる平和体制の構築を目指す」ことに合意した。そのためにトランプ大統領は北朝鮮に安全を保障し、金正恩委員長は朝鮮半島の完全非核化に努めることを宣言した（米朝シンガポール宣言）。この宣言は平和体制という目標を明記し、北朝鮮の非核化の意思を再確認するという成果を挙げた。しかし予想されていた終戦宣言はなく、完全かつ検証可能で不可逆的な非核化（ＣＶＩＤ）は合意に至らなかった。非核化の定義とその過程が不明のままであったのである。そして米朝シンガポール宣言の意味をめぐって両国は異なる見解を示し始めた[16]。

会議翌日、『労働新聞』三面の記事で米朝両首脳が「朝鮮半島の平和と安定、朝鮮半島の非核化過程における段階別、同時行動の原則を遵守することが重要であるという認識で一致した」と報じ、「相手を刺激し敵対視する軍事行動を中断する勇断を下すべきだ」と論じた。その主張通り、北朝鮮は二〇一八年七月六日のポンペオ国務長官の三回目の訪朝から、ロケット発射試験場の撤去を開始し、朝鮮戦争時の米軍兵士の遺骨を返還した。こうした北朝鮮による「先行措置」は、対米交渉を同時行動、段階別実行の論理で進めるための布石であった。信頼関係の構築を建前に、北朝鮮は長期的な非核化プロセスを想定し、その過程で最大限の譲歩を引き出す戦略であったことがわかる。

一方、五月に平壌を訪問した際にポンペオ国務長官は、最初の措置として「核の申告」を北朝鮮に要求した。申告の対象は核施設や核物質、そして核兵器そのものであった。北朝鮮の段階別同時行動の原則からすれば、その全貌を公開することはありえない。ポンペオ国務長官のこうした要求は北朝鮮非核化に対する米国のスタンスが一括妥結方式に傾斜しつつあったことを示唆していた。その頃、ワシントンでは谷内正太郎国家安全保障局長とボルトン国家安全保障問題担当大統領補佐官との間で意見交換が行われていたが、そこでボルトン補佐官は北朝鮮の非核化が完了するには「六〜七カ月で十分」と見通していた[17]。また、韓国国家情報院の徐薫《ソフン》院長は七月二八日に韓国国会で「非核化の第一目標は北朝鮮の核弾頭を六〇％

程度なくすこと」であると述べた。これは直前の米国との意見交換の内容を踏まえた発言であった。

七月七日、北朝鮮の外務省スポークマンは「核の申告」を「泥棒のような非核化要求である」と非難した。その後八月に予定されていたポンペオ国務長官の訪朝もキャンセルされることになる。だが、九月六日に金正恩委員長はトランプ大統領宛に再び親書を送り「今後も一つずつ意味のある追加的措置を取る」と伝えた。首脳レベルの外交で交渉の破綻を防ごうと意図したと思われる。この「追加的措置」は南北関係を通じて示された。九月一九日に平壌で金正恩委員長は文在寅大統領と三回目の首脳会談を行った。その後発表された共同宣言には、関連諸国の専門家らの参観の下で寧辺核施設を永久に破棄するという内容が盛り込まれた（南北平壌宣言）。「参観」と「永久的破棄」はCVIDを意識した用語である。ただし、寧辺核施設の破棄は「米国の相応の措置」がある場合という条件付きであった。局面転換のために、北朝鮮が新しく持ち出した、いわゆる「寧辺カード」である(18)。

金正恩委員長は二〇一九年新年の辞で、トランプ大統領との首脳会談の意思を改めて示し、一月八日には北京を訪問して習近平主席と四回目の中朝首脳会談を行った。中国は北朝鮮非核化に関して「双中断」（北朝鮮の核・ミサイル開発と米韓軍事訓練の同時中断）と「双軌並行」（朝鮮半島の非核化と平和協定の並行推進）を主張した。これは、北朝鮮の交渉戦略を支持するだけでなく中国の安全保障にとっても有利になる提案であり、加えて北朝鮮に対する中国の影響力をアピールする狙いもあった。ワシントン、ストックホルム、平壌では米朝首脳会談のための実務者協議が進んだ。米国からは北朝鮮政策特別代表に任命されたビーガンが外務副相に昇進した崔善姫との協議に臨んだ。しかし崔善姫は、米朝首脳会談当日まで「寧辺カード」に対して米国が取るべき「相応の措置」を明らかにしていなかった。

第二回米朝首脳会談は二〇一九年二月二七日にベトナムのハノイで行われた。金正恩委員長が「寧辺カード」を切る代償として米国に要求した条件は会談後に北朝鮮側が設けた記者会見で確認された。会見で李容浩外相は「信頼調整と段階的解決の原則に基づいて現実的な提案をした」と前置きした上で、それは一部の経済制裁の解除であることを明かした。具体的に国連制裁の一一件中二〇一六年から二〇一七年の間に採択された五件、なかでも「人民生活に支障を与える項目のみ先に解除する」という内容であった。その上、核実験と長距離ミサイル発射実験を永久に中止する確約を明文化する用意があることも示した。それに対して、トランプ大統領は、すべての化学兵器と弾道ミサイルの放棄を含む北朝鮮非核化を条件に、経済的補償を提供するという「ビックディール」を提案した。だが結果は「ノーディール」であり、ハノイ会談は実質的成果なしで終わった(19)。

「ビックディール」の提案は予想外の側面があるものの、その内容は決して唐突なものではない。米国は一貫して「核不拡散体制の論理」から北朝鮮核問題に向き合ってきたからである。米国からすると北朝鮮の行動はＮＰＴ違反行為に過ぎない。よって、北朝鮮との非核化に関する基本議題は、北朝鮮による核の申告と検証を通じた破棄であり、その実行も当然北朝鮮のみに課せられる義務になる。しかしそれは一方的に武装解除を強いることであるというのが、北朝鮮の立場であった。こうした立場は朝鮮半島の「停戦体制の論理」に立脚していた。停戦条約上、米国はいまだ対戦中の敵国であり、その圧倒的な核脅威に対抗して北朝鮮が核を保有して抑止を図ることは主権国家として当然の自衛行為になる。したがって米国との平和協定の締結こそが非核化の前提となる基本議題なのである。そのためには米国が軍事演習の中止などの安全保障上の譲歩を行うのは相互主義に基づいた義務となる。

このような対立においては、そもそも米朝の間で非核化の定義をめぐって合意を形成するのは難しい。北朝鮮にとって非核化とは「朝鮮半島の非核化」であり、北朝鮮非核化は同時に、米国による核の傘（あるいは核の拡張抑止力）からの韓国の除外が伴わなくてはならない。この定義に基づけば米朝交渉および合意は、北朝鮮の非核化に比肩するものとして米国との平和協定がなくてはならないという、いわば「安保（非核化）対安保（平和協定）」の構図になる。信頼関係が構築されるまでは相互に武装解除（軍縮）が必要であり、そのためには段階的解決および同時行動の原則にもとづくべきだという主張は、ここに由来する。それに対し、米国にとっての非核化は「北朝鮮非核化」であり、それに対する見返りはＮＰＴ違反によって北朝鮮に課された経済制裁の解除のみになる。これは「安保（非核化）対経済（制裁解除）」の構図による交渉および合意といえる[20]。つまり、経済制裁の解除は米国にとって唯一の交渉カードであり、交渉カードが限られているので一括妥結方式を通じて非核化を短期間で実現させる必要があったのである。

ハノイ会談でトランプ大統領側の交渉戦略が一括妥結方式に収斂された理由は、そこにあった。会談当日までボルトンとビーガンが合意方式をめぐって対立していたことが知られているが、だからといって特定の強硬派の主張のみが反映されたわけではない。非核化の前に北朝鮮に安全保障を提供することは米国にとって論外のことだったのである。第一回米朝首脳会談を前に米韓軍事演習を一時中断させたのは、ホワイトハウスの戦略的な判断ではなく、トランプ個人のリーダーシップによる決断である。北朝鮮の「事前措置」の見返りとして米国の核戦略の展開を想定する軍事訓練を中止することは、核保有国としての北朝鮮の地位を認めることに繋がる。米朝シンガポール宣言で米国は平和協定を約束したが、それは北朝鮮の非核化後の実行課題である。そして米朝ハノイ会談でみせたトランプ大統領の対応は、あくまでも核の不拡散体制に関する米国の基本スタンスを反映するものであった。

それに対して、ハノイ会談で金正恩委員長が「寧辺カード」の見返りとして経済制裁の解除を要求したことは注目に値する。これは結局「安保対経済」の構図であり、それは北朝鮮が「核不拡散体制の論理」下で交渉に臨まざるをえなかったことを物語っている。核をめぐるこうした安保と経済の非対称的な交換は、旧ソ連の諸共和国の非核化のために行った協力的脅威削減計画（ＣＴＲ）にその原型がある。北朝鮮の第一次核危機以来の米朝間合意にも同様のパターンが確認される。その上、ハノイ会談で北朝鮮側は、合意を履行しない場合は制裁を復活させるというスナップバック（Snapback）方式にも反対していなかった。この方式はイラン核合意の際の包括的共同行動計画（ＪＣＰＯＡ）に含まれていることで知られている。このことから、公式的立場とは違って、北朝鮮の核保有国としての地位というスローガンは、交渉の目的ではなく手段であったことがわかる。

(2) 平昌イニシアティブと日韓関係

北朝鮮非核化プロセスの背景には南北関係の急進展があり、韓国政府の意欲的な取り組みがその推進力となった[21]。二〇一七年五月に成立した文在寅政権は北朝鮮の核とミサイル挑発が集中的に続いたにもかかわらず、翌年に予定された平昌オリンピックの南北共同開催を呼び掛けた。二〇一八年一月一日に金正恩委員長が新年の辞でそれに応じる旨を述べた直後に、文在寅大統領は南北対話を提案するとともに、平昌オリンピック期間中は米韓合同軍事演習を一時中断することにトランプ大統領からの同意を得た。平昌オリンピックでは前述のように金与正ら北朝鮮代表団の訪問が実現し、その後も鄭義溶《チョンウィヨン》国家安保室長らが特別使節団として訪朝して南北首脳会談の日程を調整する一方で、米朝首脳会談を仲介し始めた。金正恩委員長が「完全非核化」の意思を公式に示したのは四月二七日の南北板門店宣言であり、「寧辺カード」を打ち出したのは九月一九日の南北平壌宣言である。

文在寅政権は、北朝鮮の核問題の仲裁者の役割に撤しながら、終戦宣言といった具体的な仲裁案も提案していた。「当事者主義」を掲げ主役としての立場にこだわっていた歴代政権とは明らかに異なる姿勢であった。終戦宣言とは、二〇〇七年一〇月四日に盧武鉉《ノムヒョン》大統領と金正日国防委員長が合意した南北首脳宣言で初めて登場した案である[22]。当時は六者会合で九・一九共同声明が採択されて以降、核の破棄と検証の実行をめぐる交渉で米朝間の対立が激化していた。米国は、国交正常化と平和協定の締結は核の破棄と検証が実行されてからでなくては着手できないという立場であり、北朝鮮は、安全保障に不安がある状況で自国の核能力のみを漏出することはできないと主張していた。当時から前述した「核不拡散体制の論理」と「停戦体制の論理」が対立していたことが分かる。この時の終戦宣言の構想は、北朝鮮に対する安心供与の一環として米国の核の傘を北朝鮮の脅威にならないように位置づける試みであった[23]。

文在寅政権における終戦宣言という仲裁案も、非核化の実行と平和協定の締結の入り口として設計されたものである。それは従来の六者会合から四者会談（南北朝鮮と米中）へと、新しい多国間枠組みを模索する意味を持っていた。終戦宣言を平和協定に繋げるには停戦協定の署名国が関わる必要があり、特に中国の立場が重要である。習近平主席は二〇一八年九月にウラジオストクで開かれた東方経済フォーラムに出席した際に、終戦宣言の当事者は北朝鮮、韓国、米国であると述べた。中国は国際法上の変化を伴う平和協定に対して当事者の立場を明らかにしたが、政治的な性格が強い終戦宣言に対しては柔軟に対応したのである。一方で米国は終戦宣言を可逆的なものと限定した上で受け入れを検討した。特にトランプ大統領は米朝首脳会談の成果を世論にアピールする手段とみなした(24)。しかし、六月の米朝シンガポール宣言で終戦宣言は議題にされず、むしろ米国は核とミサイルの申告を要求することになる。

金正恩委員長は南北板門店宣言で終戦宣言に賛意を示したが、その後の北朝鮮の立場は一貫していない。シンガポール会談に先だって六月一日にホワイトハウスを訪問した金英哲党統一戦線部長は、終戦宣言に韓国が参加することには反対すると述べた。停戦条約に署名しなかった韓国は当時国とはいえないというのがその根拠だった。九月二六日の国連総会演説で文在寅大統領は、終戦宣言は「切実」であり「平和体制に至るまでに必ず踏まえるべき過程」であると訴えたが、二九日の李容浩外相の演説は北朝鮮に対する経済制裁の不当性の訴えに重点が置かれていた。韓国の構想とは異なり、終戦宣言は北朝鮮にとって非核化の履行における交渉手段にならなかった。一〇月二日付『朝鮮中央通信』の論評によると、「米国が終戦を望んでいないのであればそれにこだわらない」というのが北朝鮮の立場であった。

終戦宣言に対する関連国の立場はもともと異なっていたが、特に韓国と北朝鮮の認識は次第に乖離していった。しかし、文在寅政権は「ハノイノーディール」の後も終戦宣言を実現させるという目標を堅持した。そのために一〇月一〇日に康京和外交部長官は北朝鮮に対する韓国の制裁措置(五・二四措置)を撤回するとの計画を発表した(25)。これが実行されれば、「南北経協」と北朝鮮支援事業が再開し、北朝鮮の船舶が韓国海域を運航することが可能となる。南北関係の緊張を緩和することで非核化の膠着局面を突破しようという韓国側の試みであったが、北朝鮮に対する経済制裁に対する米国の立場とはかけ離れた対応であった。これに対して米国は北朝鮮政策の意見調整が必要であるとし、米韓ワーキンググループを発足させた。これは事実上、韓国への牽制措置であった。終戦宣言に対する文在寅政権のこうした執着は、「民族」や「統一」といったナショナリズムの言説を伴い、結果的には仲裁者としての韓国の影響力は弱まっていった。

一方、北朝鮮非核化プロセスにおいて日本は韓国とは異なるアプローチを試みていた。文在寅政権が発足してから慰安婦問題をめぐる日韓対立が再燃したが、核とミサイルによる北朝鮮の挑発に対しては協力関係が維持された。二〇一七年五月から年末まで日韓両首脳は三回にわたり会談を行い、電話会談も九回に上った。それまでは日本が北朝鮮に対する強硬な対応を主導したが、二〇一八年の平昌オリンピック前後の時期からは韓国がイニシアティブを取った。南北板門店宣言を前にして四月に行われた電話会談で、文在寅大統領は安倍首相に金正恩委員長との首脳会談を提案した。米朝のシンガポール会談が開催されることになってからは、日本政府も北朝鮮への姿勢に転換を図るようになる。五月一四日の衆議院予算委員会で、安倍首相は拉致問題の最終的な解決のために日朝首脳会談が必要であると明言した。

米朝シンガポール宣言を受け、安倍首相は六月一四日に総理官邸に拉致被害者家族会関係者を招待し、北朝鮮と直接向き合って拉致問題を解決する決意を示した。『朝日新聞』の世論調査によると、当時日本国民の六七%が日朝首脳会談の開催に賛成していた(26)。二六日には外務省アジア大洋州局北東アジア課の韓国担当の第一課を再編し、北朝鮮担当の第二課を新設した。ここからは独自の対北朝鮮チャンネルを復活させようとの意図が見てとれる。この頃、ウランバートルでは外務省アジア大洋州局の志水史雄参事官が北朝鮮外務省軍縮平和研究所のキム・ヨングク所長と接触し、ハノイでも北村滋内閣情報官が朝鮮労働党統一戦線部の金聖恵《キムソンヘ》統一策略室長と非公式会談を行っていた。そこには韓国国家情報部との連携があったことが知られている。南北関係が急展開する中、北朝鮮にアプローチするためには韓国に仲介を頼らざるをえない状況であった。

しかし安倍政権に対する北朝鮮の反応は厳しいものであった。北朝鮮非核化プロセスにおいて日本政府が具体的な役割を果たそうとして提案したのは、国際原子力機関（IAEA）による核査察に必要な初期費用を負担することであった。この提案に対して七月八日の『朝鮮中央通信』の談話は「日本は朝鮮半島問題に干渉する名分も資格もない」と非難した。八月には河野太郎外相がシンガポールで開かれたASEAN地域フォーラム（ARF）で李容浩外相と直接対話をしたが、日本との公式会談の再開については李外相は否定的であった。北京大使館や香港など第三国を通じた従来の北朝鮮との接触ルートもあったが、それが活かされた痕跡はない。日本が北朝鮮に積極的に対話を求めた六月から八月の間、『朝鮮中央通信』は八件の対日論評を発表しているが、いずれも日本は「まず過去を精算すべき」であるという論調だった[27]。

北朝鮮が対話の先決条件とした「過去清算」は、国交正常化本会談の議題の中の「基本問題」である。日朝ストックホルム合意の失敗を経験した北朝鮮が拉致問題の解決のみを議題にした首脳会談の提案を受け入れないことは明白だった。また、IAEAによる査察に費用を提供することをアピールして北朝鮮に対話を求めたところで効果はみこめない。北朝鮮の核に対する査察はCVIDにおける検証過程に当たる。北朝鮮の立場からすると、日本は対話を求めると言いつつ北朝鮮に対する姿勢にはまったく変化がみられないと映っただろう。実際に安倍内閣は従来の強硬な北朝鮮政策を維持していた。四月に行われた日米首脳会談で、安倍首相はトランプ大統領に北朝鮮非核化に加えて、大量破壊兵器とICBMだけでなくすべての中短距離弾道ミサイルの解体を求めていた。その後の米朝シンガポール会談でトランプ大統領は金正恩委員長に経済的補償の条件として提示した内容は、ほぼ安倍首相の提案通りのものだった。

安倍内閣のこうしたスタンスは文在寅政権とは大きな温度差があった。それが歴史問題をめぐる日韓対立と相まって、北朝鮮非核化における日韓連携は空転していた。一〇月に韓国の大法院が「強制徴用被害者」に対する新日本製鉄の賠償判決を下してから、日韓関係は最悪とも言われる局面へと向かった。その一方でシンガポール会談後、米朝関係が再び足踏み状態となり、日本政府は北朝鮮に対する警戒をさらに強めていった。なかでも北朝鮮船舶の違法な船荷の積み替えを防ぐために強化された海上自衛隊の朝鮮半島周辺に対する偵察活動は、一二月に「韓国海軍レーダー照射事件」にまで及んだ。韓国政府は現在もこの事件を「日本海上自衛隊の脅威飛行問題」とみなしている。このように相互不信がエスカレートしていく中、北朝鮮非核化に対する日韓両国の立場の相違は決定的なものになっていった。

二〇一九年七月に経済産業省は、韓国の半導体素材三品目に対する輸出規制を発表し、さらに韓国を外為法輸出貿易管理令別表第三の国（「ホワイト国」）から削除した。安倍内閣は文在寅政権の対日政策のみならず対北朝鮮政策も現状変更の行為とみなしたと思われる。ホワイト国リストから韓国を排除することは日本の安全保障政策において韓国の位置づけが見直されたことを意味する。ホワイト国リストから韓国を排除する根拠として、日本政府は韓国の北朝鮮への戦略物資移転疑惑を挙げていた。文在寅政権の北朝鮮政策に対する不信を公表したのである。それに対して韓国政府は日本との軍事情報包括保護協定（ＧＳＯＭＩＡ）を破棄すると宣言することで対応した。これは、北朝鮮核問題をめぐって行われてきた日本との共同対応を中止することを意味した。こうして日韓の対立は歴史問題を超え、安全保障問題にま

で波及していた。(28)

(3)第八回党大会——核戦略の更新と日本

二〇一九年六月三〇日に板門店で、トランプ大統領と金正恩委員長は三度目の会議を果たした(米朝板門店会談)。トランプは朝鮮半島の軍事境界線を越えて北朝鮮の地を踏んだ最初の米国大統領となった。こうした劇的な演出は予定されていなかった。両首脳の再会は即興的なものだったため、成果は皆無だった。米朝板門店会談はそれまでの最高リーダーシップによる北朝鮮非核化プロセスの限界を象徴する、最後のパフォーマンスだったといえる。日本政府が韓国をホワイト国リストから削除したのは米朝板門店会談の直後である。この会談を境に、南北関係も急激に後退していった。一年後の二〇二〇年六月一六日に北朝鮮は開城にある南北共同連絡事務所を爆破した。北朝鮮の韓国に対する不信は、韓国の仲裁で出された「寧辺カード」がハノイ「ノーディール」をもたらしたことから始まっていた。その後、北朝鮮非核化に向けた文在寅政権の取り組みは推進力を失っていった。

板門店会談後、米朝関係については七月一〇日に金与正が朝鮮労働党中央委員会副部長の肩書で「重大談話」を発表した。金与正は非核化のための同時行動の原則を強調した上で、米国が取るべき「重大措置は制裁解除ではない」とした。米朝ハノイ会談で北朝鮮が目指したのは決して経済制裁の解除ではなかったという主張であり、その後の対米交渉においては、安全保障には安全保障上の取引で応じさせるという方針で臨むという意味であった。対米交渉の日程は「現在の米国大統領との関係いかんによる」としながら、少なくとも二〇一九年度中は米朝首脳会談には応じないという意思を公式に明らかにした。これは一一月に予定されていた米国の大統領選挙を意識したものである。第八回党大会を控えた北朝鮮にとって、トランプ大統領が再選するか否かが重大な関心事となっていた。談話は「非核化をしないということではない」ことを強調しつつ、トランプ大統領に「良い成果があるように願う」という金正恩委員長の挨拶で締めくくられた。

しかし、米国でバイデン政権が誕生する中、二〇二一年一月五日に第八回党大会が開かれた。党大会では、党規約の改定が行われ、「民族解放民主主義革命の課業」が「自主的民主主義的発展」という文言に変わった。これは、党の長期戦略において韓国との関係の重要度が下がったことを示唆していた。金正恩委員長は国家経済発展五カ年戦略が全部門において目標達成に失敗したことを認めた。その上で「人民大衆第一主義」を掲げ、新たな経済発展五カ年計画が打ち出された。経済「戦略」が経済「計画」となったが、その詳細は相変わらず不明な部分が多い。新型コロナウイルス感染症のパンデミックが長期化し、第七回党大会以降は北朝鮮への制裁も一層強化された状況であった。トランプ大統領の再選が失敗したことで対米関係は再調整が余儀なくされていた。党大会において「計画」の詳細が打ち出せず、自力更生を強調することになったのは当然であったといえる。

第八回党大会では「非核化」という言葉が消え、代わりに核・経済並進路線が再確認された。経済発展五カ年計画の遂行を「基本戦線」としながらも、「戦略国家」として「核武力建設を中断なく強行推進」するということであり、その計画は詳細に示された。すでに超大型水素爆弾の開発とＩＣＢＭおよびＳＬＢＭが完成したので、多弾頭技術の完成、極超音速滑空体（ＨＧＶ）の開発、中型潜水艦の現代化、原子力推進潜水艦の設計・開発、無人打撃装備や軍事偵察衛星の確保など、核武装の高度化における目標が列挙された。ただし、「責任ある核保有国として、侵略的な敵対勢力が我々を狙って核を使用しない限り核兵器を乱用することはない」とした。これは米国を意識した言葉であり、党大会でも対米非難を自制していた。

第八回党大会で党政務局が党書記局に改編され、金正恩委員長は党総書記として改めて推戴された。党書記局には国際分野と対南関連の人材配置は見当たらなかった。対外戦略はそれまでと同様に党中央委員会の集団討論を通じて決定されていたことがここからみてとれる。その間、国際担当秘書役を担ってきた党国際部長の李洙墉は第八回大会で退き、党国際部第一部長であった金成男《キムソンナム》が国際部長に昇進した。中国留学を経験し金正日の中国語の通訳を担当していた金成男の昇進には、対中関係を重視する姿勢が表れている。その一方で党内の対南政策を担当してきた金英哲は党秘書局から外され、党統一戦線部長の職を解任された。金英哲は対米交渉における実務の調整も行ってきたが、その役割からも外されたと思われる。

それまで活躍していた対米外交ラインは第八回党大会前後の時期から全体的に後退した。李容浩外相は解任され、李善権が新任外相として党大会に出席した。李善権は党内で対米強硬派の一人として知られているが、党政治局候補委員の地位にとどまっていた点からすると、実際の政治的な影響力が拡大したとはいえない。外務省の副相であり党政治局委員であった崔善姫は候補委員に降格した。崔善姫は対米関係の責任者としての地位は維持していたが、彼女が率いていた外務省の対米交渉局には二〇二〇年四月から大幅な人事縮小が行われたとされる。これは第八回党大会の後、当分の間、対米交渉に向けた行動は取らない可能性を示唆する。(29)

第八回党大会以前には対日外交に関する人事の変更は確認されていない。北朝鮮の対日外交の最前線に

表２　北朝鮮外務省の日本研究所研究員名義の論評（2020年８月～11月）

発表日	論評の題名（主題）
８月31日	日帝の「韓日併合条約」強制締結は朝鮮国権強奪の犯罪（歴史問題）
９月５日	被害者たちに対する当然の道理（在日朝鮮人問題）
９月16日	犯罪国の風土から育った危険な毒素（歴史問題）
９月19日	地域の平和と安定を破壊する主犯（安全保障問題）
９月29日	百年河清をまつような愚かな盲動（拉致問題）
10月２日	日本は国連安保理常任理事国になる資格はない（歴史問題）
10月９日	世界を笑わせるな（歴史問題）
10月16日	危険極まりない武力増強の策動（安全保障問題）
10月25日	国際社会への挑戦、道徳的な卑劣さの極み（歴史問題）
10月30日	生きている霊魂たちの絶対（歴史問題）
11月５日	東海はわが国固有の名称（領土問題）
11月13日	万世が過ぎても許されない朝鮮国権強奪の犯罪（歴史問題）
11月20日	日本特有の人権実情（在日朝鮮人問題）
11月27日	見逃すわけにはいかない日本の海外膨張の策動（安全保障問題）

出典：北朝鮮外務省ホームページ（www.mfa.gov.kp/kp/）、公安調査庁『内外調整の回顧と展望』2021年１月、20頁。

立ってきた宋日昊《ソンイルホ》朝日修交交渉担当大使は、二〇一九年九月一八日に平壌を訪問した金丸信吾らの訪朝団との会談に姿を現した。そこで宋日昊大使は安倍首相が日朝首脳会談を目指すと公言して以来、「日本側との接触はまったくない」と明かした。また、一一月七日には「安倍は永遠に平壌の敷居をまたぐ夢さえ見てはならない」とする宋日昊談話が『朝鮮中央通信』によって発表されたが、これは従来北朝鮮が日本に見せてきた立場の繰り返しに過ぎなかった。二〇二〇年以後、北朝鮮の対日メッセージは主に外務省の日本研究所研究員の名義で書かれた論評で行われた。論評の主題は拉致問題をはじめとして、歴史問題、領土問題、安全保障問題、在日朝鮮人処遇問題など、多岐にわたっている（表２）。

　第八回党大会以来、北朝鮮外務省における日本担当部署は、中国担当とともに、アジア一局が担っている。その傘下に、日朝間の民間および政治家らとの交流事業を担う朝日交流協会と外務官僚、研究者、記者らを網羅するシンクタンクである日本研究所が設置されている(30)。朝日交流協会では党国際部部長の柳明鮮《リュミョンソン》が会長として金丸信吾訪朝団を迎えた。日本研究所の所長はアジア一局日本担当副局長である車成日《チャソンイル》が兼任し、日本に対する情勢分析と対日政策の立案に関わっていると思われる。軍縮平和研究所、米国研究所とともに外務省の三大研究所である日本研究所は日朝ストックホルム合意の失敗を経て設立された。日本研究所が発する対日メッセージには、日朝国交正常化本会談の再開を見据えて拉致問題のみが問題にされてきた日朝協議の議題を多様化させようとする戦略的意図が窺える。

おわりに

北朝鮮の核・経済並進路線は短期間で推進された金正恩のリーダーシップ形成過程の産物である。国家戦略として核武装と経済発展を並進させることは、現実には両立不可能である。「核保有国としての北朝鮮」という宣言もまた矛盾をはらんでいた。核保有国という国内向けの自己定義と「核兵器国家（nuclear-weapons states）」として国際的に承認されることとの意味は、根本的に異なる。北朝鮮が「核武装をしている国家（States with nuclear weapons）」のまま国連の制裁を受けないとしたら、核不拡散の国際レジームがもはや崩壊したことになる。それは米国のみならず中国やロシアも承認できないことである。なぜならこれらの国々はＮＰＴ公認の「核兵器国家」であり、だからこそ国連常任理事国としての地位を保っているからだ。一方で北朝鮮はＮＰＴ脱退を宣言してもそれ自体ＮＰＴに違反する行為としてみなされる。金正恩政権がこうした国際政治のリアリティーを理解せずに核保有国を宣言したとは思えない。

金正恩政権の核保有国宣言は対米交渉のための戦術的なレトリックである。その交渉の成否によって北朝鮮をめぐる国際環境が決まり、その上で戦略的な外交が可能となる。金正恩政権の外交戦略が未完成で始まったのはそのためである。国家戦略は立てられたが、その実行手段である核戦術は可変的なものにならざるをえないのである。金正恩政権が本格的に米国との交渉に向かう前に、そのテストケースとなったのは日本であった。日朝ストックホルム合意が形成され、それが実行段階にあった二年間に北朝鮮は核実験を中断し、日朝ストックホルム合意が破綻を迎えた段階で核実験を再開した。核実験と連続的なミサイル発射実験は交渉を導くためだけでなく、交渉の議題を変えようとした試みとしてもみられた。しかし、核保有国という立場で米国と交渉し、合意の結果で「核兵器国家」になることは不可能に近い。

金正恩委員長が実現させた米朝首脳会談による非核化プロセスは例外的な出来事だったといえる。第一次核危機以来、北朝鮮は朝鮮半島における「停戦体制の論理」に基づいて核戦力の非対称性とそれによる米国の敵対政策の撤回を求めてきた。しかし北朝鮮の非核化を引き出すために米国が核戦力において譲歩するといった、相互主義的な取引はありえない。「核不拡散体制の論理」によるこうした構造的な制約を、金正恩委員長はトップダウン方式で突破し、可能な限り例外的な状況を作り出そうとしたのである。それにトランプ大統領の慣行にとらわれない特有のリーダーシップが呼応し、非核化プロセスが始まった。そこに韓国からの終戦宣言という仲裁案が加勢することで米朝首脳会談と南北首脳会談が同時に稼働し、北朝鮮の非核化と朝鮮半島の平和体制への動きが好転するかのようにみえた。

しかし、米朝ハノイ会談が決裂することで非核化プロセスの本質が確認されることになった。トランプ大統領の「ビックディール」提案、すなわち北朝鮮への一方的な非核化要求は、その間の非核化プロセスからすると唐突にみえたものの、「核不拡散体制の論理」からすると一貫性を持つ普遍的なものであった。一方、金正恩委員長の制裁解除要求は「核兵器国家」としての地位の確立とは矛盾する譲歩のようにみえたが、実は北朝鮮の対米交渉の優先目標が経済的補償を確保することにあったことを示していたといえる。その代わりに提示した「寧辺カード」は文在寅大統領との首脳会談によって生まれたものだったが、この交渉カードに実効性がなかったことが明らかになってしまうと南北関係は後退した。それに加え、韓国の対北朝鮮政策は朝鮮半島のナショナリズムに突き動かされた統一議論として映り、非核化プロセスにおいて韓国の存在感は薄れていった。その中で非核化プロセスをめぐる日韓の連携は空転するようになり、次第に対立へと向かった。安倍政権は韓国に不信を募らせ独自の北朝鮮政策を試みたが、それは拉致問題に限定されたものであり日朝関係を動かすことはできなかった。

結局、第八回党大会では核・経済並進路線が再確認され、核武装の高度化という目標も更新された。米国のトランプ政権が終わり、対米交渉はまた見合わせざるをえない。二〇二一年に発足したバイデン政権の新しい北朝鮮政策は、南北板門店宣言と米朝シンガポール宣言を継承しつつも、「現実的でかつ実用的に」北朝鮮に対拠するというものである。少なくともトランプ政権期の米朝首脳会談のような破格なイベントは行わないということを示唆する。バイデン政権は中国と激しい戦略競争を展開している。そこで北朝鮮にとって中国との関係は「延命」の手段になる。北朝鮮は中国寄りの対米非難声明を発表するなど、親中のポジションを明確にしてきた。しかしながら、米国との関係は北朝鮮の「生存」に直結する。通常国家を目指すなら、第九回党大会まで経済の現状維持ではなく発展の実績が求められる。そのためには制裁の緩和が必要であり、したがって対米接近は不可欠の選択となる。米朝交渉が再開した場合、米中間においても北朝鮮核問題の解決のための「対立の中の協力」の可能性も残っている。

しかし、ロシアのウクライナ侵攻によって国際情勢が大きく揺れ動いている。また、北朝鮮は対米交渉に至るまで核武装の高度化と核戦略の信頼性を誇示するはずだ。そのために中長距離ミサイル発射実験や核実験の継続が予想されるが、そこで北朝鮮の直接的な軍事挑発の対象は韓国になりうる。二〇二二年九月の最高人民会議で金正恩政権は従来の「核保有国法」を代替する「核武力政策法」を裁定し、韓国に対する核先制攻撃の可能性を明文化した。その一方で、韓国では五月に政権交代によって尹錫悦《ユンソンニョル》政権が登場し、強硬な北朝鮮政策の実行を予告していた。朝鮮半島における軍事的な緊張の高まりが不可避な状況である。北朝鮮は「核軍縮」を交渉の議題にしようとするが、バイデン政権がそれに応じる可能性は低い。こうした情勢では日朝関係の進展も期待できない。だが、南北関係が後退する中で、北朝鮮は対米接近の通路として日本との関係を模索してきた。日朝ストックホルム合意の事例から確認されるように、金正恩政権の外交戦略にとって日本が持つ戦略的価値は少なくない。内閣発足時、岸田文雄首相は拉致問題の解決のために条件なしの会談を金正恩委員長に提案した。それに加え、今後は北朝鮮の核問題がすでに「国際議題」として設定されている日朝国交正常化本会談をも交渉の場として視野にいれた対応が必要である。

（1）　金正恩政権における核兵器高度化の推移や現状と、それによる米朝緊張形成については、崔正勲『なぜ朝鮮半島「核」危機は繰り返されるのか』クレイン、二〇二〇年、二九九～三二三頁を参照されたい。

（2）　金正恩政権が公開している国家戦略に関する公式文書には外交政策という用語が明示されていない。そこで、

「外交戦略」という語を国家戦略の下位概念として、本章では北朝鮮の外交に関連した政策総論や国家間の交渉戦略を包括する意味で用いる。
（3）金正恩後継体制の形成過程の詳細や金正日政権との比較については、平井久志『北朝鮮の指導体制と後継――金正日から金正恩へ』岩波現代文庫、二〇一一年、第一章～第三章、鈴木昌之『北朝鮮首領制の形成と変容――金日成、金正日から金正恩へ』明石書店、二〇一四年の補章などを参照されたい。
（4）チョン・ソクニュン『金正恩政権の核戦略と対外・対南戦略』統一研究院、二〇一七年、九五頁（韓国語）。
（5）ジョン・ジェウ「北朝鮮パワーエリートの世代変化と政策方向性の展望」国防研究院『国防論壇』第一七二六号、二〇一八年、一八～二五頁（韓国語）。
（6）朴正鎮「北朝鮮非核化の行方―空転する日韓の連携」『同時代史研究』第一一号、二〇一八年、九二頁（韓国語）。
（7）二〇一二年一二月第二次安倍内閣の誕生後、安倍首相は二〇一三年一月に「拉致問題対策本部」国務大臣を構成員とする「拉致問題対策本部」を立ち上げていた。その後日朝ストックホルム合意に至る経緯についてより詳しくは、平岩俊司『北朝鮮はいま、何を考えているのか』NHK出版新書、一八四～一八五頁を参照されたい。
（8）外務省「日朝政府間協議（概要）」平成二六年五月三〇日（http://www.mofa.go.jp/mofaj/files/000040352.pdf）。
（9）朴正鎮「日朝ストックホルム合意――韓国の対北朝鮮政策に対する含意」『日本空間』第一九号、二〇一六年、一〇九～一一〇頁（韓国語）。
（10）朴正鎮「北朝鮮における安全保障」木宮正史編『朝鮮半島と東アジア』岩波書店、二〇一五年、一三四頁。
（11）外務省「特別調査委員会に関する北朝鮮側からの説明概要」平成二六年七月三日（http://www.mofa.go.jp/mofaj/files/000044429.pdf）。
（12）前掲、朴正鎮「日朝ストックホルム合意」一二〇～一二三頁。
（13）前掲、ジョン・ジェウ「北朝鮮パワーエリートの世代変化と政策方向性の展望」七～九頁。

(14) 吉倫亨『新冷戦日韓戦』考えの力、二〇二一年、三五頁（韓国語）。
(15) 前掲、チョン・ソクニュウン『金正恩政権の核戦略と対外・対南戦略』七一～七五頁。
(16) 米朝シンガポール会談の実務者レベルの協議については、趙成烈『朝鮮半島非核化レポート―包括的安保―安保交換論』白山書堂、二〇一九年、一二二頁（韓国語）、米朝シンガポール会談に関するより詳細な内容はジョン・ボルトン『ジョン・ボルトン回顧録――トランプ大統領との四五三日』梅原季哉監訳、関根光宏・三宅康雄ほか訳　朝日新聞出版、二〇二〇年、九三～一四四頁。
(17) 前掲、ボルトン『ジョン・ボルトン回顧録』九四～九五頁。
(18) 前掲、吉倫亨『新冷戦日韓戦』一五六～一六四頁。
(19) ハノイノーディールに関する詳細は、前掲、ボルトン『ジョン・ボルトン回顧録』三五三～三九七頁。
(20) 崔龍桓・李壽炯「北朝鮮の核過渡期における韓国の安保政策の課題と争点」『ＩＮＳＳ研究報告書』国家安保戦略研究院、二〇二〇年、五八～六六頁（韓国語）。
(21) 当時の韓国側の動きについては、牧野愛博『ルポ　金正恩とトランプ――北朝鮮の攻防と、北朝鮮・核の行方』朝日新聞出版、二〇一九年、一〇一～一一六頁。
(22) 韓国の終戦宣言構想については趙成烈「朝鮮半島終戦宣言構想の戦略的意味と推進方案」『月刊ＫＭＡ』Vol.33、二〇二〇年、一〇～一四頁（韓国語）。
(23) 前掲、朴正鎮「北朝鮮非核化の行方」九四～九五頁。
(24) 前掲、ボルトン『ジョン・ボルトン回顧録』一〇五～一一六頁。
(25)「五・二四措置」とは韓国海軍の哨戒艇「天安号」が北朝鮮軍によって撃沈されたことを受けて始まった北朝鮮に対する韓国政府の制裁措置を指す。
(26)『朝日新聞』二〇一八年六月一七日。
(27) 安倍政権の北朝鮮に対するアプローチに対する詳細については、前掲、吉倫亨『新冷戦日韓戦』一二五～一三八頁。
(28) 前掲、朴正鎮「北朝鮮非核化の行方」九五~九六頁。
(29) 統一研究院『朝鮮労働党第八回大会分析』二〇二一年、二六~三二頁(韓国語)。
(30) 日本研究所は二〇一七年六月に北朝鮮外務省がホームページ(www.mfa.gov.kp)を開設した際にその存在が明らかにされた。

第7章　米朝協議と「朝鮮半島非核化」概念
――「非核地帯化」への回帰

倉田　秀也

はじめに――「非核地帯化」「非核化」「安全の保証」

冷戦期、非核地帯の創設を求める運動を担ったのは非同盟諸国会議であった。一九六四年一〇月のカイロでの第二回非同盟諸国会議首脳会議で、核兵器国はアフリカなどの「非核化された地帯」を「尊重すべき」と謳って以来、非同盟運動は「非核地帯化」の主張を伴っていた。やがて核兵器不拡散条約（ＮＰＴ）の条約交渉が始まると、一九六六年の第二一回国連総会決議第二一五三号（XXI）は、地帯内での核兵器の不存在に加え、核兵器国による核兵器の使用または使用の威嚇を控えるとする「安全の保証」が、「非核地帯」の構成要素となると定めた。これを受け、ＮＰＴ第七条も「この条約のいかなる規定も、全く核兵器の存在しないことを確保するため地域的な条約を締結する権利に対し、影響を及ぼすものではない」として、非核兵器国が国際原子力機関（ＩＡＥＡ）の保障措置協定を締結して核不拡散義務を履行するなら、非核地帯条約と両立しうることを確約した。かくして、「非核地帯」とは、同盟――拡大抑止――の否定と核兵器国による「安全の保証」によって構成される概念として成立した。

北朝鮮はソ連、中国と同盟関係にありながら、一九七六年のコロンボ会議で非同盟諸国会議への正式加盟が許されて以来、非同盟諸国会議で「朝鮮半島非核地帯化」を主張し、非同盟諸国からの共感を得ようとしていた。ただし、北朝鮮は当初、米韓同盟が存続する限り「安全の保証」が与えられたとしても在韓米軍撤退には連動しないと判断し、「非核地帯化」を構成する要件である拡大抑止の否定と核兵器国による「安全の保証」のうち、在韓米軍撤退だけを求め、米国による「安全の保証」を求めてはいなかった。確かに冷戦末期に北朝鮮が在韓米軍の核撤去を優先したときには、米国による「安全の保証」を求め、それを契機とした米朝協議を考えたことがあったが、米国がこれに応じたことはなかった。米国はむしろ、北朝鮮がＮＰＴに加盟していながらＩＡＥＡの保障措置協定を締結していないことを重くみて、北朝鮮にＩＡＥＡの保障措置協定の早期締結を促し、核兵器開発を行っているとの疑惑の解消を求めていた。

ところが一九九一年末、「朝鮮半島の非核化に関する共同宣言」（以下、「南北非核化共同宣言」と略記）が署名されたとき、北朝鮮は在韓米軍撤退を署名の条件とはせず、米国による「安全の保証」にも言及しなかった。ここで北朝鮮はいったん「朝鮮半島非核地帯化」の主張を取り下げ、拡大抑止とは切り離された核兵器の不存在のみを指す「朝鮮半島非核化」の概念に同調したことになる。本章はまず、「南北非核化共同宣言」を「朝鮮半島非核化」の原型とし、一九九三年三月のＮＰＴ脱退宣言後に成立した米朝高官協議以降、北朝鮮が「非核化」概念から逸脱していった過程を辿ってみる。北朝鮮が「南北非核化共同宣言」を「死文化」したとして久しいが、二〇〇〇年代の六者会合を経て核実験と弾道ミサイル実験を繰り返し、核兵器保有を既成事実化するなか、「朝鮮半島非核化」とは北朝鮮がその核抑止力を放棄することを意味していた。それにもかかわらず、金正恩《キムジョンウン》は二〇一八年四月、文在寅《ムンジェイン》大統領との「朝鮮半島の平和と繁栄、統一のための板門店宣言」（以下、「板門店宣言」と略記）で「朝鮮半島非核化」を確約して、トランプ米大統領にも「朝鮮半島非核化」を約束し、米国から「セキュリティ・ギャランティーズ」の言質を得た。この概念が「朝鮮半島非核化」の構成要素ではなかったはずの「安全の保証」を指すのか――そこでいう「朝鮮半島非核化」概念は「南北非核化共同宣言」からいかに変貌しているのか――、冷戦終結以降、北朝鮮が交わした合意文書を中心に考えてみる。

1　原型としての「南北非核化共同宣言」――「非核地帯化」の後退

冷戦期、北朝鮮は核兵器国による「安全の保証」の効用を認めていなかった。一九七八年の第一回国連軍縮特別総会でヴァンス米国務長官が、カーター米大統領の演説を代読し、非核兵器国に対して条件付きながら「核兵器を使用しないであろう」として、消極的安全保証（ＮＳＡ）を供与する用意を示したときも、北朝鮮はその「欺瞞性」を指摘していた[1]。

その北朝鮮が米国に「安全の保証」を求める契機の一つとなったのは、一九八五年八月に署名された南太平洋非核地帯条約（「ラロトンガ条約」）であったと考えてよい。「ラロトンガ条約」もＮＳＡを謳っていたが、北朝鮮がこれに関心を寄せたのは、ニュージーランドのロンギ政権の対応であった。米国は在外米軍の核兵器の存在については「肯定も否定もしない（Neither Confirm Nor Deny: NCND）」政策をとっていたにもかかわらず、ロンギ政権は同年一二月、「外国軍用艦のニュージーランド内水への入域、外国軍用機のニュージーランドへの着陸」を禁じる「非核・軍備管理法」を採択したからである。これによりオーストラリア・ニュージーランド・米国安全保障条約（ANZUS）は毀損を免れなかったが、これをうけ北朝鮮は朝鮮半島を「非核地帯」とし、米国から「安全の保証」を得ることで、在韓米軍からの核兵器撤去、ひいては米韓同盟を切り崩すことを考えた。一九八六年六月に金日成《キムイルソン》が「核兵器保有国」は「核兵器非保有国」を「核兵器で脅迫しない」ことを「公約させるべき」と主張して以来[2]、北朝鮮は在韓米軍撤退よりも核兵器撤去を優先してきた。米国に「安全の保証」を求め、在韓米軍からの核撤去を保障措置協定締結の条件としたのである。

この構図を変えたのが、G・H・W・ブッシュの「戦術核撤去宣言」（一九九一年九月二七日）であった。盧泰愚《ノテウ》大統領もNCND政策をとる米国に代わって「核不在宣言」を発表し、在韓米軍からの戦術核撤去の完了を宣言した。北朝鮮が求めていた核兵器撤去という措置を米国自らがとったことで、北朝鮮は対米協議の根拠を失うことになった。北朝鮮外交部は声明を通じて、「米国と南朝鮮当局が今回発表したような肯定的な措置（戦術核撤去を指す）を講じていれば、共和国の核保障措置協定（保障措置協定を指す）はすでに解決され、何事もなかったであろう」（括弧内は引用者）[3]と述べ、保障措置協定を締結する用意があることを示した。北朝鮮はそこでも米国に「安全の保証」とともに核兵器の不在を検証する措置を求めたが、米国ではなく韓国がその措置をとる用意を示すことで、北朝鮮を核に特化した南北協議に誘導しようとした。これに対して北朝鮮外交部は、「当方の示した朝鮮半島非核地帯化提案と一部共通する内容を盛り込んだ提案をしてきたことを評価する」として、韓国との協議に応じる姿勢をみせる一方、「南朝鮮での米国の核兵器の存在如何を確認する査察」と「当方の核施設に対する査察を同時に行う」として、南北間の相互査察の用意を示しつつも、これと並行して「当方に対する核脅威除去問題も協議するため朝米会談を行う」ことを提案し、米国からの「安全の保証」を得ようとしていた。

「朝鮮半島非核地帯化」に固執した北朝鮮が、米国からの「安全の保証」に固執しなくなったのは、当時南北関係全般について進行していた南北高位級会談とあわせて考えなければならない。一九九一年一二月、第五回南北高位級会談では、「南北和解・不可侵および協力、交流に関する合意書」（「南北基本合意書」）が署名されたが、その第五条では北朝鮮が一九七四年以来の米朝平和協定の提案をいったん取り下げ、韓国が主張した南北平和協定に同意していた。北朝鮮は冷戦終結による対南関係の再調整の一環として、平和体制樹立とあわせて核開発問題でも米国の関与を低める「局地化」に同調した。かくして一九九一年一二月三一日に仮署名された「南北非核化共同宣言」は、南北が「核兵器を実験、製造、生産、受領、保有、貯蔵、使用をしない」と謳い、そこに米国からの「安全の保証」は言及されなかった。さらに北朝鮮は署名の条件であった米国からの「安全の保証」なくして保障措置協定にも署名することになった。しかも、北朝鮮が主張してきた「チーム・スピリット」米韓合同軍事演習は一度中止されたものの、在韓米軍駐留には何ら変更はなかった。「南北非核化共同宣言」は米国による拡大抑止を損ねることなく署名されたのである。

なお、当時韓国と北朝鮮はともにＮＰＴ加盟国であったため、原子力平和利用の権利はＮＰＴ第四条にある「奪いえない権利」として保障されており、「南北非核化共同宣言」でも原子力を「もっぱら平和目的のみ利用する」と謳われた。しかも、「ウラン濃縮施設とプルトニウム再処理施設をもたない」とされ、南北はともに、原子力の軍事利用はもとより、核兵器を製造しうる物質の生産までも自制する形となっていた。

確かに、「南北非核化共同宣言」とともに設置された核統制共同委員会では対立がみられた。この文書は南北の相互査察に合意していたが、その方法について合意をみることはなかった。また、北朝鮮側は一九九二年二月の第二回協議で「外部の核の脅威に対する南北共同対処、および非核地帯化への国際的保障を得るための対策協議」を主張し[4]、「朝鮮半島非核地帯化」を求める姿勢をみせていた。それにもかかわらず、北朝鮮が「南北非核化共同宣言」で核不拡散体制に関与し、核開発問題を南北間で協議する枠組みが生まれ、原子力平和利用の領域にも南北共通の理解が生まれた意義は大きい。「南北非核化共同宣言」こそ、「朝鮮半島非核化」の原型にほかならなかったのである。

2 「朝鮮半島非核化」概念の変容——核不拡散規範と「安全の保証」

(1) 米朝「枠組み合意」と「安全の保証」——「公式の保証」

それでも北朝鮮の核開発への疑惑は払拭されず、IAEAが特別査察を求めると、北朝鮮は一九九三年三月にNPT脱退を宣言した。これが朝鮮半島の「非核化」概念を揺るがしたのはいうまでもない。クリントン政権はNPT脱退宣言を撤回させるべく米朝高官協議をもち、六月一一日に米朝第一ラウンド共同声明を発表したが、そこでは、NPT脱退宣言を「留保」した北朝鮮に対して米国による「核兵器を含む武力を使用せず、かつ、かかる武力による威嚇をしない保証（Assurances against the threat and use of force, including nuclear weapon）」に言及された[5]。米国は核不拡散上の普遍的な規範であるNSAを米朝二国間関係に読み換えた。北朝鮮が以前「朝鮮半島非核地帯化」の下に米国に求めていた「安全の保証」が明記されることになった。北朝鮮は寧辺のプルトニウム関連施設の凍結のみを許し、米国は北朝鮮がNPT／IAEAから完全には離脱していないとして、「保障措置の継続性」の概念を案出し、IAEA要員が寧辺の核施設が凍結されていることを監視するためだけに常駐することになった。

北朝鮮がNPT脱退宣言を撤回せず「留保」にとどめたことは、NPT第四条が「奪いえない」とした原子力平和利用の権利にも波及した。北朝鮮はNPTから脱退していない以上、原子力平和利用の権利は行使できるとして寧辺の核施設の解体に対して軽水炉の支援を要求した。これに対して米国は、北朝鮮がNPTに完全復帰していない以上、その権利は行使できないと判断した。結局、同年七月一九日の米朝第二ラウンド協議では、北朝鮮が寧辺の核施設の解体とNPTに完全に復帰することを前提に「核問題の最終的解決の一環」として、米国が軽水炉支援に合意することになった。

一九九四年六月、北朝鮮がIAEAから脱退し、IAEA要員も寧辺の核施設から追放され、「保障措置の継続性」もいったん断絶したが、カーター米元大統領訪朝を機に寧辺の核施設にIAEA要員が復帰し、同年一〇月二一日、米朝第三ラウンド協議第二セッションでの米朝「枠組み合意」が交わされ、「第一次核危機」は一応の小康をえた。米朝「枠組み合意」は、「米国は朝鮮民主主義人民共和国に核兵器による威嚇や核兵器を使用しない公式の保証（formal assurances）を与えるであろう（will provide）[6]」として、米国が核不拡散上の普遍的な規範であるＮＳＡを米朝二国間関係に読み換える形で供与する用意があることを示した。すでに米朝第一ラウンド共同声明で、米国は「安全の保証」に言及し、「朝鮮半島非核化」から逸脱する文書に署名していたが、米朝「枠組み合意」で、米国は「公式の保証」を北朝鮮に個別に与える用意を示し、この文書の履行に北朝鮮に対する「安全の保証」が不可欠であることを改めて示した。

ただし、ここで「与えるであろう」と記されたように、米国は「公式の保証」を米朝「枠組み合意」の履行過程で供与する用意はなく、それは北朝鮮が米朝「枠組み合意」を完全に履行し、核不拡散上の義務を履行したときに初めて与えられると考えられた。寧辺の核施設が凍結状態であることを監視するためにＩＡＥＡ要員が常駐することを可能にした「保障措置の継続性」もまた、北朝鮮が特別査察を受け入れてＮＰＴ／ＩＡＥＡに完全に復帰するときに失効すると考えられたのである。

なおこの過程で、米韓合同軍事演習「チーム・スピリット」は再度中止されたものの、その空白を埋めるように、連合戦時増員演習（ＲＳＯＩ）が実施された。北朝鮮はそれを批判したが、それを理由に米朝「枠組み合意」から離脱しようとはせず、米朝「枠組み合意」と米国の拡大抑止は両立可能であることを示した。これは北朝鮮の原子力平和利用の権利にも関連していた。ＮＰＴからの脱退を宣言し、ＩＡＥＡからも脱退していた以上、北朝鮮には原子力平和利用の権利を行使する法的地位にはないと考えられた。米朝「枠組み合意」では、北朝鮮は「南北非核化共同宣言」を「履行するための措置に一貫して取り組む」ことが約束された上、寧辺の核施設の凍結から解体に至る過程でこの文書の実践機関である朝鮮半島エネルギー開発機構（ＫＥＤＯ）が軽水炉建設事業に取り組むこととされた。米朝「枠組み合意」ではまた、軽水炉が完成するとき、北朝鮮は核施設を解体すると同時に特別査察を受け入れ、ＮＰＴに完全に復帰することも約束されていた。そうすれば、北朝鮮はNPT加盟国として原子力平和利用の権利を行使できる。原子力の平和利用については「南北非核化共同宣言」にも背馳しないと考えられたのである。

(2)「北朝鮮非核化」原則としてのCVID――「非核化」概念の非対称性

二〇〇二年一〇月、北朝鮮の高濃縮ウラン(HEU)計画が発覚したとき、米朝「枠組み合意」の前提は揺るがざるをえなかった。しかも北朝鮮は米朝「枠組み合意」署名の際とは異なり、不拡散の規範である「安全の保証」よりも、地域的取り決めを求めた。わけても、二〇〇一年九月の「アメリカ同時多発テロ事件」を受け、G・W・ブッシュ米大統領が「先制行動論」を唱え、「悪の枢軸」の筆頭に北朝鮮を挙げると、北朝鮮は従前の米朝平和協定よりも米朝不可侵協定の締結を主張し、「先制行動論」のなかで北朝鮮を特殊に扱うことを求めた(7)。

北朝鮮のHEU計画の発覚は、朝鮮半島「非核化」概念にも変更を迫ることになった。米国が米朝不可侵協定を拒絶すると、二〇〇三年一月、北朝鮮はそれまで「留保」していたNPT脱退宣言の効力が発生したとしてNPT脱退を表明したからである。確かに、濃縮ウランでも低濃縮ウラン(LEU)ならば軽水炉の燃料として平和利用に用いられる。北朝鮮は原子力平和利用の権利を「自主権」に属するとし、それを「平和的核動力工業」と主張したが、「南北非核化共同宣言」ではウラン濃縮施設をもつことを自ら放棄していただけではなく、NPTから脱退したと主張していた以上、北朝鮮にはNPT第四条でいう原子力平和利用の「奪いえない権利」はもはや行使できないと考えられた。しかも、LEUとHEUとの違いは濃縮度にしかない。北朝鮮がLEU生産の名目でウラン濃縮を「不法」に繰り返し、兵器級のHEU

を生産することは十分懸念されていた。

さらに、米朝「枠組み合意」は、北朝鮮の核開発は寧辺の核施設で行われているという前提で交わされ、寧辺のプルトニウム関連施設を解体させれば、北朝鮮を非核化できると考えられたのに対して、ＨＥＵ計画は寧辺という特定の施設で進められているとは限らなかった。しかも、ウラン濃縮施設の全容を把握するのが北朝鮮である以上、北朝鮮による自発的な申告に頼らざるをえない。ＨＥＵ計画の発覚後、「第二次核危機」と呼ばれた北朝鮮の核開発問題は六者会合で解決が試みられたが、北朝鮮はＨＥＵ計画の存在自体を否定する姿勢を貫いていた。そこでは「凍結対補償」という案も示されたが、北朝鮮は「凍結」の範囲に「平和的核動力工業」を含めることに抵抗し、ＮＰＴから脱退したと主張する一方で、原子力平和利用の権利行使を主張していた。

ブッシュ政権は「第二次核危機」の当初から、「完全かつ検証可能で不可逆な非核化（ＣＶＩＤ）」という原則を掲げていたが、ここでいう「完全な（Complete）」とは、ＮＰＴ脱退を表明した北朝鮮に対する「北朝鮮非核化」原則であって、ＮＰＴ加盟国として原子力平和利用の権利を実際に行使し、「南北非核化共同宣言」を遵守する韓国を含む「朝鮮半島非核化」の原則ではない。「北朝鮮非核化」と「朝鮮半島非核化」は相互に排他的な関係にはないとはいえ、「非核化」原則において、南北間は非対称な関係となっていた。別言すれば、北朝鮮がＮＰＴ／ＩＡＥＡに完全復帰して原子力の平和利用の権利行使を国際社会から認められない限り、「非核化」原則上の非対称性は解消されず、朝鮮半島には単一の「非核化」原則は生まれないことになる。

特筆すべきは、ＣＶＩＤに対抗して『労働新聞』が「南朝鮮駐屯米軍を検証可能に完全撤退し、朝米間の平和協定締結と関係正常化で保障される『完全で検証可能かつ不可逆的な安全保証』を求めざるをえない」との論評を発表し、「安全の保証」という文書上の確約にとどまらず、拡大抑止の無力化を主張したことである。[8] すでに米朝「枠組み合意」で、北朝鮮は米国からの「安全の保証」を求め、その主張は「朝鮮半島非核化」から「朝鮮半島非核地帯化」に移行していたが、この論評は米国の拡大抑止の無力化を主張することで、北朝鮮の主張がさらに「朝鮮半島非核地帯化」に移行したことを示していた。

米国がこの主張を考慮することはなかったが、北朝鮮がCVIDを六者会合の前提として受け入れない以上、米国はCVIDを一定のプロセスを経た「結果」として求めた。第三回六者会合（二〇〇四年六月二三日～二六日、北京）で米国側首席代表のケリー国務次官補は、三カ月間の「初期準備期間」を設定し、そこで北朝鮮がとるべき措置として、①すべての核活動を網羅する完全な（complete）申告書の提出、②すべての核活動稼働停止、すべての核分裂性物質確保、すべての燃料棒の監視、③すべての核兵器・部品と主要な遠心分離機部品の公開で監視可能な形での無能力化（disablement）を求めた。無能力化とは、核施設自体は解体されないものの、容易に再稼働できない物理的措置を施設に加える過渡的措置を指す。さらに、ケリーはここで北朝鮮がこれらの措置をとれば、「暫定的な多国間の安全の保証」を与える用意を示した。[9]

「暫定的な多国間の安全の保証」とは、米朝「枠組み合意」で言及された「公式の保証」を考慮したものであろう。前述の通り、米朝「枠組み合意」では、北朝鮮のNPT／IAEAへの完全復帰に対して「公式の保証」が与えられると考えられていた。これに対して、北朝鮮は六者会合でも「平和的核動力工業」と呼ぶウラン濃縮施設を含む「すべての」核活動を網羅する申告書を提出しようとはせず、寧辺の核施設の凍結を解除し、プルトニウムによる核兵器開発も再開していた。「六月提案」では、北朝鮮が「完全な」申告とともに核活動を「稼働停止」し、検証措置を受け入れれば、「完全な非核化」に至る過渡的措置をとったとして、米国は「暫定的」な「安全の保証」を与える用意を示し、それを六者会合で集団的に与えることで拘束力をもたせることを考えていた。この過渡期を経て、北朝鮮がNPT／IAEAに完全復帰し「完全な非核化」に至れば、米国は米朝「枠組み合意」と同様の「公式の保証」を与えることも排除していなかった。「六月提案」でCVIDは、六者会合の「前提」から「結果」に置き換えられ、「公式の保証」もその「結果」として与えられると位置づけられたのである。

これに対して北朝鮮は、「暫定的な多国間の安全の保証」を拒絶し、改めて議会の批准により拘束力のある米朝不可侵協定を求めた[10]。また、北朝鮮は「約束対約束・行動対行動」の原則を掲げ、米朝双方が核施設の「凍結」から開始することに合意したものの、そこにウラン濃縮施設が含まれることは拒絶した。しかも、北朝鮮は二〇〇五年二月、「核保有宣言」をした後、六者会合を「核軍縮問題を論じる会議」とする提案を行っていた[11]。核軍縮である以上、それに応じることは軍縮後北朝鮮に残存する核兵器が既成事実化されることになる。米国がこの提案を「完全な」非核化に逆行するとして拒絶したのは当然であった。

(3)「安全の保証」の後退——六者会合共同声明

かくして二〇〇五年九月一九日、六者会合共同声明が発表されたが、そこで北朝鮮が「完全な」申告に同意したわけではなく、「凍結」すべき核施設に合意がみられたわけでもなかった。共同声明では北朝鮮が「現存するすべての核兵器と核計画」を放棄することが謳われたものの、米朝「枠組み合意」離脱の過程で凍結解除された寧辺の原子炉は稼働し続け、再凍結すらされなかった。その間、「六月提案」にも挙げられた「暫定的な多国間の安全の保証」も提議されたが、核兵器開発を継続する北朝鮮に対して米国が「安全の保証」を与えることもできなかった。確かに、共同声明では「アメリカ合衆国は、朝鮮半島において核兵器を有しないこと、および、朝鮮民主主義人民共和国に対して核兵器、または通常兵器による攻撃、または侵略を行う意図を有しないことを確認した(12)」と記されたが、これは「安全の保証」というよりは、北朝鮮の米朝不可侵協定を受け入れるわけにいかない米国が、国連憲章第二条第四項の一文――「武力による威嚇または武力の行使を、いかなる国の領土保全または政治的独立に対するものも、また、国際連合の目的と両立しない他のいかなる方法によるものも慎まなければならない」――を追認したものに近かった。六者会合共同声明は核不拡散上、米朝「枠組み合意」からは明らかに後退していた。

それにもかかわらず、北朝鮮は六者会合でも軽水炉支援を求めていた。米国は当初、軽水炉支援もＮＰＴとの整合性から認められないとしたが、共同声明では、北朝鮮が原子力の平和的利用の権利を有すると主張して軽水炉支援を求めたことについて、他の参加者はそれを「尊重する旨述べた」とされ、「適当な時期に」北朝鮮への「軽水炉提供問題について議論を行うことに合意した」と記された。ここでいう「適当な時期」とは、北朝鮮がＮＰＴ／ＩＡＥＡに完全復帰し、国際社会が原子力平和利用の「奪いえない」権利を行使できるとみなされたときを指す。ここで合意されたのは「軽水炉提供問題について議論を行うこと」であって、「議論」の結果、軽水炉提供が不適切との結論が下されることもありうる。別言すれば、北朝鮮に再び軽水炉が提供されるには、北朝鮮がＮＰＴ／ＩＡＥＡに完全復帰し、南北間の「非核化」原則の「非対称性」が解消され、国際社会が北朝鮮の原子力の平和利用の権利を「奪いえない権利」

として行使することを認めることが前提となる。(13)

なお指摘すべきは、前述の通り、北朝鮮はＣＶＩＤに対抗し、「完全で検証可能かつ不可逆的な安全保証」の下に、「南朝鮮駐屯米軍を検証可能に完全撤退」することを求めていたが、六者会合共同声明は拡大抑止を犠牲にせず署名されたことである。その間ＲＳＯＩは米韓合同野外機動演習「フォール・イーグル」と統合されたが、この演習ゆえに北朝鮮が六者会合から離脱を考えたわけではなかった。米国は核兵器開発を継続する北朝鮮に「安全の保証」を与えなかっただけではなく、拡大抑止を弛緩する措置をとることはなかった。

さらに二〇〇六年一〇月九日、北朝鮮が第一回核実験を強行したことで、米国は北朝鮮が核兵器能力をもったとする現実認識の下、追加核実験を阻止するとともに、ＣＶＩＤに至る段階的措置を示さざるをえなかった。第六回六者会合で「共同声明の実施のための初期段階の措置」（二〇〇七年二月一三日、「二・一三合意」）が交わされたが、それは「六月提案」で提案された「核活動」の「稼働停止」が寧辺の五メガワット原子炉については合意をみたものの、「無能力化」については「黒鉛減速炉および再処理工場を含むすべての既存の核施設」としながらも、北朝鮮からウラン濃縮施設を含む「完全な」申告を行うことに合意を得るのは、「共同声明の実施のための第二段階措置」（二〇〇七年一〇月三日、「一〇・三合意」）を待たなければならなかった。しかも、六者会合で米国側首席代表となったヒルがウラン濃縮施設を含む「寧辺以外（non-Yongbyon）の施設」も申告の対象となることを強調したにもかかわらず、北朝鮮がウラン濃縮活動について提出した報告書は、「一〇・三合意」から九カ月を経た二〇〇八年六月末であり、そこにはウラン濃縮活動について「米国の懸念を理解する」と記されたに過ぎなかった。(14) さらに、北朝鮮はその翌年六月、電力生産のために実験用軽水炉を建設するとともに、ウラン濃縮技術を開発することを表明した。(15)核実験後、核兵器能力を温存しつつ対米協議に臨んでいた北朝鮮に対し、米国が「安全の保証」を与えられなかったのは当然であった。「二・一三合意」と「一〇・三合意」いずれにも、「安全の保証」を示唆する文言が含まれたことはない。

他方、北朝鮮がＣＶＩＤに逆行するなか、「完全な」非核化に対する代価として「安全の保証」以上のものを求めたことは指摘すべきであろう。「一〇・三宣言」の後、「無能力化」との関連で検証措置が議論されたとき、北朝鮮は核施設への検証を受け入れる代わりに、「南朝鮮とその周辺に米国の核兵器がなく、新しく搬入されるか通過もしないということを確認する検証」（傍点は引用者）が「同時に進行されなければならない」と強調した。(16)北朝鮮は検証措置を受け入れる代価として、朝鮮半島域外の米国の拡大抑止を支える核兵器の撤去を求めたことになる。米朝「枠組み合意」、六者会合共同声明は拡大抑止の無力化への言及なしに署名されたが、北朝鮮が核兵器能力を保有して以降、米国の拡大抑止を犠牲にすることなく北朝鮮と合意文書が交わされることは困難になった。

3　核保有と冷戦構造解体論――「核なき世界論」と「政府代弁人声明」

一時期、「朝鮮半島の非核化は絶対ありえない」として六者会合から離脱した北朝鮮であるが、二〇〇九年四月、オバマ米大統領の「核なき世界」論は、北朝鮮に「非核化」という修辞を用いて米国の拡大抑止の無力化を求める契機となった。同年五月に第二回核実験を強行すると、国連安保理は北朝鮮に対し制裁を加えていくことになるが、同年九月三日、朴吉淵《パクキルヨン》北朝鮮国連大使は国連安保理議長に宛て「朝鮮半島の非核化、世界の非核化」を否定したわけではないとする書簡を送った。いうまでもなく、それは北朝鮮が保有した核兵器を一方的に放棄することを意味したわけではなかった。金正日の死去後、金正恩が朝鮮労働党第一書記に就任した後、オバマ政権と「閏日合意」(二〇一二年二月二九日)を交わしたものの、それが崩壊すると、北朝鮮外務省は代弁人談話を通じて「米国の旧態依然とした対朝鮮敵視政策により(中略)朝鮮半島の非核化もはるかに遠くなっている」とし、「核問題を根本的に見直さざるをえなくなった」とし、見解を示した。[17] その後、二〇一四年一月、国防委員会政策局は「わが民族皆に対する米国の核の脅威と恐喝を終息させ、朝鮮半島の非核化はもちろん、世界の非核化まで見越した民族共同の宝剣であり、最も正当な自衛的選択である」[18] として核保有を正当化しつつ、「朝鮮半島の非核化」の用意を示すことで、拡大抑止をはじめとする冷戦構造の解体に米国を導こうとする声明を発していた。

これがより明確に示されたのは、朝鮮労働党第七回大会(二〇一六年五月六〜九日)から約二カ月後の七月六日に発表された「政府代弁人声明」であった。この声明は「朝鮮半島の非核化」は金日成、金正日の「遺訓」であると述べる一方で、「朝鮮半島の非核化」には「南の核廃棄と南朝鮮周辺の非核化が含まれている」と強調した上で、「米国と南朝鮮当局」に以下の五つの項目に従って行動することを求めていた——「第一に、南朝鮮に持ち込んで、NCND状態にある米国の核兵器からすべて公開しなければならない。第二に、南朝鮮にあるすべての核兵器とその基地を解体し、世界の前で検証を受けなければならない。第三に、米国が朝鮮半島とその周辺に随時展開している核打撃手段を再び持ち込まないことを保証しなければならない。第四に、いかなる場合にも、核でまたは核が動員される戦争行為で威嚇恐喝したり、わが共和国に核を使用したりしないことを確約しなければならない。第五に、南朝鮮で核使用権をもっている米軍の撤収を宣言しなければならない」(19)（傍点は引用者）――。確かに、この声明は現実とは遊離した要求も含まれている。最後の第五項目では、米軍が「核使用権をもっている」とされているが、核兵器を配備していない韓国で米軍が「核使用権」をもつことはありえない。

しかしながら、この声明は在韓米軍基地の解体に加え、第三項目に、朝鮮半島の「周辺」で「随時展開している核打撃手段」として、グアムのアンダーセン米空軍基地にローテーション配備されていた核搭載可能な戦略爆撃機をも、「持ち込まない」ことを求めていた。第四項目に挙げられた内容は、「核による威嚇も使用もしない」とするNSAと同義と考えてよいが、北朝鮮はここで米韓同盟だけでなくグアムに展開されていた戦略爆撃機の撤去もともに求めていたことをみると、「安全の保証」を文書上確約するだけではなく、拡大抑止の無力化を行動で示すことを求めていたと考えられる。米朝「枠組み合意」と六者会合共同声明は米韓同盟を揺るがすことなくとりまとめられたが、この「政府代弁人声明」は「安全の保証」を文書で確約するだけではなく、「朝鮮半島非核化」を標榜しながらも、拡大抑止の無力化とあわせて「安全の保証」も主張しており、その主張は「朝鮮半島非核地帯化」にほかならなかった。この声明は、「このような安全の保証が実際に遂げられるなら、われわれもやはり、それに合致する措置で画期的な突破口が開かれるようになろう」と締め括られていた。

4　南北首脳会談と第一回米朝首脳会談――「非核地帯化」への回帰

(1)「板門店宣言」――核抑止力の温存

核・弾道ミサイル実験を繰り返す北朝鮮に対して米国のトランプ政権がとった「最大限の圧力」は、文在寅政権による南北首脳会談とその仲介による米朝首脳会談の実現をもたらした。二〇一八年三月、金正恩は文在寅の親書を携えて平壌を訪問した鄭義溶《チョンウィヨン》国家安保室長ら政府代表団に対して南北首脳会談に応じることになるが、北朝鮮の関心は南北首脳会談後の対米関係に注がれていた。金英哲《キムヨンチョル》党中央委員会副委員長らは鄭義溶に対して、「韓《ママ》半島非核化の意思」を明確にしつつ、「軍事的脅威が解消され、体制の安全が保証されれば核を保有する理由はない[20]」と強調したというが、北朝鮮の「体制の安全」を軍事的に脅かすのが米国による拡大抑止であるなら、上述の「政府代弁人声明」と同様、金正恩は「朝鮮半島非核化」を拡大抑止の無力化という条件の上で示したことになる。

したがって、金正恩はここで核抑止力を犠牲にしようとは考えていなかった。金正恩は米国の「軍事的脅威」の「解消」を主張しながらも、既存の核兵器や弾道ミサイル放棄に言及することはなかった。鄭義溶はその後訪米し、米朝首脳会談の開催についてトランプ大統領から同意を得るが、鄭義溶は金正恩が「今後いかなる核またはミサイル実験も自制する」として、「対話が持続する間、追加核実験および弾道ミサイル試験発射など戦略的挑発を再開することはない」（以上、傍点は引用者）と確約したことを伝えた[21]。この意図がトランプに伝えられると、金正恩は二〇一八年四月二〇日の朝鮮労働党中央委員会第七期第三回総会で「もはやいかなる核実験や中長距離、大陸間弾道ロケットの発射実験も必要なくな」り、「北部の（豊渓里）核実験場もその使命を終えた」（括弧内は引用者）と述べ、「核実験と大陸間弾道ロケット実験発射を中止」し、「北部核実験場を廃棄（dismantle）する」[22]ことを決定した。すでに金正恩は同年三月末、南北首脳会談と米朝首脳会談の事前調整のため訪中した際、習近平との会談で、「段階的、同時行動的措置」を唱えたとされており[23]、既存の核兵器の放棄は、今後の米朝関係に委ねられることを示唆していた。

確かに、金正恩は米国の「軍事的脅威」を強調しながらも、この時点では米韓合同軍事演習の中止を求めてはいなかった。また、文在寅は鄭義溶に対して金正恩が、米朝首脳会談の開催について「在韓米軍撤収など米国が受け入れられない条件」を示さなかったことを明らかにしていた。文在寅によれば、金正恩は鄭義溶との会見で、「完全な」非核化の意思を表明し、もっぱら「敵対政策の終息、安全保障《ママ》」を強調したという[24]。しかし、北朝鮮が米韓合同軍事演習を米国の「敵視政策」と批判してきたことに加え、米国の「軍事的脅威」の「解消」を主張し続けていた金正恩が、米韓合同軍事演習を黙過するとは考えにくかった。金正恩が来るべき米朝首脳会談で、米韓合同軍事演習を「敵視政策」としてその中止を求めれば、このとき鄭義溶に向けて行った発言は、南北首脳会談を通じて米朝首脳会談を実現させせようとする意図から発せられたことになる。

かくして二〇一八年四月二七日、板門店での南北首脳会談で発表された「板門店宣言」では、南北間で「完全な非核化を通じて核のない朝鮮半島を実現するという共通の目標を確認した」と謳われた。『労働新聞』に掲載された「板門店宣言」と韓国政府による発表文は――「北」と「南」の順と「朝鮮」「韓国」の呼称が異なることを除けば――同一であり、「完全な非核化」の「完全な」の英文には、南北ともに

completeをあてていた。これは「北朝鮮非核化」の原則であるCVIDのC（完全な）を指すが、すでに述べたように、そもそも単一の「朝鮮半島非核化」概念は存在しない。それにもかかわらず、金正恩が「北朝鮮非核化」ではなく「朝鮮半島非核化」に拘泥していたとすれば、CVIDという原則の下に北朝鮮だけが「非核化」を強要されることを拒絶したことを意味する。

ここで指摘すべきは、韓国政府による「板門店宣言」の英文発表文で、この部分がThe two sides confirmed the common goal of realizing, through complete denuclearization, *a nuclear-free Korean peninsula*（双方は完全な非核化を通じて核のない韓半島を実現する目標を確認した）と訳されたのに対し、朝鮮中央通信の英文配信記事がThe north and the south confirmed the joint targets on turning the Korean peninsula into *a nuclear-free zone* through the complete denuclearization（北と南は完全な非核化を通じて朝鮮半島を非核地帯に変える共通の目標を確認した）となっていたことである（以上、原文のイタリックおよび傍点は引用者）[25]。そのための措置は、米韓両国に拡大抑止の解消を求めた二〇一六年七月の「政府代弁人声明」が挙げた五つの措置のいくつかと重複することになる。

(2) 米朝共同声明──「セキュリティ・ギャランティーズ」の概念

これに対して米国では、北朝鮮が「最大限の圧力」に屈したのを機に、「完全な非核化」を受け入れることを来るべき米朝首脳会談の「前提」とすべきだとする議論が生まれた。これを主導したのは、国家安全保障担当大統領補佐官のボルトンであった。「六月提案」以降、CVIDは北朝鮮との協議の「前提」ではなく、「結果」として位置づけられていたにもかかわらず、ボルトンは米朝首脳会談での米国の要求として、ＣＶＩＤとともに、「核・ミサイル、生物・化学兵器の完全廃棄」に言及した(26)。金正恩が予告した通り北朝鮮が豊渓里の核実験場を「破壊」したときも、それは坑道に限られたため(27)、ボルトンはＣＶＩＤには及ばないと判断するほかなかった。ボルトンは金英哲が訪米したときも、「ＣＶＩＤが完了しない限り」、国連安保理制裁も緩和されるべきはないことをトランプに進言していた(28)。

これに対して金英哲は、豊渓里の核実験場の「破壊」に対して米国がとるべき措置として、「安全の保証」を強調したという(29)。ボルトンがＣＶＩＤを強調した際も、金桂官《キムゲグァン》第一外務次官は「朝鮮半島非核化」のためには「米国の対朝鮮敵視政策を核の威嚇、恐喝を終わらせるのがその先決条件となる」と述べていた(30)。北朝鮮は、米朝「枠組み合意」からの離脱とともに「公式の保証」が無効となり、六者会合共同声明でも国連憲章第二条第四項に準ずる武力不行使を確約したに過ぎなかった以上、米朝首脳会談で改めて米国による「安全の保証」を求めたことになる。

この文脈で指摘すべきは、トランプが金英哲に対して、米韓合同軍事演習がいかに「高コスト」であり、「挑発的であるか」を語ったことである(31)。これは同盟国との関係をコストの観点で捉えるトランプ独特の思考から発せられたもので、「板門店宣言」で米国に伝えた「朝鮮半島非核地帯化」の主張に応えたわけではない。しかし、金英哲はトランプの発言から、米朝首脳会談で改めて「安全の保証」を求め、米韓合同軍事演習の中止を拡大抑止の無効化の端緒としようと考えたに違いない。

かくして二〇一八年六月一二日、シンガポールでもたれた第一回米朝首脳会談で米朝共同声明が発表された。その本文では、米朝両国は「平和と繁栄に向けた両国国民の願いに基づいて、新しい関係を樹立するために取り組んでいくことを約束する」（第一項目）とし、両国が「朝鮮半島で永続的で安定した平和体制を構築するためにともに努力する」（第二項目）と謳った後、「板門店宣言」を「再確認」した上で、北朝鮮が「朝鮮半島の完全な非核化に向けて取り組むことを約束」した（第三項目）とされていた。ただし、「板門店宣言」との関連で検討を要するのは、本文よりも前文であろう。米朝共同声明は前文で、「金正恩委員長は朝鮮半島の完全な非核化（complete denuclearization of the Korean Peninsula）に取り組む揺るぎない意思を再確認した」ことに言及し、トランプが「朝鮮民主主義人民共和国にセキュリティ・ギャランティーズ（security guarantees）を与えることを確約した（committed to provide）」と述べていた。[32]

北朝鮮が「朝鮮半島非核地帯化」に固執していたとすれば、ここでいう「セキュリティ・ギャランティーズ」とは、米朝「枠組み合意」に示された非核化措置に対する「公式の保証」——核不拡散上の規範——とは異質な概念と考えなければならない。しかも、米朝「枠組み合意」に示された「公式の保証」が、北朝鮮がＮＰＴ／ＩＡＥＡに完全に復帰したときに与えられると考えられたが、トランプはこの「セキュリティ・ギャランティーズ」を「与えることを確約した」として過去形を用いていた。これに対して、その間北朝鮮がとった「非核化」措置といえるものは豊渓里の核実験場の坑道破壊という「今後の」兵器開発の停止であり、それも「永久破壊」にはほど遠かった。トランプの記者会見によれば、米朝首脳会談で金正恩は「主要なミサイルエンジン試験場（西海衛星発射場を指す）」（括弧内は引用者）を破壊していることを伝えたというが、「完全な非核化」といいながらも、これまで議論されてきた「すべての」核施設の申告などには何ら言及せず、「非核化」の定義についても合意することはなかった。

それにもかかわらず、金正恩はトランプと「段階的に同時行動原則」を順守することが重要であることについて「認識が一致した」といい、[33] 米韓合同軍事演習の「縮小」もしくは「完全な中止」を求めたという。鄭義溶が三月に平壌を訪問した際、金正恩は「米韓合同軍事演習の継続に理解を示した」と語ったが、それは米朝首脳会談を実現するための発言であって、本意ではなかったことになる。トランプは金正恩の主張に対して、会談後の記者会見で、「乙支フリーダム・ガーディアン」の中止を明言したのである。(34)

そう考えたとき、「セキュリティ・ギャランティーズ」とは、米韓同盟関係の弛緩を伴う概念であり、「朝鮮半島非核化」に対する「安全の保証」を文書上確約したものというよりは、「朝鮮半島非核地帯化」を構成する概念に近い。しかも、ここに複数形が用いられていたことは、米韓同盟を弛緩させる措置は、「乙支フリーダム・ガーディアン」の中止に限られないことが示唆されていた。トランプが記者会見で「乙支フリーダム・ガーディアン」との関連で、グアムのアンダーセン米空軍基地から発信する戦略爆撃機について「高くつく」と述べたが、これは、二〇一六年七月の「政府代弁人声明」の第三項目で「米国が朝鮮半島とその周辺に随時展開している核打撃手段を再び持ち込まないことを保証しなければならない」を挙げた北朝鮮を鼓舞したに違いない。

(3)「九月平壌共同声明」——条件としての「相応措置」

米朝首脳会談で定義できなかった北朝鮮の「非核化」と、その最初の課題である「すべての」核施設の申告という困難な課題は、ポンペオ国務長官に委ねられた。ポンペオは北朝鮮に与えられた「セキュリティ・ギャランティーズ」の後、申告と検証を求めなければならなかった。特筆すべきは、この時期、寧辺のほかにもウラン濃縮施設の約二倍の濃縮ウラン生産能力をもつ施設が降仙にあり、そのほかにも同様の施設が存在しうるとの報告が公表されたことである。(35)金正恩は二〇一八年七月のポンペオ訪朝の直前、トランプに対してポンペオからは過去、「見返りを与える用意があるとの示唆がなかった」ことを伝えていた。このとき金正恩は「非核化とは段階的かつ米国の実践的な行動と並行してのみ可能となる」と強調し、[36]北朝鮮が「寧辺以外の施設」を含む「完全な」申告を行う前に、豊渓里の核実験場の坑道破壊に対して米国が相応する措置をとることを求めていた。ポンペオ訪朝を受け、北朝鮮外務省代弁人がポンペオは「強盗まがいの非核化要求[37]」を行ったとする談話を発表したことを考えると、ポンペオは平壌で核実験場の坑道破壊に相応する措置を米国がとることよりも、降仙など「寧辺以外の施設」を含む「完全」な申告を北朝鮮に求めたのであろう。これを受け、金正恩は九月三日、再びトランプに書簡を送り、再度米朝首脳会談を要求するとともに、「さらなる有意義な措置」として、「核兵器研究所、衛星発射地域の完全な閉鎖」「(寧辺の)核物質生産施設(単数)の不可逆的な閉鎖」(括弧内は原文通り)の用意があると示し、「米国のさらなる段階的な実践的措置」を求めた[38]。

その直後、文在寅大統領が平壌を訪問し、金正恩と「九月平壌共同宣言」(二〇一八年九月一九日)を発表するが、これは南北間の合意文書でありながら、対米関係についても示唆するところが多い。まず指摘すべきは、ここで「南と北は朝鮮半島を核兵器と核脅威のない平和の基盤として作り上げなければならず、このために必要な実質的な進展を早く成し遂げなければならないという認識をともにした」と謳われたことである。北朝鮮の認識において、朝鮮半島の「平和」に対する「核脅威」が米国の核兵器だとすれば、この一文は南北間の合意履行には米国による「安全の保証」が不可欠であることを示唆したに等しい。この一文も「朝鮮半島非核化」よりは「朝鮮半島非核地帯化」の主張に近く、「朝鮮半島を核兵器と核脅威のない平和の基盤として作り上げる」の一文は、朝鮮中央通信の英文配信記事では to make the Korean peninsula a peace *zone* free from nuclear weapons and nuclear threat（朝鮮半島を核兵器と核脅威がない平和地帯にする）（英文イタリックおよび邦訳傍点は引用者）と記された。その上で「九月平壌共同宣言」は、①北側は東倉里エンジン試験場とミサイル発射台を関係国専門家らの参観の下、優先して永久的に廃棄する。②米国が米朝共同声明の精神に従って「相応措置」をとる場合、寧辺核施設の永久的廃棄のような追加措置を続けて行う用意があるとし、「朝鮮半島の完全な非核化」を推進していく過程でともに緊密に協力していくことを謳った(39)。

北朝鮮が米国に求める「相応措置」の内容を公表したことはない。ただし、文在寅がその後の訪米と訪欧で国連安保理制裁の緩和を主張していたことをみると(40)、文在寅は北朝鮮の豊渓里核実験場の坑道破壊に相応する措置として国連安保理制裁の緩和を定め、この措置を米国にとらせることで北朝鮮を寧辺の核施設の解体に導き、さらなる制裁緩和がウラン濃縮施設など「寧辺以外の施設」を含む「完全」な申告を行うように北朝鮮を誘導することを考えたとみてよい。

もとより、文在寅の主張に米国が応じたわけではなく、米国は北朝鮮の「完全な」申告という成果を第二回米朝首脳会談に求めた。ペンス米副大統領は、第二回米朝首脳会談開催の前提条件として、核施設の「完全な」申告を求める考えはないと述べつつも、「次回の首脳会談では、問題とされるすべての兵器と開発施設を特定し、施設の査察を認め、核兵器を廃棄する計画を持ち帰ることが必須(41)」と述べた。これに対して朝鮮中央通信は署名入りの論評で、「米国のある高位人物（ペンスを指す）は第二回首脳会談の前提条件として核申告書を求めていないと述べ、あたかも大きな譲歩をしたかのようなふりをした」（括弧内は引用者）と述べつつ、「いわゆる申告書とは、われわれ自身を攻撃する座標を指し示してくれというのも同然」とし、「朝鮮だけが動き、米国が動かないのに協議は進むのか[42]」と批判した。別言すれば、北朝鮮は「完全な」申告のためには、米朝共同声明で「セキュリティ・ギャランティーズ」を与えることを確約した米国が、そこに網羅される施設を攻撃する装備を撤去しなければならないと考えたことになる。

さらに、朝鮮中央通信は一週間後に再び同一の署名者による論評を掲載した。そこでは、「朝鮮半島非核化というときは北と南の領域内だけではなく朝鮮半島を狙う周辺からすべての核の脅威の要因を除去すること」であると指摘した上で、「そもそも非核地帯であった朝鮮半島に核兵器を大量に持ち込み、戦略物資の展開と核戦争演習などわれわれを核で絶えず脅かすことで、われわれが核戦争抑止力を保有せざるを得なくした張本人が米国である」と批判した。実際には朝鮮半島がかつて「非核地帯」であったことはないが、この論評は朝鮮半島のあるべき地位が「非核地帯」であることを強調したことになる。実際、この論評は「朝鮮半島の非核化とは、われわれの核抑止力をなくすことである前に、『朝鮮に対する米国の核の脅威を完全に除去すること』であるのがまともな定義である[43]」として、拡大抑止の解消を求めていたのである。

5 第二回米朝首脳会談と「非核化」概念――「対朝鮮敵視政策」の撤回

(1)「スタンフォード演説」と「寧辺の核施設」の定義――「寧辺プラスアルファ」

第二回米朝首脳会談を前に、北朝鮮の主張が「朝鮮半島非核地帯化」に傾斜するなか、国連安保理制裁の解除だけでは、北朝鮮を「完全な」非核化に導くことはできないことは明らかになりつつあった。二〇一九年一月一七日、金英哲が金正恩の親書を携えてホワイトハウスでポンペオとトランプとの会談に臨んだとき、トランプは「北朝鮮が核を放棄するまで制裁は解除できない」[44]と述べた。北朝鮮特別代表のビーガンによれば、ストックホルムでの金革哲《キムヒョクチョル》国務委員会米州担当特別代表らとの一連の事前協議でも、北朝鮮は国連安保理制裁を先行して解除することを求め、すべての制裁を解除すれば、金正恩から「大きな贈物」があると示唆していたが、「非核化」について言及することはなかったという[45]。北朝鮮は依然として、国連安保理制裁の解除だけでは「完全な」申告には応じられないことを示唆していた。

他方、ビーガンは、北朝鮮に「すべての」核施設の申告を強要することで第二回米朝首脳会談が決裂することを懸念していた。ビーガンは金正恩が「九月平壌共同声明」で寧辺の核施設の「永久的破棄」に言及したことに鑑み、この核施設の解体を優先することを考えた。もとより、それは「寧辺以外の核施設」の解体の必要性を否定するものではなく、「寧辺以外の核施設」のうち、主要な施設を申告の対象に含むことから始まる段階的なアプローチを念頭においていた。このようなアプローチは「寧辺プラスアルファ」ともいわれたが、「アルファ」は「すべて」とは限らない。このアプローチの要諦は、寧辺の核施設の解体から開始し、「寧辺以外の核施設」のうちの主要な核施設——降仙の核施設を含む——の申告と解体に至る「北朝鮮非核化」の段階的なプロセスを想定したことにある。

このアプローチが公表されたのは、第二回米朝首脳会談を約一カ月後に控えた二〇一九年一月末、ビーガンがスタンフォード大学で行った演説（以下、「スタンフォード演説」と略記）であった[46]。ここでビーガンは、「申告が完全となる以前でも非核化のいくつかの要素から始めることができる」と述べ、「完全な」非核化を「前提」としてではなく、「結果」に位置づけることを示唆した。それは北朝鮮の核実験後、第三回六者会合の「六月提案」で示されたウラン濃縮施設を含む全核施設の申告を無力化、ひいては解体のプロセスを「完全な」申告なしに開始することに等しかった。ここでビーガンが寧辺の核施設について、「寧辺以外にも及ぶ施設の複合体」とし、「プルトニウム再処理とウラン濃縮計画の全体を示している」と述べたことは、特記されてよい。ビーガンは、寧辺という行政区画は軽水炉を含む核施設を擁するが、それらが寧辺内で自己完結せず、「寧辺以外の核施設」の多くと連結していると考えていた。ビーガンが寧辺の核施設を解体することが「寧辺以外の核施設」との連結を断ち、「寧辺以外の核施設」の解体にもつながると考えていたとすれば、寧辺の核施設の解体に高い優先順位を与えていたのは当然であった。

ビーガンの「スタンフォード演説」に最も強い批判を向けたのはボルトンであった。ボルトンは寧辺の核施設を「老朽化しつつある一つの原子炉とウラン濃縮とプルトニウム再処理の何割か」を担っているに過ぎないとみなしており、むしろ「寧辺以外の核施設」に比重を置いていた。第二回米朝首脳会談の合意草案はビーガンがまとめたというが、これをみたボルトンは「まるで北朝鮮側が書いたようだった」(47)と回顧している。したがって、第二回米朝首脳会談の成否は、米国側が北朝鮮による「完全な」申告以前に「非核化」プロセスを開始するか、あるいは、北朝鮮にあくまでも「完全な」申告を求めるか――そして「完全な」申告書のなかで寧辺の核施設の解体にどれだけの優先順位を与えるか――によって決められることになった。

かくして、ハノイでの第二回米朝首脳会談は、二月二五日の準備会合から、北朝鮮が提出すべき「完全な」申告書のなかで「寧辺以外の核施設」をいかに位置づけるかについて議論が交わされた。ビーガンによれば、米国側は寧辺の核施設を「核燃料サイクルと核兵器計画の産業複合体とし、広域に跨がる何十とという施設」とみなす「幅広い定義」をしたというが[48]、ボルトンは寧辺の核施設の解体に高い優先順位を与えようとはしなかった。ボルトンが金正恩に手交した二片の書簡の一つは、「核・ミサイル開発の現時点での全容を申告させること」を強調していたといわれ、ＣＶＩＤに忠実に従ってそこには平和利用目的の軽水炉も含まれ、それも申告の上、解体されなければならないと考えていた[49]。さらに、二月二八日の拡大首脳会議でトランプは金正恩に英文と朝鮮文による二片の書簡を手交したというが、そこに記された「広く定義した非核化」のための措置もまた、ボルトンが手交した書簡と同様の措置が列挙されていたであろう。このように、ボルトンとトランプは「広く定義した非核化」のなかで、寧辺の核施設を相対的に位置づけていた[50]。トランプも会談後、寧辺の核施設について「大きな施設」だが、北朝鮮の「完全な」非核化にはそれが解体されても「十分ではない[51]」と述べていた。

ただし、ビーガンのアプローチが一顧だにされなかったわけではない。トランプが金正恩に「五つの」核施設を申告することを求めたのに対し、金正恩は「一つか二つ」を申告することには同意したものの、「それ以外の」施設の申告は拒絶したという[52]。トランプが「寧辺以外の核施設」の「すべて」ではなくとも重要性の高い施設を含めることで金正恩との合意を考えたとすれば、トランプもいったんはビーガンのアプローチを考えたことになる。「それ以外の」核施設に降仙が含まれていたことも確かであろう。ボルトンは、もし金正恩がビーガンのアプローチに従って降仙を含む申告に合意していたなら、「取引が成立したかもしれない[53]」と回顧しているが、これは第二回米朝首脳会談で合意を生むにはビーガンのアプローチこそが有効であったことを示している。

(2)「新たな計算方法」——「対朝鮮敵視政策」撤回と国連安保理制裁解除の比重

もとより、トランプは金正恩に「寧辺以外の核施設」を含む申告を求めたとき、反対給付を考えなかったわけではない。トランプはこれに関連して、国連安保理の経済制裁についてその「一部の数値上の削減」を提案したという。[54] 金正恩は米朝共同声明でトランプが確約した「セキュリティ・ギャランティーズ」を実践に移す上で、寧辺の核施設の解体の意義を強調して国連安保理制裁の解除を求め、「寧辺以外の核施設」を含む「完全」な申告を拒絶した。ただし、北朝鮮には第二回米朝首脳会談が「決裂」したという認識はなかった。『労働新聞』は第二回米朝首脳会談閉会にあたって「問題解決のため生産的な対話を引き続き行っていくこととした」[55]として、米朝首脳会談の継続を望んでいた。金正恩は米朝首脳会談を繰り返すことで、米韓合同軍事演習「乙支フリーダム・ガーディアン」中止に続く、「セキュリティ・ギャランティーズ」を実践に移すことを求めようとしたに違いない。

この文脈から、第二回米朝首脳会談後、金正恩が最高人民会議で行った施政演説は特筆してよい。ここで金正恩は「敵対勢力の制裁解除の問題などにはこれ以上執着しない」[56]と述べ、「対朝鮮敵視政策」全体で国連安保理制裁の比重を下げることを示唆して、米朝首脳会談の再開を考えたのである。金正恩は米朝共同声明を履行するためには、「互いの一方的な条件を取り下げ、各自の利害に合致した建設的な解決法を見出さなければならない」と強調したが、北朝鮮が取り下げるとした「一方的な条件」が国連安保理制裁の解除であるとして、米国が取り下げるべき「一方的な条件」について金正恩は、「まず米国が今の計算法を捨て新しい計算法をもってわれわれに近寄ることが重要」と述べていた。金正恩はここで、第一回米朝首脳会談後ポンペオが訪朝して「完全な」申告書の提出を求め、第二回米朝首脳会談でもボルトンが

「寧辺以外の核施設」を含む「完全な」申告を求めたことを批判して、米国に「正しい姿勢」を求める一方、米国が「第三回朝米首脳会談の開催を提起するなら（中略）いま一度会談をもつ用意がある」として、「今年（二〇一九年）末まで忍耐強く米国の勇断を待つ」（括弧内は引用者）と述べていた。

しかし、金正恩が「一方的な条件」を取り下げたことは譲歩を意味しなかった。この直後、北朝鮮外務省米国担当局長はポンペオ解任を求め、「われわれの体制安全を不安にし、発展を妨げる脅威と障害物がきれいに、疑いもなく取り除かれることで初めて、非核化の議論もできるであろう[57]」と述べ、少なくとも米朝共同声明で下された米韓合同軍事演習「乙支フリーダム・ガーディアン」中止を継続し、そこで供与された「セキュリティ・ギャランティーズ」を担保する行動を求めたのである。米朝共同声明の一周年にあたる二〇一九年六月中旬、金正恩はトランプに送った書簡でも「新たなアプローチ」を求めたが、それも米韓同盟の弛緩に関わっていた。だからこそ、同年六月末日に板門店でトランプと再会して実務協議の開始に合意したにもかかわらず、米韓合同軍事演習「乙支フリーダム・ガーディアン」が再開されると、その当日に金正恩はこれを批判する書簡をトランプに送り、実務協議も第四回米朝首脳会談も行わないとする意志を伝えなければならなかった[58]のである。これが金正恩の最後の書簡となったが、これにあわせて北朝鮮外務省は代弁人談話で、米韓合同軍事演習の再開に伴う情勢悪化は、「われわれの朝米および北南合意の履行への意欲を急激に削いでおり、今後の対話の展望にもよからぬ影響を及ぼしている[59]」と批判した。

これで北朝鮮が対米対話を断念したわけではなかった。わけてもボルトン解任の直前、崔善姫《チェソンヒ》第一外務次官は、米国が「われわれが受け入れ可能な計算法に基づいた代案をもって臨むものと信じたい[60]」と述べ、

第二回米朝首脳会談では「完全な」申告を先行させたアプローチとは異なる「計算法」を求めた。トランプがボルトンを解任した後、北朝鮮に対する「新たな方法」に言及すると[61]、金明吉《キムミョンギル》巡回大使は「時代的に古びた枠にしがみつき全てに接してきた厄介なトラブルメーカーが米政権を去った」として、トランプが言及した「新たな方法」を「賢明な政治的判断」として歓迎する談話を発表した[62]。

ところが、ボルトン解任が米朝首脳会談の再開に結びつくことはなかった。金正恩がトランプに求めたのは、米朝共同声明で謳われた「セキュリティ・ギャランティーズ」を担保する行動をとることであった。北朝鮮のいう「対朝鮮敵対視政策」のなかで国連安保理制裁の比重をあえて下げたが、そのことは米韓合同軍事演習などの拡大抑止の比重を相対的に高めていた。北朝鮮が「朝鮮半島非核化」の下に「朝鮮半島非核地帯化」を主張したことが、米朝首脳会談の再開を遠ざけるという結果をもたらしたのである。

おわりに――軍備管理アプローチの条件

米朝「枠組み合意」以降、「南北非核化共同宣言」で確認された「朝鮮半島非核化」概念は、合意文書が交わされるにつれて崩れていった。本来、「南北非核化共同宣言」は、米国による「安全の保証」なく成立したが、「第一次核危機」後、米国は米朝第一ラウンド協議共同声明で、ＮＳＡを米朝二国間関係に読み換える形で北朝鮮に「安全の保証」を与えていた。かつて北朝鮮が「非核地帯化」を主張していたとき、米国に「安全の保証」を求めていたことを考えると、米朝「枠組み合意」は、北朝鮮が「朝鮮半島非核地帯化」の主張に回帰する端緒となったといえる。また、「朝鮮半島非核地帯化」のいま一つの要素は、拡大抑止の解消であったが、「南北非核化共同宣言」は米韓同盟を毀損することなく成立し、米朝「枠組み合意」もその署名後、米韓合同軍事演習「チーム・スピリット」は一度中止されたものの、ＲＳＯＩは行われていた。六者会合共同声明後も「ＲＳＯＩ／フォール・イーグル」は中断すらされなかった。これに対して、二〇一八年以降の一連の首脳会談で、北朝鮮は「今後の」核開発の自制を公言しつつ、既存の核兵器については段階的な「非核化」を唱え、「安全の保証」だけではなく、米国に拡大抑止の解消なども求めていた。その主張は「朝鮮半島非核地帯化」に近かった。米朝共同声明でトランプから「セキュリティ・ギャランティーズ」の確約を得て、米韓合同軍事演習「乙支フリーダム・ガーディアン」を中止させた後、北朝鮮は拡大抑止の解消、国連安保理制裁の解除を求めていた。

トランプ政権もＣＶＩＤに従って「北朝鮮非核化」を求めることでは従来の米政権と変わるところはなかったが、「寧辺以外の施設」を含む「完全な」申告については、米朝首脳会談を経ても金正恩から確約を得ることはできなかった。金正恩は「九月平壌共同宣言」で米国の「相応措置」を条件に寧辺の核施設を解体する用意があることを示したものの、「完全な」申告には言及しなかった。そこで生まれた「寧辺プラスアルファ」のアプローチは、ビーガンがいうように、寧辺の核施設の解体は当然として、「寧辺以外の施設」で核分裂物質を多く生産していると考えられる施設から「非核化プロセス」を開始することを目的にしていた。それにもかかわらず、第二回米朝首脳会談が文書不採択に終わったのは、ボルトンがビーガンのアプローチを「頓挫」させたからにほかならない(63)。ビーガンは後に米朝首脳会談では「非核化」概念の定義で一致をみなかったと回顧しているが(64)、この会議に臨む米国側――わけでもビーガンとボルトンの間――にも「非核化」の推進方法について一致した見解はなかった。

第二回米朝首脳会談後、拡大抑止の解消を求めるなど、北朝鮮が「朝鮮半島非核地帯化」の主張を繰り返すなか、米韓同盟の修復を図るバイデン政権が発足した。バイデンが米韓同盟の弛緩を試みる北朝鮮に応じるとは考えにくい。北朝鮮がバイデン政権は米朝共同声明でトランプが金正恩に供与した「セキュリティ・ギャランティーズ」を行動に移す意思はないと判断して、米朝首脳会談を前にして自制した核実験、中長距離以上の弾道ミサイル発射を再開すれば、そこで米朝協議が成立するかもしれないが、その場合にしても、トランプ政権が求めた「完全な」「北朝鮮非核化」よりも、北朝鮮の核実験、弾道ミサイル発射を再凍結させることが協議の当面の目的となるだろう。

そこで、あるべき米朝協議が北朝鮮との「軍備管理」を目的とすべきとの主張が生まれるのは当然かもしれない。バイデンは大統領候補の時期から、北朝鮮も含めた「軍備管理」を行うことを確約していたが[65]、その「軍備管理」とは、北朝鮮の核実験、弾道ミサイル発射の凍結などから始まるにせよ、核施設の申告、凍結、無能力化、解体のプロセスを含むであろうし、その間残存する核兵器もまた、「完全に」放棄されなければならないと考えられる。バイデン政権下でも「北朝鮮非核化」原則であるCVIDが放棄されることはない。

ただし、CVIDはもはや、「北朝鮮非核化」のための協議の前提にはならない。「北朝鮮非核化」の前提となる「完全な」申告は後退し、第二回米朝首脳会談で「完全な」申告を強要したボルトンのアプローチは、むしろ文書不採択という結果をもたらした。バイデン政権は北朝鮮政策の再検討の結果、「計算された現実的アプローチ（calibrated and practical approach）」を掲げ、サリヴァン国家安全保障担当大統領補佐官も「完全な朝鮮半島の非核化」を「究極の目標」としながらも、北朝鮮に対して「妥協を許さない

(all for all, or nothing to nothing)」アプローチをとることは否定した[66]。そこには、第二回米朝首脳会談でボルトンがとったアプローチへの批判が込められている。

バイデン政権は、金正恩から「完全な」「朝鮮半島非核化」の確約を得た米朝共同声明の資産を受け継いではいる。バイデン政権が北朝鮮の「朝鮮半島非核地帯化」の主張に応じることはないが、拡大抑止の弛緩に固執してきた北朝鮮も「朝鮮半島非核地帯化」の主張を取り下げ、「北朝鮮非核化」のための措置をとるとも考えにくい。バイデン政権はトランプ政権、あるいはそれ以前の政権からの負債もまた、受け継いでいるといわなければならない。

（１）論評員「『平和』の風呂敷で包んだ核戦争狂信者の凶悪な姿」『労働新聞』一九七八年六月一四日付（朝鮮語）。

（２）「ブロック不加担運動の強化発展のために――朝鮮労働党中央委員会政治局、朝鮮民主主義人民共和国中央人民委員会合同会議での結論　一九八六年年六月二〇日」『金日成著作集』（第四〇巻）平壌、朝鮮労働党出版社、一九九四年、一三三頁（朝鮮語）。

（３）「朝鮮民主主義人民共和国外交部声明」『労働新聞』一九九一年一一月二六日付（朝鮮語）。See, Hideya Kurata, "Progress toward a System of Confidence-Building Measures on the Korean Peninsula," *Japan Review of International Affairs*, Volume 6, Number 1 (Spring 1992), p. 95.

（４）『第四、五、六、七次南北高位級軍代表會談（Ⅱ）』、ソウル、合同参謀本部、一九九二年、二六二頁（韓国語）。

（５）"US-North Korean Joint Statement June 11, 1993, Geneva," Joel S. Wit, Daniel B. Poneman, Robert L. Gallucci (eds.), *Going Critical: The First North Korean Nuclear Crisis*, Washington DC: Brookings Institution Press, 2004. pp. 419-420. ただ

し、文中のGenevaはNew Yorkの誤記である。なお、本文で「保証」とした語は朝鮮文を直訳すると「担保」となる（「朝鮮民主主義人民共和国－米合衆国共同声明」『労働新聞』一九九四年六月一二日付（朝鮮語））。

（6）米朝「枠組み合意」からの引用は、"Agreed Framework between United States of America and Democratic People's Republic of Korea, October 21, 1994," Witt, et al., *Going Critical*, pp. 421-423による。朝鮮文の「公式の保証」は直訳すると「公式担保」となる。これについては、「朝鮮民主主義人民共和国と米合衆国の間の基本合意文」『労働新聞』一九九四年一〇月二二日付（朝鮮語）。なお、米朝第一ラウンド協議から米朝「枠組み合意」署名までの経緯については、拙稿「北朝鮮の核開発問題と『安全の保証』の原型――普遍的原則と地域的取決めの交錯」日本軍縮学会編『軍縮・不拡散の諸相――日本軍縮学会設立一〇周年記念』信山社、二〇一九年を参照されたい。

（7）拙稿「北朝鮮の『核問題』と盧武鉉政権――先制行動論・体制保障・多国間協議」『国際問題』第五一八号（二〇〇三年五月）、一七頁。

（8）チェ・ソングク「問題解決の鍵は米国の態度変化にある」『労働新聞』二〇〇四年三月八日付（朝鮮語）。拙稿「南北首脳会談後の平和体制樹立問題――制度的措置と軍事的措置の交錯」小此木政夫編『危機の朝鮮半島』慶應義塾大学出版会、二〇〇六年、六一頁。

（9）Prepared Statement of James A. Kelly Assistant Secretary of State for East Asian and Pacific Affairs Senate Foreign Relations Committee "Dealing with North Korea's Nuclear Programs" July 15, 2004. 拙稿「六者会合と『安全の保証』の地域的展開――米国の核態勢と北朝鮮『核保有』の修辞」小此木政夫・西野純也編『朝鮮半島の秩序再編』慶應義塾大学出版会、二〇一三年、二四〇～二四二頁。

（10）『朝鮮問題は何故解決しないか』平壌、外国文出版社、二〇一七年、三五頁（朝鮮語）。

（11）「朝鮮民主主義人民共和国外務省代弁人談話」『民主朝鮮』二〇〇五年四月一日付（朝鮮語）。チェ・ソングク「米国は教訓をもって信頼性ある態度変化をみせなければならない」『労働新聞』二〇〇五年六月三日付（朝鮮語）。前掲拙稿「六者会合と『安全の保証』の地域的展開」、二四一～二四四頁。

（12）"Joint Statement, Sean McCormack, Spokesman, New York City, NY, September 19, 2005〈https://2001-2009.state.gov/r/pa/prs/ps/2005/53490.htm〉.

（13）拙稿「六者会談と北朝鮮の原子力『平和利用』の権利――『凍結対補償』原則の展開とCVIDの後退」浅田正彦・戸崎洋史編『核軍縮不拡散の法と政治――黒澤満先生退職記念』信山社、二〇〇八年、四三四頁。

（14）拙稿「ウラン濃縮問題の展開と第二回米朝首脳会談――地域的措置の限界と核不拡散措置の効用」令和元年度外務省外交・安全保障調査研究事業『「不確実性の時代」の朝鮮半島と日本の外交・安全保障』日本国際問題研究所、二〇二〇年、三一～三三頁。なお、拙稿「六者会談の生成と展開――国連安保理の地域的代替と効用」和田春樹・後藤乾一ほか編『岩波講座　東アジア近現代通史（第一〇巻・和解と協力の未来へ――一九九〇年以降）』岩波書店、二〇一一年、二三八～二三九頁も参照。

（15）「朝鮮民主主義人民共和国外務省声明」『民主朝鮮』二〇〇九年六月四日付（朝鮮語）。

（16）「朝鮮民主主義人民共和国外務省代弁人声明」『民主朝鮮』二〇〇八年八月二八日付（朝鮮語）。

（17）「朝鮮民主主義人民共和国外務省代弁人声明」『民主朝鮮』二〇一一年七月二一日付（朝鮮語）。詳細は、拙稿「金正恩の『核問題の全面的見直し』――非核化なき米朝平和協定？」『読売クオータリー』第二六号、二〇一三年夏を参照。

（18）「わが民族同士の団結した力で北南関係改善の活路を開こう――南朝鮮当局に送る重大提案」『民主朝鮮』二〇一四年一月一七日付（朝鮮語）。

（19）「米国と南朝鮮当局の『北非核化』詭弁は朝鮮半島非核化の前途をさらに遠くするだけである――朝鮮民主主義人民共和国政府代弁人声明」『民主朝鮮』二〇一六年七月七日付（朝鮮語）。この「政府代弁人声明」については、拙稿「朝鮮半島非核化と平和体制の樹立――争点と展望」『東亜』第六一三号（二〇一八年七月）、一四～一五頁でも検討している。

（20）「大韓民国政策ブリーフィング鄭義溶首席特使訪北結果言論発表　二〇一八・〇三・〇六　青瓦台」〈https://www.

korea.kr/news/blueHouseView.do?newsId=148848672&pageIndex=60&srchType=title&startDate=2008-02-29&endDate=2021-08-12&srchWord=〉（韓国語）。

（21）「大韓民国政策ブリーフィング鄭義溶国家安保室長米ホワイトハウス内容 二〇一八・〇三・〇九 青瓦台」〈https://www.korea.kr/news/blueHouseView.do?newsId=148848676&pageIndex=60&srchType=title&startDate=2008-02-29&endDate=2021-08-12&srchWord=〉（韓国語）。これは鄭義溶が米朝首脳会談開催合意を発表したホワイトハウスでの会見内容である。以下、この会見内容からの引用はこの文献による。

（22）「朝鮮労働党中央委員会第七期第三次全員会議進行——朝鮮労働党金正恩委員長同志が並進路線の偉大な勝利を誇り高く闡明し党の新たな戦略的路線を提示された」『労働新聞』二〇一八年四月二一日付（朝鮮語）。括弧内の英文は、"Third Plenary Meeting of Seventh C.C., WPK Held in Presence of Kim Jong Un, Pyongyang, April 21 (KCNA)"〈www.kcna.co.jp/index-e.htm〉による。

（23）金正恩の発言は新華社の報道文による。「習近平同金正恩挙行会談——李克強王滬寧王岐山分別参加有関活動」『人民日報』二〇一八年三月二九日付。中国語原文は「階段性、同歩的措施」である。

（24）「言論社社長午餐歓談会冒頭発言および締括発言 二〇一八・〇四・一九」〈https://www1.president.go.kr/articles/3024〉（韓国語）。

（25）「板門店宣言」からの引用は、「朝鮮半島の平和と繁栄、統一のための板門店宣言」『労働新聞』二〇一八年四月二八日（朝鮮語）。韓国政府の発表文「平和——新しい未来」〈https://www.koreasummit.kr〉（韓国語）による。朝鮮中央通信による英文発表文は、"Declaration on Peace, Prosperity and Reunification of Korean Peninsula Pyongyang, April 28 (KCNA)"〈www.kcna.co.jp/index-e.htm〉を参照。韓国政府による英文発表文は"Panmunjom Declaration on Peace, Prosperity and Reunification of the Korean Peninsula, Apr 27, 2018"〈https://www.korea.net/Government/Current-Affairs/National-Affairs/view?subId=41&affairId=656&pageIndex=1&articleId=3412〉による。

（26）"'This Week' Transcript 5-13-18: President Trump's National Security Adviser John Bolton on May 13, 2018"〈https://

abcnews.go.com/Politics/week-transcript-13-18-president-trumps-national-security/story?id=55110238〉.

（27）「朝鮮民主主義人民共和国核兵器研究所声明」『労働新聞』二〇一八年五月二五日付（朝鮮語）。

（28）John R. Bolton, *The Room Where It Happened: A White House Memoir*, New York: Simon & Schuster, 2020, p. 98（梅原季哉監訳、関根光宏・三宅康雄ほか訳『ジョン・ボルトン回顧録――トランプ大統領との四五三日』朝日新聞出版、二〇二〇年、一一五頁）.

（29）Ibid., p. 97（同右、一一三頁）.

（30）「一方的核放棄強要なら朝米首脳会談再考（金桂官第一外務次官談話 五・六）」『朝鮮民主主義人民共和国月間論調』二〇一八年五月、二頁。"'This Week' Transcript 5-13-18".

（31）Bolton, *The Room Where It Happened*, p. 97（前掲『ジョン・ボルトン回顧録』、一一三～一一四頁）.

（32）"Joint Statement of President Donald J. Trump of the United States of America and Chairman Kim Jong Un of the Democratic People's Republic of Korea at the Singapore Summit, June 12, 2018"〈https://trumpwhitehouse.archives.gov/briefings-statements/joint-statement-president-donald-j-trump-united-states-america-chairman-kim-jong-un-democratic-peoples-republic-korea-singapore-summit/〉. 米朝共同声明の英文からの引用はこの文献による。この朝鮮文からの引用は、「朝米関係の新たな歴史を開拓する世紀的会合、歴史上初の朝米首脳会合と会談進行――わが党と国家、軍隊の最高領導者金正恩同志が米合衆国大統領と共同声明を採択」『労働新聞』二〇一八年六月一三日付（朝鮮語）による。なお、security guarantees は、朝鮮文を直訳すると「安全担保」となる。

（33）『二〇一八年の金正恩最高指導者』平壌、朝鮮民主主義人民共和国外国文出版社、二〇一九年、九二頁（朝鮮語）。Hideya Kurata, "Synchronizing Two Asymmetrical Deals: The Panmunjeom Declaration and the US-DPRK Joint Statement from Japan's Perspective," *The Korean Journal of Security Studies*, Volume 23, Number 2 (December 2018).

（34）Bolton, *The Room Where It Happened*, p.110（前掲『ジョン・ボルトン回顧録』、一二八頁）. なお、このことは会談後もたれたトランプの記者会見でも言及された（"Press Conference by President Trump, June 12, 2018, Capella

"Hotel, Singapore"〈https://www.whitehouse.gov/briefings-statements/press-conference-president-trump/〉以下、トランプによる米朝首脳会議後の記者会見からの引用は、このウェブサイトによる)。

(35) Ellen Nakashima and Joby Warrick, "North Korea Working to Conceal Key Aspects of Its Nuclear Program, U.S. Official Say," *Washington Post*, June 30, 2018; Ankit Panda, "Exclusive: Revealing Kangson, North Korea's First Covert Uranium Enrichment Site: For More Than a Decade, North Korea Has Operated a Uranium Enrichment Site Just Outside Pyongyang," *The Diplomat*, July 13, 2018〈https://thediplomat.com/2018/07/exclusive-revealing-kangson-north-koreas-first-covert-uranium-enrichment-site/〉. 前掲拙稿「ウラン濃縮問題の展開と第二回米朝首脳会談」、三五頁。

(36) Robert L. Carlin, "The Real Lessons of the Trump-Kim Love Letters: What the 27 Mostly Unpublished Missives Tell Us about the Future of U.S.-North Korean Diplomacy, August 13, 2021, 2:46 PM"〈https://foreignpolicy.com/2021/08/13/north-korea-trump-kim-jong-un-love-letters-diplomacy-nuclear-talks/〉. トランプと金正恩は二〇一八年四月から一九年八月まで計二七通の書簡を交換しており、ウッドワードは、自著(*Rage*, New York: Simon & Shuster, 2020)でそのうち二五通を公開した。カーリンはウッドワードが入手した書簡の写しを『フォーリン・ポリシー』誌のウェブ版に公開した。

(37)「朝米高位級会談での米国側の態度に遺憾——朝鮮民主主義人民共和国外務省代弁人談話 七・七」『朝鮮民主主義人民共和国月間論調』二〇一八年七月、二九〜三〇頁。

(38) Carlin, "The Real Lessons of the Trump-Kim Love Letters"; Woodward, *Rage*, pp. 172–173(ボブ・ウッドワード、伏見威蕃訳『RAGE 怒り』、日本経済新聞出版、二〇二〇年、二三三〜二三四頁)。この書簡より遡る二〇一八年七月末、北朝鮮分析サイト「38ノース」は、東倉里の西海衛星発射場で一部施設の解体が着手されたと報じていた("North Korea Begins Dismantling Key Facilities at the Sohae Satellite Launching Station, July 23, 2018"〈https://www.38north.org/2018/07/sohae072318/〉.

(39)「九月平壌共同宣言」『労働新聞』二〇一八年九月二〇日付(朝鮮語)。括弧内の英文は、"Supreme Leader

Kim Jong Un and President Moon Jae In Sign September Pyongyang Joint Declaration, Pyongyang, September 20 (KCNA)"〈www.kcna.co.jp/index-e.htm〉による。韓国政府による発表文は、『二〇一八平壌頂上会談結果説明資料』ソウル、平壌頂上会談準備委員会、二〇一八年九月二〇日、三頁（韓国語）。括弧内の英文は、"Supreme Leader Kim Jong Un and President Moon Jae In Sign September Pyongyang Joint Declaration, Pyongyang, September 20 (KCNA)"〈www.kcna.co.jp/index-e.htm〉による。なお、この文書で言及された「朝鮮半島非核化」が「朝鮮半島非核地帯化」の概念に近いことを指摘した論考として、渡邊武「朝鮮平和協定の政治――共通の脅威と盟邦の統制」『東亜』第六一七号（二〇一八年一一月）、三五頁を参照。

（40） Hideya Kurata, "Korean Peace Building and Sino-US Relations: An 'Ad-Hoc' Concert of Interests?" *The Journal of Contemporary East Asia Studies*, Volume 8, Issue 1 (July 2019), p. 42.

（41） "Second Trump-Kim Summit to Go Ahead without List of Nuclear North Korean Weapons, Pence Says"〈https://www.nbcnews.com/politics/national-security/second-trump-kim-summit-go-ahead-without-list-nuclear- north-n936481〉.

（42） 「朝米関係改善と制裁、圧力は並行しない（鄭現の論評一二・一三）」『朝鮮民主主義人民共和国月間論調』二〇一八年一二月、一二頁。

（43） 「米の『非核化』の誤った認識が関係膠着の原因（鄭現の論評一二・二〇）」同右、四～五頁。

（44） Bolton, *The Room Where It Happened.*, p. 320（前掲『ジョン・ボルトン回顧録』、三五四頁）.

（45） "Negotiating with North Korea: An Interview with Former U.S. Deputy Secretary of State Stephen Biegun," *Arms Control Today*, Volume 51, Number 5 (June 2021), p .25.; see also, "U.S. Says Door for Talks Wide Open, But Imposes New Sanctions on DPRK, Updated 09:58, 20-Jun-2019"〈https://news.cgtn.com/news/2019-06-20/U-S-says-door-for-talks-wide-open-but-imposes-new-sanctions-on-DPRK-HFzeA7ZNa8/index.html〉; Michael Crowley and David E. Sanger, "In New Talks, U.S. May Settle for a Nuclear Freeze by North Korea," *New York Times*, June 30, 2019.

（46） Remarks on the DPRK, Stephen Biegun, U.S. Special Representative for North Korea, Stanford, CA, United States,

January 31, 2019. 以下、「スタンフォード演説」からの引用はこの文献による。この演説については、前掲拙稿「ウラン濃縮問題の展開と第二回米朝首脳会談」、三七〜三八頁でも扱っている。

(47) Bolton, *The Room Where It Happened*, p. 323（前掲『ジョン・ボルトン回顧録』、三五七頁）.

(48) Carnegie Endowment for International Peace, 2019 Carnegie International Nuclear Policy Conference, A Conversation with U.S. Special Representative Stephen Biegun, Washington D. C., Monday, March 11, 2019, pp. 21–22; pp. 39–40. 前掲拙稿「ウラン濃縮問題の展開と第二回米朝首脳会談」、三九頁。

(49) ボルトンは金正恩に「南北非核化共同宣言」を示し、「何を求められているかは重々承知ではないか」と指摘したという。前述の通り、「南北非核化共同宣言」は、北朝鮮に原子力平和利用の権利行使を認めていたが、CVIDを主張していたボルトンが北朝鮮に原子力の平和利用の権利行使を認めていたとは考えにくい。ボルトンが「全容」の申告を求めた「核・ミサイル開発」には、北朝鮮が平和利用目的と主張する施設も含まれていたと考えてよい。ボルトンのこの発言については、Bolton, *The Room Where It Happened*, p. 330（前掲『ジョン・ボルトン回顧録』、三六四頁）を参照。

(50) "Full Transcript of 'Face the Nation' on March 3, 2019" 〈https://www.cbsnews.com/news/full-transcript-of-face-the-nation-on-march-3-2019/〉.

(51) "Remarks by President Trump in Press Conference, Hanoi, Vietnam, February 28, 2019" 〈https://www.whitehouse.gov/briefings-statements/remarks-president-trump-press-conference-hanoi-vietnam/〉.

(52) "Interview: Steve Hilton Interviews Donald Trump on Fox News' the Next Revolution - May 19, 2019" 〈https:// factba.se/transcript/donald-trump-interview-steve-hilton-fox-telephone-may-19-2019〉.

(53) Bolton, *The Room Where It Happened*, p. 328（前掲『ジョン・ボルトン回顧録』、三六二頁）.

(54) Ibid.（同右）.

(55) 本紙政治報道班「第二回朝米首脳会談第二日会談進行——わが党と国家、軍隊の最高指導者金正恩同志が米合衆国大統領ドナルド・ジェイ・トランプと再びお会いになり、会談をされた」『労働新聞』二〇一九年三月一日（朝鮮語）。

（56）金正恩『現段階での社会主義建設と共和国政府の対内外政策について――朝鮮民主主義人民共和国最高人民会議第一四期第一次会議で行った施政演説、主体一〇八（二〇一九）年四月一二日』平壌、朝鮮労働党出版社、二〇一九年、三三頁（朝鮮語）。以下、金正恩の施政演説からの引用はこの文献による。

（57）「米国務長官以外との対話求める（朝鮮外務省米国担当局長、四・一八）」『朝鮮民主主義人民共和国月間論調』二〇一九年四月、二九～三〇頁。

（58）Carlin, "The Real Lessons of the Trump-Kim Love Letters."

（59）「朝鮮民主主義人民共和国外務省代弁人談話」『民主朝鮮』二〇一九年八月六日付（朝鮮語）。

（60）「九月下旬、対米協議の用意ある（崔善姫第一外務次官談話、九・九）」『朝鮮民主主義人民共和国月間論調』二〇一九年九月、一頁。

（61）"Remarks by President Trump during Visit to the Border Wall, San Diego, CA, September 19, 2019" 〈https://trumpwhitehouse.archives.gov/briefings-statements/remarks-president-trump-visit-border-wall-san-diego-ca/〉.

（62）「実務協議首席代表として米の対案に期待（金明吉巡回大使談話、九・二〇）」『朝鮮民主主義人民共和国月間論調』二〇一九年九月、一～二頁。

（63）Bolton, *The Room Where It Happened*, p. 331（前掲『ジョン・ボルトン回顧録』、三六六頁）.

（64）Elias Groll, "North Korea Talks in 'Holding Pattern' over Key Word, U.S. Envoy Says: Biegun Admits the Two Sides Still Can't Agree on What 'Denuclearization' Means" 〈https://foreignpolicy.com/2019/06/19/north-korea-talks-in-holding-pattern-amid-dispute-on-key-phrase-us-envoy-says-biegun/〉.

（65）"Candidates Answer CFR's Question, Joe Biden, August 1, 2019, 5:36 pm（EST）" 〈https://www.cfr.org/article/joe-biden〉.

（66）"'This Week' Transcript 5-2-21: Jake Sullivan, Sen. John Barrasso, Adm. Mike Mullen & Dr. Ashish Jha" 〈https://

abcnews.go.com/Politics/week-transcript-21-jake-sullivan-sen-john-barrasso/story?id=77442272〉.

※以上のＵＲＬの最終閲覧日は、二〇二三年一月七日。

第8章　北朝鮮経済における「連続と断絶」
――歴代「路線」を通じた動態的把握の試み

飯村　友紀

はじめに――北朝鮮経済に「分け入る」には？[1]

北朝鮮の経済の全体像を把握することは難しい。それは一義的には、何よりもかの国がそもそも体系的な形で統計資料を公開しない点に起因するものである。その結果、観察者はいきおい断片的に（さらに言えば恣意的に）発表される個々の数値を材料として、あたかも発掘された化石のごく一部から恐竜の全身像を推測するような作業を強いられることとなる。たとえば「GDP二四九億九八〇〇万ドル（二〇一三年：人口一人あたり一〇一三ドル）→三三五億四〇〇〇万ドル（二〇一九年：二〇一五年比一・二倍）」「人口二四八九万人（二〇一四年）→二五〇三万人（二〇一五年）→二五四四万八三五〇人（二〇一八年）[2]」……

といった記述から、二〇一三年の人口二四六七万人、二〇一五年のGDP二七九億五〇〇〇万ドル（人口一人あたり一一一六ドル）という数値を算出するという具合に、自分なりの「統計ノート」を手仕事で作り上げるといった作業は、多くの研究者が経験してきたものであろう。統計データを一次資料として用いつつマクロな動態を描写するというごく一般的なアプローチすら、こと北朝鮮経済の分析においてはきわめてハードルの高い作業なのである。

また、観察対象としての北朝鮮をどのようにとらえる（見る）か、という観察者側のスタンス自体がともすれば揺らぎがちである点も、北朝鮮研究（経済分野を含む）のいまひとつの難点ということになろうか。北朝鮮に対する社会的関心の高さの反作用としての多様な見解の錯綜、そして北朝鮮への関心が折々の政策的な課題と結合することで生じうる「政策の目的と観察の結合」といった現象もまた、他の地域研究分野に比した北朝鮮研究の特徴であり、それが「不可視の存在」としての北朝鮮を際立たせる結果となっていることは、おそらく言を俟たないであろう。

それでは、このような属性をもった北朝鮮の実態を「切り出す」ためにはどのような手法を採るべきなのか。直接的に考えられるのは、まず（すでに一部触れたように）個々の統計データの断片性／偏差を分量で補いつつ、そこから一定の含意を見出そうとするアプローチである。あるいは、たとえば一年単位で経済分野の動向を整理し、それを蓄積していくといった一種「イヤーブック」的なアプローチも容易に想定されるところだろう。実際、貿易相手国側の統計データをもとに北朝鮮の対外貿易の動向を網羅した『朝鮮貿易年報』（WTS研究所）や『アジア長期経済統計4　韓国・北朝鮮』（東洋経済新報社、二〇一九年）、あるいは年度ごとに北朝鮮を含む各国の事情を整理した『アジア動向年報』（アジア経済研究所、各年）などは、北朝鮮経済研究における貴重な工具書となっている。ただし、工具書のさらに「先」のレベル、特に北朝鮮経済の特徴を明確にしつつ、同時に検証の対象として「使い出」があるような一定の「像」[3]を描き出す段に進もうとするとき、これらのアプローチは限界に直面することとなる。たとえば、個々の文献記述と断片的な統計データを組み合わせることで論考に説得力を持たせることは可能であるにせよ[4]、それによってディテールが強化されるのはあくまで個別の事象であり、それらの事象の集合体としての北朝鮮経済がどのような方向性と内実をもって展開しているのかは、途端に茫洋としたイメージの中に埋没してしまうこととなるのである。

以上はもとより筆者の個人的な所感ではあるが、本章ではこのような状況認識に基づき、北朝鮮経済を動態的に把握する——統計的なトレンド描写や個別の政策の蓄積とは別の角度から理解する——ことを試みてみたい。その際には特に、北朝鮮当局が折々に提唱してきた経済政策に関する「路線」を手がかりとして用いることとするが、ここでは、それらが各時期における経済政策の方向性を規定するグランド・デザインとして機能してきた（いる）との前提に立つ。もちろん、それらはプロパガンダとしての性格が強い総花的な——具体性に乏しい——ものであり、ゆえに真に経済政策に関する当局の問題意識を反映していたとは見なしがたいとの指摘もありえよう。ただし、他方で無謬性・一貫性をことさら強調する北朝鮮当局にとっても、現状と将来を正確に見据えて対策・政策を立案し、着実に遂行することはもとより至難の業であり、ゆえに折々の経済政策は北朝鮮当局なりの試行錯誤のプロセスが結晶化されたものということになる。そしてこのような見解に立脚するならば、たとえば各「路線」の中に何らかの変化が見出される場合、それは北朝鮮当局の状況認識と直結するものと考えることが可能となる。また、より中長期的なタイムスパンを対象として観察を行うことで、当局の思考・行動様式をより明瞭な形で浮き彫りにすることも可能となろう。本章はこのように、統計資料からは――それ自体の限界もあって――見出せず、また折々の個別政策にのみ焦点を当てていては捨象されかねない「経済政策の方向性」を、ボトム・アップ的に描き出そうとする一種の習作ということになる。また本書の趣旨に則して、考察の主たる対象となる時期を金正日《キムジョンイル》体制期以降に設定することで、最近の金正恩《キムジョンウン》体制下の北朝鮮の経済を把握するための一助として位置づけることとしたい。

1　北朝鮮の歴代「路線」――比較より浮かぶ経済政策の輪郭

(1) 金日成期――「社会主義経済建設の基本路線」

グランド・デザインとしての「路線」を基準として北朝鮮の経済政策の概観を試みるならば、その起点は金日成体制期に求めるのが妥当であろう。一九五四年に体系的な形で示され、一九五五年の経済計画から本格的に導入されたそれは一般的に「社会主義経済建設の基本路線」と表現されており、長く北朝鮮経済の方向性を規定してきた(5)。その特徴は端的に言えば「重工業の優先的発展を保障しつつ軽工業と農業を同時に発展させる」と主張する点にあり、それによって、軽工業から重工業への段階的発展、あるいは重工業の発展を待って軽工業への裨益を導くといった「従来型」の手法とは異なったきわめて速いテンポで、重工業・軽工業・農業の成長を実現することができるとされたのである。また、その過程を自力で実現することにより、国の経済構造への外部的要因の影響を排除することが可能になるという「自立的民族経済」論が、この路線と強く結合していた。このことによって同路線は北朝鮮の対外的な政治姿勢――中ソ両国に対する「主体」の模索――を体現するものとしても位置づけられ、外国からの援助の受け入れや、「友好価格」に基づくバーター取引形式の対外貿易といった、実態としての経済のありようとは別に、当局の正統性を補強する政治的ツールとして機能することとなった。

ただし、その要点として、「軽工業と農業の発展に効果的に服務する重工業の発展方向は、重工業の優先的発展を保障しつつもその製品を国内で完全に実現して軽工業と農業の速い発展に必要な生産手段を自体の力で円満に保障できるようにし、社会主義拡大再生産を順調に行わしめる」点がことさらに強調されていたことから明らかなように、この路線の掲げる「同時発展」はその実、重工業への偏重を意味するものであった。「わが党は（中略）中心的な環を探し出してそこに力を集中する原則のもと、基本投資の方向を正しく規定して自立重工業と現代的な軽工業の基地を創設し、発展した社会主義農業を建設することにすべての力を傾けた」という文言が示すごとく、重点部門に対する投資の集中とそれに付随する波及効果の結果として、総体的な経済発展が実現するというのが、ここにいう「同時発展」の謂だったのである。(6)

また、この路線のいまひとつの特徴は「直接言及されない部分」に関連するものであった。すなわち、北朝鮮経済における重要なアクターとしての「国防工業」（広義の軍需産業）の位置づけが不明瞭な点であり、その存在は、たとえば党中央委員会第四期第五回総会（一九六二年一二月）で突如採択された「国防建設と経済建設の並進路線」において「人民経済発展の上で一部制約を受けるとしても、最初に国防力を強化しなければならない」との方針が提唱された際などににわかに浮上するにとどまっていた。ただし、この「国防建設と経済建設の並進路線」に関連して「経済建設をよく行うことなくしては、事実上国防建

図1　社会主義経済建設の基本路線（金日成期）

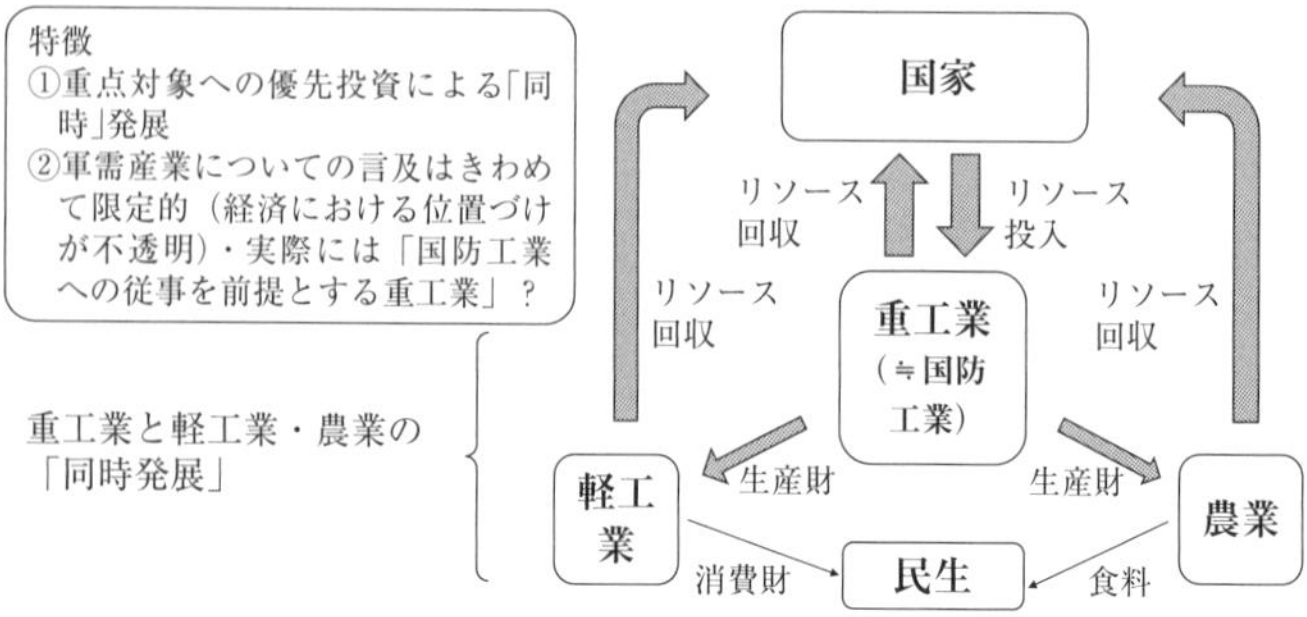

設もよく行うことができない。国防建設を力強く推し進めるためには機械・設備と莫大な物資が要求される。もし機械と設備・資材を適切にあてがわなければ軍需工業を発展させることはできず、セメント・鋼材・木材などを十分にあてがわなければ防衛施設もしっかりと造ることができない。経済建設をよく行わずしては、後方をしっかり固めることも有事に必要な各種物資の予備も準備することができない(7)」といった言説が展開されていた点を勘案すれば、ここで言う「重工業」は、「国防工業」への従事を念頭に置いたものであったことが強く推量される。これらの点に留意しつつ同路線の構造を図式化すると、さしあたり図1のようなイメージを描くことが可能であろう。

(2) 金正日期――「先軍時代の経済建設路線」

このような傾向が新たな展開を示すのは、統治イデオロギーとして「先軍政治」が掲げられるようになった金正日体制期のことであった。二〇〇三年八月に行われたとされる金正日談話「党の提示した先軍時代の経済建設路線を徹底的に貫徹しよう」を契機に、新たな「路線」が登場し、前掲の「基本路線」を事実上代替するものとして経済政策のグランド・デザインに据えられたのである。そして、この「先軍時代の経済建設路線」の新奇な点は、従来の「基本路線」がおそらく意図的に捨象してきた「国防工業」をあえて前面に出し、のみならず同部門への優先的投資を公言したところにあった。同部門の発展が他部門の製品に対する需要を喚起し生産を刺激するという需要創出効果と、同部門の製品――なかんずく兵器――に要求される高い技術力が他部門の技術水準をも引き上げるという技術的波及効果、あるいは同部門に適用される厳密な管理の結果としての高い規律性が他部門の従事者にとって模範となるといった点を根拠に、「国防工業」への優先的投資が全般的経済発展につながるとのロジックが突如として浮上することとなったのである。

　ただし、この「先軍時代の経済建設路線」に関しては、このような表面上の変化の一方で、金日成期の「基本路線」との連続性が強く意識されていた点にも留意が必要である。すなわち、「原理的に見るとき、先次的な力を入れて優先的に発展させていく経済部門が全般的人民経済発展において先導的役割を果たす。先軍時代には国の経済土台もかつての時期とは異なり、国防工業を主導的・核心的地位に置いて見るのが科学的である。先軍時代の社会の物質生産的土台において基礎的なものは国防工業・重工業である」（傍点引用者）との当時の文献記述が示すごとく[8]、重点部門への投資の集中が他部門の成長を主導するとの論理と、重工業を本質的に「国防工業」と同義のものとして一体視するプロセスを介することにより、同路線は従来の「基本路線」との接続を図っていた。これは直接的には新たな路線がもつ外見上の変化が政策の一貫性に対する疑義を引き起こす可能性を当局が懸念した結果と考えられるが、他方でこれら二つの路線がきわめて似通った論理構造を有していたこともまた確かであり、そのことからは二つの路線自体の連続性とともに、前路線においては示唆されるにとどまっていた重工業と「国防工業」の不可分性が「公

図2　先軍時代の経済建設路線（金正日期）

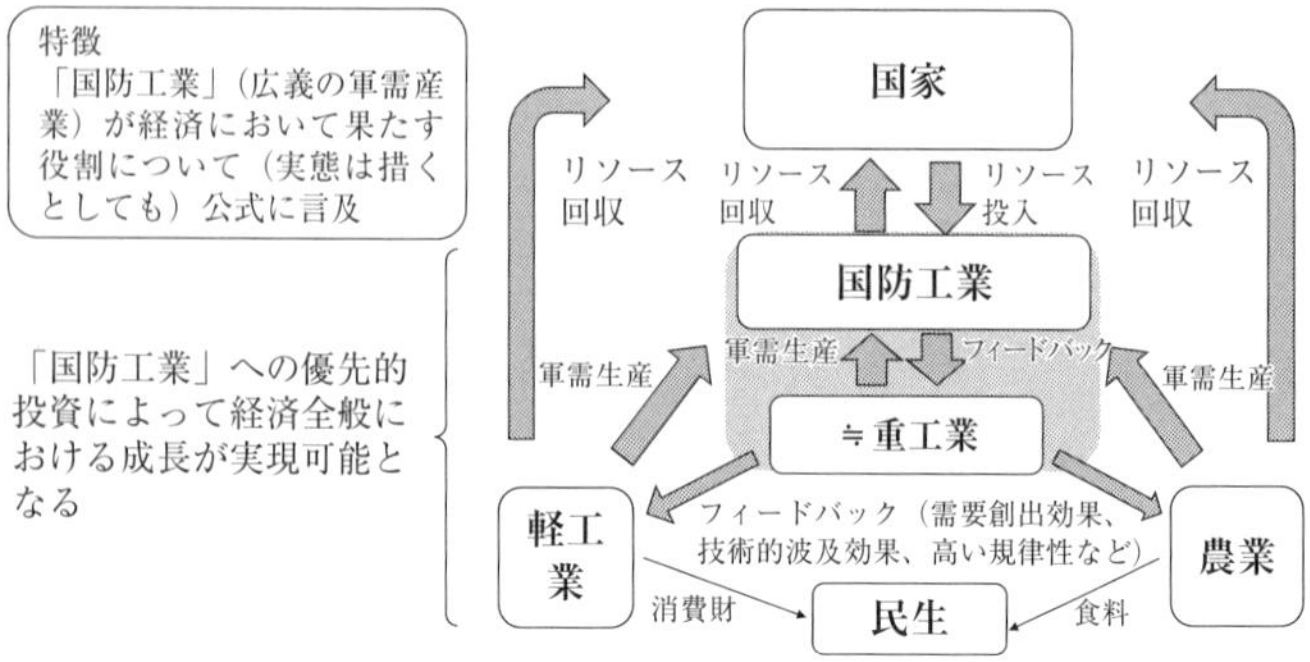

言」されるに至ったさまが見てとれる。また同時に、あえてこのような公言がなされた背景として、政治的イデオロギーとしての「先軍政治」の標榜や核兵器・ミサイル開発にともなって「国防工業」自体がより多くのリソースを必要とするようになったという要素以上に、（従来からの）重点部門としての「国防工業」へのリソースの集中が十分に機能しえなくなっていた――それだけ経済の低迷状況が著しかった――ことが推測される。以上を念頭に、この「先軍時代の経済建設路線」のイメージとして図2を描いておこう。

（3）金正恩体制期①――「新たな並進路線」

そして金正恩体制の正式な発足から約一年を経た二〇一三年四月、「路線」をめぐる動きはさらに新たな展開を示す。党中央委員会二〇一三年三月総会（三月末日開催）の席上、金正恩自身によって「経済建設と核武力建設を並進させることについての新たな戦略的路線」（略称「新たな並進路線」）が闡明され、のみならずその内容や意図についても相当程度自身の口を通じた説明がなされたのである。過去――特に金正日期――において重要決定・

政策の多くが事後の解説文献や論説・論考記事を通じて発表・説明されてきたのに対し、金正恩が自ら政策を語ったことは大きな変化であり、以降もそのスタイルが維持されている点で、この新路線の発表は金正恩体制期の到来を強く印象づけるものとなった。

そして、この「新たな並進路線」はロジックの面でも新奇さの目立つものであった。特に、北朝鮮地域に多く埋蔵される天然資源（とりわけウラン）を活用して原子力工業を発展させることで、工業の原動力としての電力問題を解決できるだけでなく、核開発の進展によって「国防費を増やすことなく少ない費用で国の防衛力をさらに強化し、あわせて経済建設と人民生活向上に大きな力を振り向けることができる」という構想を打ち出したのである。これは軍事と経済の関係性を総合的に語る「先軍時代の経済建設路線」の傾向を受け継ぎつつ、さらに経済建設に直接充当するリソースの増大にまで踏み込むものであり、この点で、たしかに「新たな並進路線」はこれまでとは一線を画していた。「先軍時代の経済建設路線」における「国防工業」から民生経済へのフィードバックに関する言説が、その後「先軍時代の財政とはいっても、軍事的目的にのみ服務するものではない。われわれが先軍を行う目的は国の自主権と社会主義を守り、強盛大国建設を軍事的に担保することであり、結局は社会主義の優越性を高く発揚して人民に安定した生活を設えてやることにある」(9)と、ともすれば安全を確保することが経済発展の大前提になるとの強弁に終始していたことをふまえれば、旧路線の流れに対しての「新たな並進路線」の立ち位置が理解されよう。

ただし、「新たな並進路線」はその実、最大の特徴であるはずのフィードバックの論理構造に不明瞭さを内包していた。まず金正恩自身が認めるように、この新路線の企図は軍事費そのものの縮小よりは「追

図3　新たな並進路線（金正恩期：2013〜2018年）

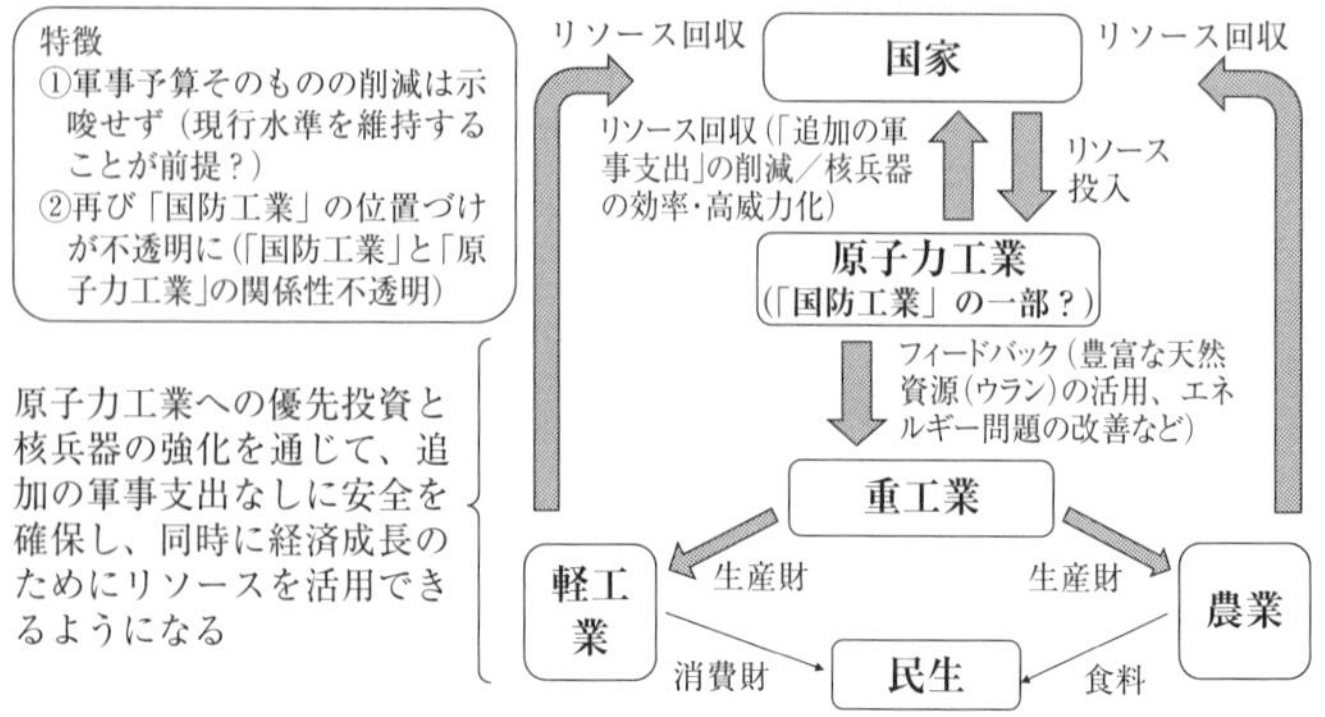
特徴
①軍事予算そのものの削減は示唆せず（現行水準を維持することが前提？）
②再び「国防工業」の位置づけが不透明に（「国防工業」と「原子力工業」の関係性不透明）
原子力工業への優先投資と核兵器の強化を通じて、追加の軍事支出なしに安全を確保し、同時に経済成長のためにリソースを活用できるようになる
リソース回収
国家
リソース回収
リソース回収（「追加の軍事支出」の削減／核兵器の効率・高威力化）
リソース投入
原子力工業
（「国防工業」の一部？）
フィードバック（豊富な天然資源（ウラン）の活用、エネルギー問題の改善など）
重工業
生産財
生産財
軽工業
農業
民生
消費財
食料

加の軍事支出をなくすこと」（言い換えれば現状の軍事費水準の維持）に置かれていた。またこのことから、同路線におけるフィードバックとしての経済振興は、核戦力による抑止力の増強と通常兵力の削減とをバーターすることによってはじめて実現可能なものに限定されることになるなど、ロジックのレベルでも留保付きのものとなっていたのである。また、優先投資の対象となる重点部門が核開発関連分野に絞り込まれる過程で、むしろ新たな路線と全般的な「国防工業」の関係性は必ずしも明瞭でなくなっていた。特に「国防工業」が経済全体の中でいかなる役割を果たすのかが、またしても曖昧化していたのである（ここまでの内容をふまえてイメージ化したものが、図3となる）。

そしてこのようなロジック上の瑕疵を反映するかのように、「新たな並進路線」に関する公的言説は急速に変化していくこととなる。一例を挙げれば次のような記述が見られる。「わが党の並進路線は核武力建設を自衛的国防力強化の主たる方向に定め、国防工業に支出される投資の多くの部分をここに集中することで、国防費を絶対的に伸ばすことなくより少ない費用で国の防衛力をさらに強化しつつ、経済建設と人民生活向上によ

り多くの力を向けられるようにする。のみならず宇宙技術、核技術のような中心的で牽引力が強い最先端科学技術の発展に力を集中し、その成果を拡大する方向で科学技術を迅速に発展させていき、主体的な原子力工業に依拠して核武力を強化すると同時に、緊張した電力問題も解決していけるようにする」[10]。このように、ロジック自体に精緻化の傾向が見られるようになる反面、同路線が指し示していたはずの「抑止力における核兵器の役割の増大と総体としての軍縮」をうかがわせる記述はほぼ皆無となり、同時に経済的波及効果に対する具体的な言及もほとんどなされない（将来的な展望としてのみ示される）事態が表面化するようになっていたのである。また、文脈上核開発とは直接的に関係しないはずの「国防工業」全般の発展が「新たな並進路線」と結合し、公然と主張される傾向も顕著となっていた。特に第六回核実験（二〇一七年九月）とICBM「火星一五号」発射実験（同年一一月）を経て核開発の「完成」が語られ始めていた二〇一七年一二月に開催された「第八回軍需工業大会」では「党の並進路線を戴いて継続革新・連続攻撃の精神で総邁進し、主体的国防工業発展の全盛期を最全盛期へと引き継ぐための国防工業部門の展望と課業」（傍点引用者）が提起されるに及んでいた[11]。これは核開発へのさらなる注力と通常兵器の近代化が「新たな並進路線」の下で進められる可能性を強く示唆するものであり、ここに至って、「新たな並進路線」は核開発および通常兵器の現代化と経済振興という三つの目標を、特に経済振興へのリソース充当について明瞭にしないまま追求するという内容に変質していたのである。それまでの各「路線」が重点部門への優先投資とフィードバックによる他分野への均霑という「同時発展」のロジックを特徴としていたことを考えると、これは「独立三軸化（ないし二・五軸化）」とでも表現することができるであろう。

(4) 金正恩体制期② ——「新たな戦略的路線」

このような前段を経て、党中央委員会第七期第三回総会(二〇一八年四月)で主張されたのが核開発の「完成宣言」であり、またそこで「新たな並進路線」をアップデートする新たな「路線」として「経済建設に総力を集中することについての新たな戦略的路線」(略称「新たな戦略的路線」)が打ち出されることとなった。同大会で採択された「決定書」の記述に従えば、北朝鮮は「党の並進路線を貫徹する過程で臨界前核試験と地下核試験、核兵器の小型化・軽量化、超大型核兵器と運搬手段の開発のための事業を順次進行し核武器の兵器化を信頼性をもって実現」したのであり、そのような成果を背景に「わが国家に対する核の脅しや核の挑発がない限り核兵器を絶対に使用せず、いかなる場合にも核兵器と核技術を移転しない」こと、さらに「社会主義経済建設のための有利な国際的環境を準備し、朝鮮半島と世界の平和と安定を守護するため周辺国・国際社会との緊密な連携・対話を積極化する」姿勢を打ち出すとともに、「国の人的・物的資源を総動員して強力な社会主義経済を押し立て、人民生活を画期的に高めるための闘争にすべての力を集中する」との方針転換を宣言したのである(12)。

ただし、この時点で「党と国家の全般事業を社会主義経済建設に志向させ、すべての力を総集中する」とのシンプルな説明がなされるにとどまっていたことがいち早く暗示した通り、「新たな戦略的路線」に関するその後の公的文献の記述は、特に具体論をめぐって混乱することとなった。特に、「新たな並進路線」の段階で表面化していた「同時発展」を可能にするフィードバックの実態としての希薄さから、新路線後の経済振興の「かたち」を容易には描けない状況が表面化したのである。「わが党は(中略)人民経済の先行部門、基礎工業部門を決定的に押し立てて生産を最大限伸ばしていき、経済強国建設の主たる打

図４　新たな戦略的路線（金正恩期：2018年～）

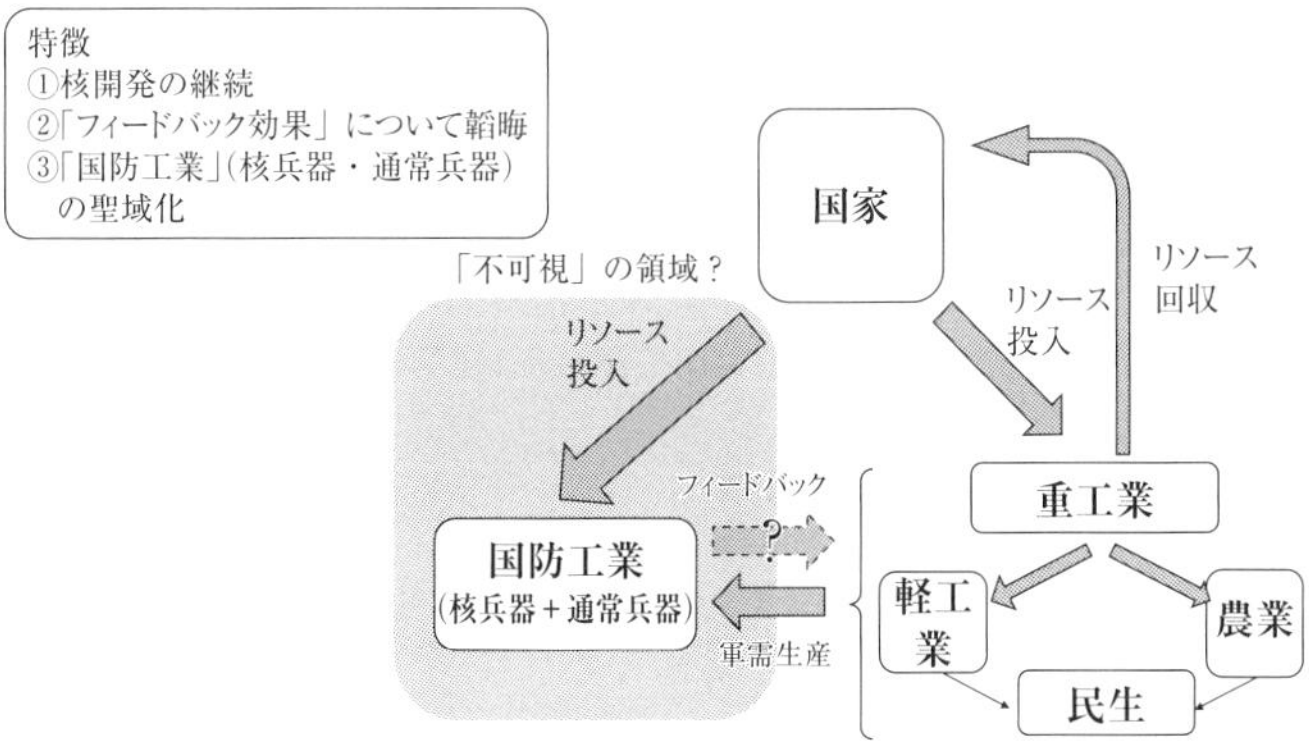

撃方向である農業と軽工業に力量を集中して人民生活を最短のうちに安定向上させ、国の緊張した電力問題を解決し、国の経済を知識経済へと転変させるよう賢明に導いた。これとともにわが党は共和国の核保有を法的に固着させ、世界の非核化が実現するまで核武力を質的・量的に拡大強化するようにした。責任ある核保有国として核の伝播を防止し、アジアと世界の平和と安全を守護し、世界の非核化を実現するため積極的に努力した」といった記述からは、そのような混乱の一端が垣間見えよう[13]。

また、「新たな戦略的路線」の登場と前後しては、「国防工業」（核兵器開発を含む）の位置づけをめぐる混乱もまた生じていたものと考えられる。「国防工業と重工業、軽工業と農業はいずれも、一つたりとも粗忽に扱ってはならない経済の基本部門であるが、今日の時代的要求に照らすとき、国防工業の地位を新たに解明することは特別に重要な問題として提起される。それは国防工業の発展が重工業と軽工業、農業のような個別的経済部門とは異なり、国の自主権と平和を守護するための国防力強化と全般的経済発展において持つ意義が非常に大きいことと関連する。（中略）問題は国防建設と社会主義経済建設、人民生活の向上に重要な意義を持つ人民経済の重要部門の相互関係をいかに設定するか、という点である。言い換えれば国防工業と重工業、軽工業、農業の中でどの部門を重視して第一に置き、どの部門をそれに服従させるか、そしてこれらの部門間の均衡をいかに合理的に調和させるかという問題を解決することである」と、直接的には韜晦しながらも金正日期の政策（「国防工業」優先）を称揚する形を取ることで、「国防工業」が新路線下においても重視されることが示唆されていたのである。[14] すでに見たように核開発の「完成」が「国防工業」の縮小につながらなかった点、およびその後の文献記述において「国防工業」に対する言及——特に経済全体の中での同部門の位置づけについてのそれ——自体がすみやかに消失していった点をもふまえるならば、「新たな戦略的路線」下の「国防工業」は、依然として優先的なリソース投入を受ける一方で、表面上は経済連関の中に定置されない「不可視の存在」となったことが、強く推測される。強いてこれを図示すれば、図4のごときものとなろう。

(5) 金正恩体制期③——「正面突破戦」

「新たな戦略的路線」の登場は平昌冬季オリンピック（二〇一八年二月）、米朝首脳会談（二〇一八年六月、シンガポール）、南北首脳会談（二〇一八年四月・五月・八月、板門店および平壌）を経て北朝鮮が対話路線に舵を切った時期と符合しており、それゆえに「路線」としての包括性よりは、外交的メッセージとしての核開発「完成」宣言との整合性を意識して提唱されたものだったのかもしれない。ただし、そこに至るまでの過程で北朝鮮が核開発と直接的な軍備増強を優先させつつ、一方でそこからのフィードバックによって経済振興が実現するとのロジックを形成していた以上、当局としては早晩、政策の一貫性を強調するため、そしてそれ以上に経済発展の「道筋」を描くためにも、そのようなロジックの延長線上に新たな「路線」を構築する必要に迫られることは明白であった。特に北朝鮮が期待をかけた米朝交渉がハノイ米朝首脳会談（二〇一九年二月）を経て膠着状態に陥り、経済支援はおろか経済制裁の解除ないし緩和すら望み薄となる中、リソースの追加投入という選択肢を除外した上で経済成長を実現するという難問が、あらためて突き付けられることとなったのである。それでは、この難問に対して北朝鮮当局が導いた「解」はどのようなものだったのか。

これに関連してまず見出されるのは、「国防工業」と経済全般との関係性の再整備が試みられた点であろう。「自立的で現代的な経済土台に基づく経済強国を建設してこそ、人民に豊かで文明的な生活を保障することができ、（中略）自立的国防工業の物質技術的土台がさらにしっかりと押し固められ、全民武装化・全国要塞化もより高い水準で実現することができる。したがって経済強国建設は現時期わが党と国家が総力を集中すべき基本戦線（中略）となる」、あるいは「社会主義経済建設に総力を集中している今日、自立・自力の旗幟高く社会主義の物質的基礎をしっかりと押し固めるには国家防衛力を限りなく向上させていかねばならず、そのためには国の防衛力を引き続きしっかり固めて自衛的国防力を強化しなければならない」といったように、位置づけが一定しないながらも、この時期に「国防工業」が経済連関の一部に再度組み込まれていたことが文献上確認できる[15]。また、これと軌を一にする形で、従来の「路線」を特徴づけていたフィードバックのロジックが「将来的に実現するもの」として再度言及されるようになる。「（新路線以前は――引用者）革命の最高利益を守護し経済強国建設の平和的環境を準備するために、国防建設に優先的に力を入れざるをえなかった。国の多くの資源と優秀な技術的潜在力が国防建設に先次的に回され、これはわれわれの経済建設の速度に一定の影響を及ぼすこととなった」、「経済建設に総力を集中することについての戦略的路線は、経済的内容において国の経済全般を整備補強し活性化することについての路線である。全般的経済の整備補強は（中略）国防部門の科学技術成果と生産潜在力を経済活性化に動員利用し、経済建設を強力に推進できるように経済管理方法と事業体系を改善する方向で進めなければならない」と、それが実現しているかに関しては韜晦したまま、そのようなメカニズムの存在についてのみ示唆するという慎重な筆致で、「新たな戦略的路線」の精緻化が進められたのである。(16)

そして、これを受ける形で、党中央委員会第七期第五回総会（二〇一九年一二月末）の席上、金正恩により事実上の新「路線」としての「正面突破戦」が提唱されることとなる。金正恩の説明によれば、その要諦は、米朝の対立関係が「制裁対自力更生」の構図となって先鋭化していることから、制裁の効果を失わせることが対外交渉を有利に進めることに直結し、またそれゆえに制裁の継続を所与のものとした上で経済成長を実現する必要がある、との問題意識に置かれていた。そして、これを実現する上で重要な示唆を提供するのが、種々の制約の中で進めてきた核開発の経験であり、「長期にわたる核の威嚇を核によって終息させたように、敵対勢力の制裁の突風は自立・自力の熱風で一掃しなければならない」との方法論がそれと結合することで、核開発（を含む軍備増強）と経済振興を一種パラレルなものとして描く思考が導かれたのであった。(17)金正恩自身の弁を借りよう。

「先進国のみが保有している先端武器体系を開発する膨大かつ複雑なこの事業は、科学技術的側面における革新的な解決策を、誰の助けも得ることなくわれわれ自身が探し出すことを前提としており、このす

図５　正面突破戦（金正恩期：2020年～）

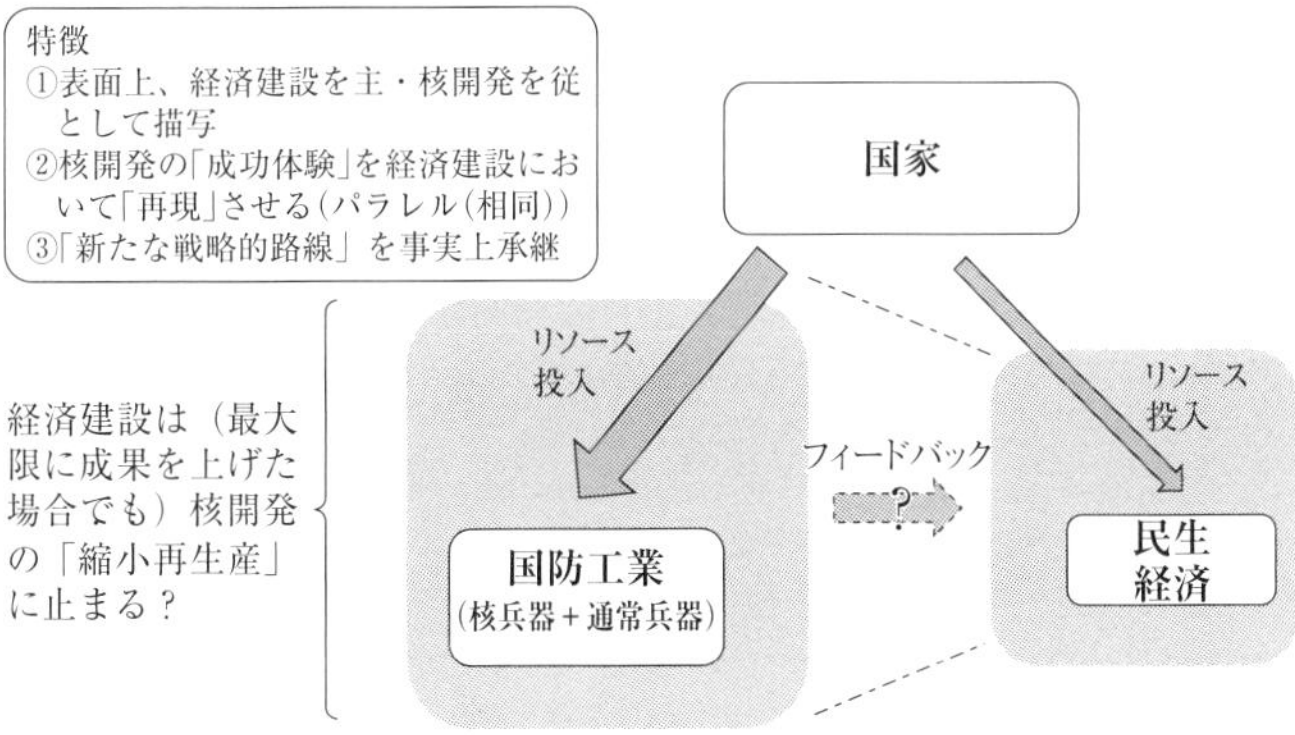
特徴
①表面上、経済建設を主・核開発を従として描写
②核開発の「成功体験」を経済建設において「再現」させる（パラレル（相同））
③「新たな戦略的路線」を事実上承継
国家
リソース投入
リソース投入
フィードバック
?
経済建設は（最大限に成果を上げた場合でも）核開発の「縮小再生産」に止まる？
国防工業
（核兵器＋通常兵器）
民生経済

べての研究課題は主体的力量、つまりわれわれの頼もしい科学者・設計家・軍需労働階級によって完璧に遂行されました。これは偉大な勝利となり、党で構想した展望的な戦略武器体系がわれわれの手中に一つずつ握られるようになったことは、共和国の武力発展とわれわれの自主権・生存権を保護し担保する上で巨大な事変となります。先端国防科学のこのような飛躍はわれわれの軍事技術的な強勢を不可逆的なものとし、われわれの国力の上昇を限りなく促進させ、周辺の政治情勢に対する統制力を向上させて敵に甚大かつ強烈な不安と恐怖の打撃を与えることとなるでしょう。今後時間を引き延ばせば延ばすほど、朝米関係の決算をためらえばためらうほど、米国は予測不能なほどに強大化していく朝鮮民主主義人民共和国の威力を前になすすべもなく、されるがままとなるほかなくなり、いっそう窮地に陥る流れとなっています[18]」

また、この「正面突破戦」においては経済振興が「基本戦線」と規定される一方で、「朝鮮半島に恒久的で強固な平和体制が構築されるときまで国家の安全のために必須かつ先決的な戦略武器の開発を中断することなく引き続き粘り強く進めていく」あるいは「われわれの抑制力強化の幅と深度は米国の今後の朝鮮に対する立場に合わせて上方調整される」との文言が盛り込まれ、核開発のさらなる進展が予告されていた(19)。先に見た通り、「正面突破戦」が提唱される以前の時点ですでに「国防工業」の存在が再浮上していたこと、なおかつ同部門からのフィードバックに関する言及が回避されていたことを想起すれば、ここにいう核開発に範を取った独力での経済振興が、実際には核開発のケースの「縮小再生産」とでも表現すべきものにとどまることが、ここからは強く示唆されるのである。以上をイメージ化した図5をもって、歴代「路線」の回顧をいったん締めくくることとしよう。

2 「内的動力」と「整備・補強戦略」——連続性の観点からの把握

さて、それではこれらの「路線」を敷衍する形で北朝鮮経済の「現在《いま》」に焦点を当てるとき、そこに何が見出されるのか。まず「路線」そのものに着目するならば、二〇二〇年発行の刊行物中に「帝国主義者たちの最後のあがきである挑戦に対処して果敢に選択した並進路線（訳註：「新たな並進路線」）と経済建設に総力を集中することについての新たな戦略的路線など、共和国のすべての路線と政策はその一つひとつが自主を生命とし、国家の自力的発展と国力をすべて強化していく戦略戦術という点で一貫している。さらに朝鮮労働党中央委員会第七期第五回総会で提示された正面突破戦を繰り広げることについての革命的路線は、前代未聞の峻厳な難局を正面突破して国家の自主権と最高利益を最後まで守護し、自力富強の旗標高く主体革命偉業の勝利の活路を開いていくための不滅の大綱であった」との文言が見られることから、[20]二〇二〇年以降も「正面突破戦」が事実上の「路線」として位置づけられているとの見立てが成り立つ。その上でディテールとして施されたのが、朝鮮労働党第八回大会（二〇二一年一月）を機に登場した「内的動力」および「整備・補強戦略」であった。二〇二一年の刊行物上において「新たな並進路線」および「新たな戦略的路線」と並んで「正面突破戦」に「革命的路線」との表現が付され、「整備・補強戦略」に対しては「戦略的方針」との形容がなされている点からも、これらが一種のサブ・カテゴリとして位置づけられていることがうかがえよう。[21]

では、そこでいう「内的動力」ならびに「整備・補強戦略」とはいかなるものか。[22]端的に言えば、それは経済振興のための「伸びしろ」を体制内部に求める発想に基づくタームであった。党第八回大会では金正恩自身により、前回大会（二〇一六年五月の党第七回大会）で設定された「国家経済発展五カ年戦略」が「ほぼすべての分野で著しく未達成に終わった」ことが率直に吐露されるとともに、そこから「客観的条件を口実にしていては何もできず、（中略）不利な外的要因がなくならないかぎり革命闘争と建設事業を推し進めることができないとの結論に落ち着くことになる」こと、ならびに「今まで蔓延してきた誤った思想観点と無責任な事業態度、無能力をそのままにし、また現在のような旧態依然たる事業方式をもってしてはいつになっても国家の経済を押し立てることはできない」との教訓が導かれており、そこから経済政策の遂行過程で表面化する様々な内在的欠点の修正・解消が経済成長につながるとの思考様式が示されたのである。

そしてそこから、「社会主義建設の主体的力・内的動力を非常に増大せしめ、すべての分野で偉大な新たなる勝利を成し遂げて」いくこと、換言すれば「われわれの内部的力を全面的に整理整頓して再編成し、それに基づいてすべての難関を正面突破しつつ新たな前進の途を開いて」いくという整理を経て、方法論としての「内的動力」ならびに「整備・補強戦略」が導かれることとなる。少なくとも文脈上、その方向性は各単位の裁量権の拡大による経済活性化と統制強化による秩序の回復の二通りがありうるものとされたが、同大会で強調されたいまひとつのキー・ワード、「新たな展望計画期間の自力更生は国家的な自力更生・計画的な自力更生・科学的な自力更生へと発展しなければならない」（傍点引用者）が示すように、実質的には後者の統制強化が「内的動力」の方途として位置づけられることとなった。「現時期、われわれの商業が必ず解決しなければならない重要な課題は、商業奉仕活動全般において国家の主導的役割、調節統制力を回復し、人民のために服務する社会主義商業の本態を生かしていくことである」あるいは「新たな五カ年計画期間に国家の統一的指揮と管理の下で経済を動かす体系と秩序を復元し、強化することに党的・国家的な力を入れなければならない」といった記述から、このような方向性はただちに看取されよう。かくして、先に見た「率直な」現状認識によっていったん印象付けられた現実的な思考様式はただちに統制カラーによって上書きされることとなる。同大会において「五カ年戦略」未達成の主因として指弾された内閣が——自己批判を経て——作成し、同大会直後に開催された最高人民会議（第一四期第四回会議）に上程した新たな長期経済計画「五カ年計画」の初年度計画は、再度党によって差し戻された。また同大会からわずか一カ月後に開催された党中央委員会第八期第二回総会の場で内閣は再び厳しい批判を浴び、計画の再作成（大幅な計画数値の引き上げ）を強いられる、との事態が公的文献を通じて事細かに報じられ、「内的動力」が統制強化と強く結合していることが明示されたのである。

また、もう一つのサブ・カテゴリとしての「整備・補強戦略」は主に同大会後、二〇二一年の過程を通じて表面化することとなった。まず同大会で「整備・補強戦略」には金正恩により「経済事業体系と各部門間の有機的連携を復旧整備し、自立的土台を固めるための事業を推進して、経済をいかなる外部的影響にも揺らぐことなく円滑に運営される正常軌道へと昇らしめること」との定義が付されていた。そしてその後、特に「人民経済の全部門は互いに有機的に連結しているだけに、ある一部門・単位だけを発展させても社会主義建設における全面的富興・全面的発展を成し遂げることはできない、現状、経済全般について見てみると、全部門の発展の程度が同じではなく、部門間の均衡も相応の水準で保証されずにいる。このような偏向を克服してこそ国家の経済を持続的に発展させうる強固な土台を準備することができる。いまこそ特定の一部門が一〇〇メートル先んじることよりも全体が手を携えて一〇メートル前進することがより重要な時だ」といった表現で、部門間の連携強化と均衡的発展が強調されることとなったのである。[23]ただし、もとよりこれを字義通りに実施することは困難であり、実際の局面においては、生産活動を継続しつつ生産能力拡張工事を同時進行で進めること、あるいは同一単位内での生産工程間のボトルネックの解消、設備稼働率の向上、保守点検作業の時間短縮といった従来型の作業が「整備・補強戦略」の名目で実施されたことが、この時期の文献記述から推測される。二〇二一年後半に至って「整備・補強戦略」の定義が「人民経済の各部門・各単位において生産遂行とともに能力拡張事業を力強く促すこと」や「人民経済の全部門・単位が積極的に相互連帯・傍助しつつ同時に前進する気風をいっそう確固として立てる」ことへと、ややモデレートなものに修正されていたことからは、実施に際して現場レベルで混乱が生じていた可能性が示唆される。[24]また、先に見た「内的動力」の事例と同様、「整備・補強戦略」においてもその実施にあたっては統制のプレッシャーが強く作用することとなった。「単位特殊化と本位主義は自給自

図6　「内的動力」および「整備・補強戦略」（金正恩期：2020年〜）

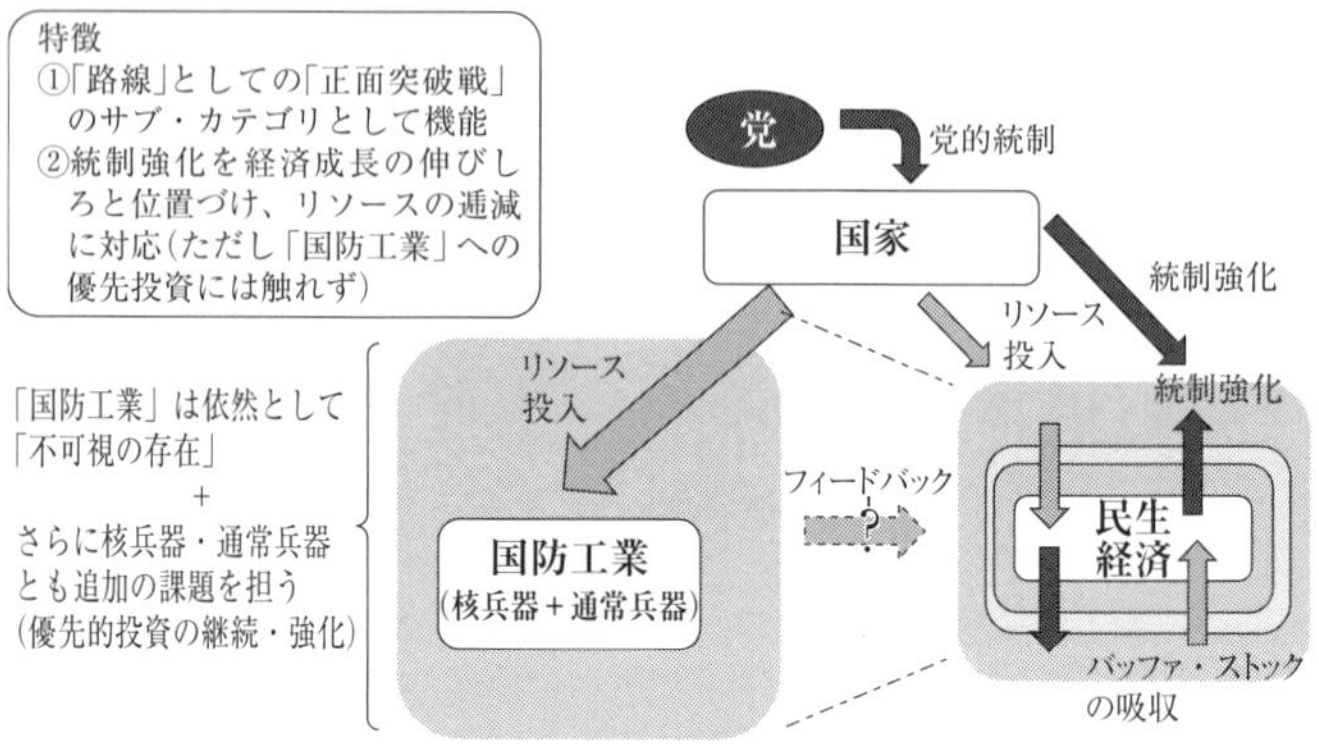
特徴
①「路線」としての「正面突破戦」のサブ・カテゴリとして機能
②統制強化を経済成長の伸びしろと位置づけ、リソースの逓減に対応（ただし「国防工業」への優先投資には触れず）
党
党的統制
国家
統制強化
リソース投入
リソース投入
統制強化
「国防工業」は依然として「不可視の存在」
＋
さらに核兵器・通常兵器とも追加の課題を担う（優先的投資の継続・強化）
フィードバック
?
国防工業
（核兵器＋通常兵器）
民生経済
バッファ・ストックの吸収

足・自力更生のスローガンを盗用した治外法権的行為であり、これを放置すれば経済建設全般が混乱に陥り、社会主義経済が自らの本性的要求に合わせて計画的・均衡的に発展していくことを不可能にする」といった言説からは、そのような統制ムードの一端がうかがわれる(25)。特に、これまでノルマ達成と拡大再生産実現の方途として重視されてきた各単位の裁量権による自力解決にメスが入るに及ぶなど、「国家的な自力更生、計画的な自力更生、科学的な自力更生」をキー・ワードとして、統制強化による内部留保の吸収（回収ないし接収）が直截に唱えられるようになっていたのである。

「現在、一部の単位では、連関部門・単位から協同品と資材・設備などが円満に保障されていないことから、それを自体で解決しようと多くの労力を投じている。その結果少なからぬ電力と資材が消費されている。これは国家的な自力更生の見地から徹底的に克服されるべき偏向である(26)」。

「内的動力」と「整備・補強戦略」が帯びたこのような統制志向――バッファ・ストックの供出と吸収を経済成長の伸びしろとして位置づける――が、先に見た「正面突破戦」の特徴たるリソースの軍事分野への傾斜配分、そしてフィードバックの消失と一致するものであったことは、もはや明白であろう。「正面突破戦」がさらなる核開発・軍備増強を前提としていたことはすでに触れた通りであるが、実際に党第八回大会では金正恩により「軍事力強化において満足というものがありえないことが再度確信」され、それを受ける形で核兵器・通常戦力の両面で軍備増強と現代化が「国防工業」部門の課題として提示されていた。そして、特に党第八回大会以降においては、「国防工業」や核開発から民生経済へのフィードバックへの言及自体がもはや見られなくなっていたのである。金正恩自身の言行は、そのような統制強化に裏打ちされた方法論の徹底を「国家の経済発展と人民生活向上のための土台を構築するために計画された全般事業が活気をもって前進していることを示」すものとみなし、それを根拠として二〇二一年を「勝利の年」として総括するという楽観的なものであった[27]。しかし、経済成長を実現するための方法論という観点から、なおかつ長期的なタイムスパンの中にこれを位置づけるとき、そこには北朝鮮経済の苦境が、なによりも軍事費負担に構造的に起因するものであることが、あらためて浮かび上がるのである（図６）。

３　断絶性の中の連続性――「通奏低音《ベースライン》」としての軍事優先と統制志向

以上の概括を通じて、北朝鮮経済のグランド・デザインとしての「路線」の変遷をたどり、さらにその過程から一定の傾向性《トレンド》の抽出を試みた。その結果として、本章においては、たとえば「整備・補強戦略」に関して、主にその統制的性格を念頭に「市場化《いちば》」に代表される限定的な競争原理の導入によって拡大した経済格差の是正のため、既得権を握った抵抗勢力への掣肘《せいちゅう》が進められている、といった解釈に別角度からの照射を行い、実際にはそれが「路線」としての「正面突破戦」のサブ・カテゴリとして、主に経済成長のためのリソースを確保する問題意識に裏打ちされていたとの視角を得ることとなったが、一義的にはこのように個々の事象をより大きな枠組みの中で捉えることができる点に、本章が試みたアプローチの効用を求めることができよう。(28)

では、より視点を広くとって変遷の流れそのものに目を向けたとき、本章のアプローチからは北朝鮮経済についてどのような知見が浮かび上がるのか。まず指摘すべきは、各「路線」の変遷が事実上、「国防工業」の存在を所与のものとする前提の上に行われていた点であろう。特に、金正日期の「先軍時代の経済建設路線」を契機として、にわかに「国防工業」の存在がクローズ・アップされたこと、そして金正恩体制期の「新たな並進路線」を経て「新たな戦略的路線」以降、表面上において退潮（断絶）の様相を見せながらも、その実独立した経済部門として「国防工業」が定置され続けたことからは、北朝鮮当局の思考において「国防工業」へのリソース確保と同部門の維持こそが、経済政策の主要な目的意識となっているとの推測が導かれる。あるいは、「国防工業」の存在がことさら強調され、のみならず同部門へのリソースの集中が公言されるに及んだ右記の時期こそが、北朝鮮経済における「断絶」の時期——前提としての「国防工業」へのリソース集中が制約を受けるほどに経済状況が悪化した時期——であった可能性すら想像される。ただし、ここでより重要なのは、近年看取される軍の経済的アクターとしての活用事例が、このような状況と連動して——すなわち、これをより確たるものとする問題意識の下に——行われている（きた）との見立てであろう。たとえば「国防工業」からのスピン・オフであることを公言する形で進められた機械工業のＣＮＣ（コンピュータ数値制御）化政策（二〇一二～二〇一三年）、あるいは軍系単位への梃入れとモデル単位化をともなう増産運動が展開された水産振興政策（二〇一三～二〇一五年頃）など、表面上は典型的な軍民転換（軍の縮小と余剰人員の他部門への放出）の色彩を帯びた政策が、実際には実軍の維持（軍の民間経済領域への介入）を目的とするものであった可能性が、ここまでに現れた当局の「国防工業」への執着から、むしろ推測されるのである。また同様に、核開発の進展にともなう抑止力としての核兵器の比重の増大が——それが国際法上違法なものである点はひとまず措く——、ただちに軍事から民生へのリソース配分の移動につながらないという事態もまた、強く推測されることとなる。もとより核開発のさらなる進展のみならず軍の近代化が課題として掲げられる状況がある以上、短期的なリソースの流れの変化は想像しがたいところではあるが、中長期的な展望として、経済における軍というアクターの存在を視野に入れることでそのような蓋然性を導き出した点には、一定の意義を認めうると考えられよう。

また、各「路線」を流れとして概括したとき、いまひとつ浮上するのが、当局の中に統制への志向性がたびたび見出される点であろう。もちろんこれが直接的に顕著な動きとして——外見上「断絶」として——表面化したのは、民生経済の発展のための伸びしろとしての関心が高まった最近のことである。ただし、仔細に見るならば統制を強化することによって非公認経済へのリソースの流出（漏出？）を防ごうとする思考は、たびたび言説の上で観察されている。たとえば二〇一七年刊行の文献中では、「商業経営活動において国家的利益を優位に置き、ここに個別的経営単位の勤労者たちの利益を結合させる原則で経済的実利を保障するためには、商業経営単位において国家計画と契約に予見された商業奉仕課題を品種別・

指標別に遺漏なく遂行しつつ、総所得を最大限に伸ばして国家予算収入を体系的に成長させ、企業所に残る利益も伸ばしてそれを企業所集団と個人の利益に合わせて合理的かつ公正に分配する事業をよく行わなくてはならない」と、各単位の裁量権を活用する方針が採られたことが記されていた。しかし同書では後段において「かつての時期、国家の経済事情が困難な状況に置かれていた時には生産を正常化できない一部の国営企業所・協同団体企業所で資金循環を促進する目的の下に企業所自体に直売店を設置し、運営する一連の措置をとった。（中略）しかし国家の経済が活性化しつつある条件で引き続きそのようにする必要がなくなった」との認識の下、「生産されるすべての商品を国家が統一的に掌握し国家商業網を通じて売るようにする」対策が講じられたことが付言され、当局が市場化を警戒すべき事態として認識していたようすが、より明瞭に示されていたのである。[29] もとより、党第八回大会における金正恩の発言からは、そのような当局の志向性が実際にはたびたび挫折してきたことがうかがわれる。「国営商業を発展させ、給養便宜奉仕の社会主義的性格を生かすことを現時期における非常に緊切な問題として上程し、われわれの商業を人民たちの生活を保障して物質的福利を増進させる名実ともに人民奉仕活動へと復元するための課業を提起した。現時期、われわれの商業が必ず解決しなければならない重要な課題は、商業奉仕活動全般において国家の主導的役割、調節統制力を回復し、人民のために服務する社会主義商業の本態を生かしていくことである」あるいは「新たな五カ年計画期間に国家の統一的指揮と管理の下で経済を動かす体系と秩序を復元し、強化することに党的・国家的な力を入れなければならない。党大会後にも特殊性を云々して国家の統一的指導を阻害する現象に対してはいかなる単位であるかを問わず、強い制裁措置を取らねばならない」（傍点引用者）といった記述は、なによりも過去の試みが不十分に終わっていたことを示すものであろう。しかしながら、このような傾向からは、統制の弛緩を厭う当局の問題意識が徐々に高まり、「路線」の展開とともに民生経済へのリソース供給が逓減する中、そのような問題意識が当局をして各単位の裁量権の拡大による経済振興よりも、統制強化による経済振興のためのリソース獲得（一種の接収）という方法を選好させたとの推測が同時に成り立つのである。

また、これら軍事優先の志向性と統制に対する当局の執着が、性質上不可分のものであるという点もまた、「路線」の系譜をたどることで得られる気づきのひとつであろう。軍備増強（核開発を含む）の課題が突出するほど、民生経済に投じうるリソースは逓減することとなり、そのような状況下での経済振興は当局の統制への志向性をさらに強化する——より正確には、統制を緩和した際の当局の対応力を削ぐことからそのような選択肢を遠ざける作用を及ぼす——ことになる。そして統制の強化の結果として民生経済内のバッファ・ストックが吸収されることは、リソースの「国防工業」への傾斜配分の流れをさらに固定的なものとするという相互作用が、ここまでの経緯からは明確に見てとれるのである。このような北朝鮮当局の思考・行動様式のベースラインの存在を認知し、描出できる点が、けだし本章のアプローチ——ボトム・アップで中長期的トレンドを導く——の最大の効用ということになろう。

おわりに——トレンドの敷衍から浮かぶもの

さて、それでは以上に見た当局の思考・行動様式のベースラインからは、北朝鮮経済の今後についてどのような示唆を得られるのか。最後に三点を——直近の動向とあわせて——挙げ、本章を締めくくることとしよう。

まず、これまでの傾向からただちに想起されるのは、なによりも経済的フィードバックの「鈍さ」に起因する事態であろう。各「路線」の論拠として、重点部門への優先投資が他部門に均霑し、経済全般の浮揚をもたらすとのロジックが構築されてきたことはすでに見た通りであるが、同時にその過程では、フィードバックの機能不全が次第に覆いがたいものとなっていったこともまた浮上していた。これをふまえるならば、今後の北朝鮮において、当局の統治の正当性を補強するために強調される種々の成果が、経済に直接裨益しないものとなっていく事態が予想される。たとえば今日においては文献上、北朝鮮の標榜する「自立的民族経済」路線の意義は「いかなる環境の中でも国の政治的自主性を確固として固守させるものとなる」こと、そして「国家と人民の需要をそれ自体で保障させるものとなる」ことに求められている。特に後者については「強固な自立的経済の土台が準備されたことで、わが人民は誰であれ国家と社会の主人としてもっとも不利な環境の中でも自主的で創造的な物質文化生活を享受している。自立的民族経済の偉大な生活力は、特に帝国主義者たちの悪辣な圧殺・封鎖策動を打ち砕いて、ウリ式社会主義の堡塁を経済的に頼もしく担保することに高く発揮されている」との補足が付され、実際の物資供給の程度よりは「いかなる政体の下で物資供給が行われるか」にスポットをあてようとする試みが散見されるようになっている。[30] また金正恩体制が人民の福利向上のための代表的施策として打ち出した「平壌総合病院」建設事業（二〇二〇年三月着工）は二〇二二年現在においてもなお完工に至っていない状況にある。より可視的な成果として近年強調される大規模住宅開発（労働力として軍隊を動員して実施）は、実物的な下賜物としての性格と経済的意義がかろうじて釣り合う「公約数」的存在ということになろうが、[31] 経済振興に投入しうるリソースの逓減を所与のものとし、なおかつフィードバックの機能不全が顕著になるにつれ、当局が主張する「成果」が実態としての民生向上に直結しないものとなっていくことが、推量されるのである。

また、これと関連して「国防工業」ならびに軍が経済的にどのように位置づけられ、経済アクターとしてどのように行動することになるのかが、第二の注目点となる。本章で瞥見した通り、特に金正恩体制期に至って経済的リソースの軍への（必ずしも明示されない形での）優先投入がいっそう顕著となっているが、そこにおいては核開発のさらなる進展と、通常兵力の現代化という二つの課題が立ち現れる状況となっており、「総体としての軍」を維持する負担は次第に増加しているものと考えられる。軍隊を労働力として活用して人民向けの福利厚生施設を建設するという手法には、軍事から経済へのフィードバックを目に見える形で「演出」する目的以上に、何よりも軍隊を維持する――軍の運営費を軍事関連支出以外から支弁することをもって――目的が投影されているとの推測が成り立つのである。しかしそれでもなお、プロパガンダ上主張される「朝米間の戦略的構図は朝鮮に対するアメリカの一方的な核威嚇・恐喝から、朝鮮が核をもってアメリカを実際的に威嚇するものに変わった[32]」との状況を固定的なものとするためには、相応の支出が長期にわたり必要となることは自明である。また「莫強な国家防衛力を持たずしては、いかなる国も今日の複雑多端な国際情勢下で自らの自主権と尊厳を守ることはできず、国と民族の自主的発展と繁栄を成し遂げることはできない。力に裏打ちされない自主権と尊厳に対する要求は哀切な訴えやまないに過ぎないことはあまりにも自明[33]」であるとの認識に基づいて北朝鮮が真に軍備増強を全方位的に継続するのであれば、軍拡競争とさらなる軍事支出の増大の悪循環は、さらに悪化することになる。そのような状況下では何よりも「軍隊の維持」がより重要な問題意識として当局の中に浮上することが強く推量される。現状、そのような軍隊維持のプレッシャーは軍そのものの縮小（軍民転換）よりは軍の資産を民間向け施設に転用する――建設のみならず管理・運営への関与も行われるのであろう――形の活動として表面化しているようであるが[34]、各「路線」において当初念頭に置かれていたような「国防工業」に由来する技術的波及効果によるフィードバックは期待できそうにない。むしろ、軍事力の増強が永遠の課題として掲げられる中で表面上はフィードバックの姿をとりつつ軍隊の維持を目的とする「北朝鮮型軍民転換」が続いていく事態が推測されよう[35]。

さらに、いまや経済発展の伸びしろと認識されるに至った統制が今後どのような形を取って表面化するのかにも注目する必要があろう。先に挙げた二つの注目点自体、いずれも人民に対する統制と表裏一体のものであるが、特に金正恩体制を特徴づけるイデオロギーとしての「人民大衆第一主義」――党第八回大会を経て党規約において「先軍政治」に代わる形で「社会主義基本政治方式」に据えられた――がすでに統制の性格を内包していた点は特に興味深い。すなわち、直近の文献においては[36]、この「人民大衆第一主義」に付随する人口に膾炙したフレーズ「人民を偉大な首領様と偉大な将軍様を奉るがごとく最高の情を尽くして戴く」に「わが国において人民は天であり、その天の太陽は偉大な首領様と偉大な将軍様である」との解釈が新たに挿入されており、それによって指導者たる金正恩と人民の間にはロジック上、空隙が生じていた。これを活用して実際に人民に対して「滅私服務する」役割はイルクン（党員、行政機関の職員）に担わせせつつ、金正恩は人民の忠良ぶりを評価し、信じる――「人民に対する信頼を最も貴重な財宝と考え、すべての問題を人民大衆の無尽蔵の力に依拠して解いていく」――ことをもって「人民大衆第一主義」を体現する立場に定置される、という図式が作られたのである。その結果として、金正恩は「法機関イルクンらは人々の問題を扱う上で法規範と規定だけを絶対的基準とせず、人間に対する信頼と愛を先立たせ」よ、との指示を下すなど、法を超越した存在として一方的に人民大衆の利益を代弁しうる立場として描かれるに至っていた。そして、そのような立場で金正恩が「人民大衆のため」の施策として行うとされることのひとつが、「司法検察・社会安全機関の事業を革命隊伍の一心団結を強化する原則で行うようにする」こと、あるいは「党と人民大衆の一心団結に害を及ぼす敵の策動を断固として粉砕し（中略）あらゆる異色的・退廃的な思想文化を革命的な思想文化で一掃するための革命的思想攻勢を強度高く展開」することだったのであり[37]、プロパガンダ色の強い記述においてすら、「人民大衆第一主義」の統制策としての性格はすでに自明となっていたのである。また、その一環として軍事力増強のための措置までもが含まれていることもまた文献の記述より明らかになっている[38]。たとえば二〇二二年三月の新型ＩＣＢＭ「火星一七号」発射実験に際して金正恩自身が「国家の核戦争抑制力を押し固める必須不可欠の事業を無条件に、絶対的に支持・声援してくれた全人民の信頼と熱烈な祖国愛なくしては、今日の驚異的な主体的国防発展の姿を考えることはできず（中略）、真の自衛の力・絶対的な力を自身の手で建設し力強くつかんだ偉大なわが人民に熱烈な祝賀を送る」（傍点引用者）と、同様のロジックに依拠した発言を残していることからは、人民に裨益するものとの理由づけを経て（民生とは本来無関係な）軍備増強が「人民大衆第一主義」の一環として位置づけられ、それに対する直接・間接の注力が人民に対し求められるとの事態も予想されるのである。「内的動力」と「整備・補強戦略」の提唱を契機として経済領域における統制が強化されていることはすでに触れたが、それらの過程において人民と指導者の間に一種の遮断弁《カット・アウト》として位置づけられることになったイルクンというアクターの動向も含めて、統制がいかなる形をとることになるのか、注視する必要があろう。

（1）本章の内容は基本的に著者の過去の研究成果のうち、以下の諸点からそのエッセンスを抽出し、内容を整理したものとなる。また、本書の編集方針に沿って注釈類をなるべく簡略化するため、本章においてはそれらの中ですでに言及された引用・記述については典拠表記を簡素化している点をここに付記する（たとえば学術論文の場合、掲載誌名・出版年月・頁のみ記し著者名・論文名を省略する等）。

・飯村友紀「北朝鮮経済政策攷――『先軍時代の経済建設路線』の含意」（『東亜』第五二六号、二〇一一年三月）

・同右「北朝鮮CNC化政策の諸相――『先軍時代の経済建設路線』具現化の試みとその含意」（平成二四年度「二〇一二年の北朝鮮」研究会（平成二四年度外務省調査研究・提言事業）報告書、二〇一三年三月）

・同右「『新たな並進路線』に見る経済政策の方向性――北朝鮮経済分析」（平成二五年度「朝鮮半島のシナリオ・プランニング」研究会（平成二五年度外務省補助金事業）報告書、二〇一四年三月）

・同右「北朝鮮経済の現状分析・試論――『新たな並進路線』と裁量権の様態を中心に」（『現代韓国朝鮮研究』第一四号、二〇一四年一一月）

・同右「金正恩体制期水産振興政策の考察――『新たな並進路線』下の経済運営の一類型」（平成二六年度「朝鮮半島のシナリオ・プランニング」研究会（平成二五年度外務省補助金事業）報告書、二〇一五年三月）

・同右「『新たな並進路線』をめぐる現状とその含意――『北朝鮮型軍民転換』の萌芽?」（平成二七年度「朝鮮半島情勢の総合分析と日本の安全保障」研究会（平成二七年度外務省補助金事業（発展型総合事業））報告書、二〇一六年三月）

・同右「北朝鮮経済における『対制裁シフト』の様態――『新たな並進路線』と『自彊力第一主義』の位置関係とその後背」（平成二八年度「朝鮮半島情勢の総合分析と日本の安全保障」研究会（平成二八年度外務省補助金事

業（発展型総合事業））報告書、二〇一七年三月）
・同右「『対制裁シフト』下における裁量権と統制の相剋――金正恩体制期における『国産化』政策の含意を中心に」（平成二九年度「『不確実性の時代』の朝鮮半島と日本の外交・安全保障」研究会（平成二九年度外務省外交・安全保障調査研究事業（発展型総合事業））報告書、二〇一八年三月）
・同右「『新たな戦略的路線』の政策的含意――新旧路線の承継性と異同の観点から」（平成三〇年度「『不確実性の時代』の朝鮮半島と日本の外交・安全保障」研究会（平成三〇年度外務省外交・安全保障調査研究事業（発展型総合事業））報告書、二〇一九年三月）
・同右「『新たな戦略的路線』下の北朝鮮経済――『正面突破戦』の方法論を中心に」（平成三一年（令和元年）度「『不確実性の時代』の朝鮮半島と日本の外交・安全保障」研究会（令和元年度外務省補助金事業（発展型総合事業））報告書、二〇二〇年三月）
・同右「党第八次大会と経済政策の方向性――『内的動力』と『C１化学』政策に見る北朝鮮経済の諸相」（令和二年度「『大国間競争の時代』の朝鮮半島と秩序の行方」研究会（令和二年度外務省外交・安全保障調査研究事業（発展型総合事業））報告書、二〇二一年三月）
・同右「北朝鮮『整備・補強戦略』の一考察――経済政策における二つの表徴と相関関係そして帰結」（令和三年度「『大国間競争の時代』の朝鮮半島と秩序の行方」研究会（令和三年度外務省外交・安全保障調査研究事業（発展型総合事業））報告書、二〇二二年三月）

（２）『朝鮮民主主義人民共和国投資案内』朝鮮対外経済投資協力委員会、平壌、二〇一六年、七および一八頁、『朝鮮民主主義人民共和国経済概括』朝鮮出版物輸出入社、平壌、二〇一七年、一九頁（以上、朝鮮語）。“The Government of the Democratic People's Republic of Korea, Democratic People's Republic of Korea,” *Voluntary National Review on the Implementation of the 2030 Agenda*, 2021, p.7.

（３）ここでの「像」とは社会科学的な一般化された「モデル」よりは、対象（この場合は北朝鮮経済）の特徴を抽出して作成した「中規模の（純然たる経験則とは一線を画した）モデル」を指す。そのような「像」を作成することが、特殊北朝鮮的な点を——比較的長期のタイムスパンの中で——浮かび上がらせること、そして一般化されたモデルに接合・対比させることが可能な「サンプル」を産出することの両面で北朝鮮研究に貢献するというのが、本章において筆者の抱くイメージである。また、この認識に立って、個々の政策・時期を対象としたケーススタディはここではいったん捨象している。

（4）たとえば、朝鮮労働党機関紙『労働新聞』の記述によって二〇二一年の農業成果が「生産ノルマを超過達成した単位・農場員が全国的に一六〇余個所の多収穫農場、二四〇〇余の多収穫作業班、九九〇〇余の多収穫分組、六万八〇〇〇余名の多収穫者に上り、これは二〇二〇年とは比べものにならないほどに多い」と評された一方で、二〇一九年に報じられた同種の成果は「一〇万二九〇〇余名の多収穫農場員」「前年から四万余名増加」というものであったこと（二〇二〇年については同種の記事が確認できず）から、当該時期の北朝鮮の作況は「二〇一九年増収→二〇二〇年不作→二〇二一年微増」というものであったことが推測されるが（『労働新聞』二〇二二年二月三日付および二〇二〇年二月五日付、朝鮮語）、前掲資料（*Voluntary National Review on the Implementation of the 2030 Agenda*,pp.15）では二〇一八年の穀物収穫量が四九五万トン（過去一〇年で最低水準）、二〇一九年が六六五万トン（同一〇年で最高水準）、二〇二〇年が五五二万トンとされており、両資料の記述が大きく矛盾しないことが導き出せる。

（5）「社会主義経済建設の基本路線」について、ここでは、中川雅彦「朝鮮民主主義人民共和国における自力更生——重工業投資を優先した経済建設の推進過程、一九四五〜一九七〇年」『アジア経済』第四五巻第五号、二〇〇四年五月、を参照した。

（6）以上の引用は『経済事典２』社会科学出版社、平壌、一九七〇年、五一〜五四頁（朝鮮語）の同路線の項目による。

（7）『経済建設と国防建設を並進させることについてのわが党の路線の正当性はどこにあるのか』朝鮮労働党出

版社、平壌、一九六八年、三一～三二頁（朝鮮語）。
(8)『経済研究』二〇〇九年第二号、二〇〇九年六月、五頁（朝鮮語）。
(9)『金日成総合大学学報（哲学・経済学）』第五三巻第一号、二〇〇七年一月、四四頁（朝鮮語）。
(10)『社会科学院学報』二〇一七年第四号、二〇一七年一一月、一九頁（朝鮮語）。
(11)『労働新聞』二〇一七年一二月一二日付（朝鮮語）。
(12) 同右、二〇一八年四月二二日付。
(13)『社会科学院学報』二〇一八年第四号、二〇一八年一一月、二八頁。
(14)『経済研究』二〇一八年第一号、二〇一八年一月、九～一〇頁。この引用論文では全体的に金正日期の「先軍時代の経済建設路線」の内容をふまえた記述がなされている。
(15)『哲学・社会政治学研究』二〇一九年第三号、二〇一九年九月、一八～一九頁および四九頁（朝鮮語）。
(16)『社会科学院学報』二〇一九年第二号、二〇一九年五月、三四頁および李基成『知識経済時代と新世紀産業革命』社会科学出版社、平壌、二〇一九年、一〇七頁（朝鮮語）。
(17)『労働新聞』二〇二〇年一月一日付および二〇一九年四月一三日付（後者は最高人民会議第一四期第一回会議における金正恩『施政演説』中での言及）。
(18) 同右、二〇二〇年一月一日付。
(19) 同右。
(20) 元ジュチョル『国風で見る朝鮮の姿』平壌出版社、平壌、二〇二〇年、五九～六〇頁（朝鮮語）。
(21) 金光徳『輝かしい功績の一〇年』外国文出版社、平壌、二〇二二年、二四～二六頁（朝鮮語）。
(22) 以下、党第八次大会に関する記述は同大会での金正恩の発言内容を報じた『労働新聞』記事による（「朝鮮労働党第八回大会で行った開会辞」（二〇二一年一月六日付）、「ウリ式社会主義建設の新たな勝利へと導く偉大な闘争綱領——朝鮮労働党第八回大会で行った敬愛する金正恩同志の報告について」（一月九日付）、「朝鮮労働党第八次大会で行った結論」（一月一三日付））。

(23)『労働新聞』二〇二一年一〇月一八日付。

(24) 同右、二〇二一年一一月一〇日付。

(25) 同右、二〇二一年六月四日付。

(26) 同右、二〇二一年五月三〇日付。

(27) 党中央委員会第八期第五回政治局会議での金正恩発言より。『労働新聞』二〇二二年一二月二日付。

(28) 李柄輝「［報告］朝鮮労働党第八回大会後、朝鮮の内外政策」朝鮮大学校朝鮮問題研究センター編集『朝鮮半島の今を視る――「膠着」打開に向けて――朝鮮大学校創立六五周年朝鮮問題研究センター設立一〇周年記念国際シンポジウム記録集』朝鮮大学校朝鮮問題研究センター、二〇二一年、一二一～一三三頁。

(29)『経済学研究論文集八』社会科学出版社、平壌、二〇一七年、六五九頁および六六八頁（朝鮮語）。金正日期の経済政策を回顧する形でこのような描写がなされている。

(30) 崔スナム「偉大な首領金日成同志による自立的民族経済建設の歴史的選択と偉大な生活力」『歴史科学（付録九）』科学百科事典出版社、平壌、二〇二二年三月、六九～七〇頁（朝鮮語）。また金ウンソン「新たな主体一〇〇年代の一〇年を勝利と奇蹟の年代として輝かせられた敬愛する金正恩同志の不滅の業績」（同一一六～一三五頁）は金正恩体制一〇年の成果を分野別に紹介したものだが、経済的な成果についての記述は後半部分に回され、なおかつ具体的な成果よりは、各種「路線」の下で経済建設に力が入れられたことが成果として描かれていることが確認できる（一二七～一二九頁）。

(31)「敬愛する金正恩元帥が普通江川岸段々式住宅地区の竣工式に参席し竣工テープを切られた」『労働新聞』二〇二二年四月一四日付。竣工の辞の中に「瓊樓洞の住人らは今日の感激を永遠に忘れず、国の宝、集団の先駆者としての価値ある人生を続けていかなければならない。（中略）その名も麗しい瓊樓洞が清い良心と熱い情で祖国を戴く誠実な愛国者の街として永く称揚されるものと信じる」との表現が確認できる。

（32）前掲『輝かしい功績の一〇年』八四頁。
（33）金ジョンナム『偉大な人民は語る』平壌出版社、平壌、二〇二二年、九六頁（朝鮮語）。
（34）林ギョンホ『愛の命令』平壌出版社、平壌、二〇二一年、一二三～一二八頁（朝鮮語）。仲坪野菜温室農場（咸鏡北道鏡城郡）の建設が決定される際の逸話が紹介されており、軍用飛行場を道内の人民のために野菜を生産する温室農場に転用することが金正恩により決定され、また道党ではなく軍が工事を受け持つことが指示されたとの記述が見られる。
（35）「朝鮮人民革命軍創建九〇年慶祝閲兵式で行った敬愛する金正恩同志の演説」『労働新聞』二〇二二年四月二六日付。「自分自身を守るための力を育てるにあたって終わりはありえず、相手が誰であれ立ち向かうわれわれの軍事的強勢はさらに確実なものとならねばならない」との発言が見られる。
（36）以下、この部分についての記述は金インスク「敬愛する金正恩同志は人民大衆第一主義政治を党と国家活動において輝かしく具現していく偉大な領導者」前掲『歴史科学（付録九）』一〇三～一一五頁による。
（37）崔グァンイル「朝鮮労働党を人民大衆と渾然一体をなす不敗の党として強化発展させた不滅の業績」『金日成総合大学学報　歴史学』第六七巻第一号、二〇二一年（出版月不明）、三四～三五頁。
（38）前掲「敬愛する金正恩同志は人民大衆第一主義政治を党と国家活動において輝かしく具現していく偉大な領導者」一〇七～一〇八頁。「人民大衆第一主義」の体現者として金正恩が核兵器・ミサイル開発に従事した科学者・技術者を大胆に信じ、その成果を評価した、との記述が見られる。

第9章　金正恩時代の経済改革
——政権の正統性を支える「人民大衆第一主義政治」

三村　光弘

はじめに

二〇一九年五月二〇日付の朝鮮労働党機関紙『労働新聞』は、「朝鮮労働党の自主路線は偉大な勝利と繁栄の旗幟である」との論説を掲載した。これは朝鮮労働党の政治路線について解説した長文の論説であるが、三節に分かれたこの論説の第二節では、朝鮮労働党の自主路線を説明する中で、「自主路線を具現するための二大要素である党の指導と人民の支持問題を最上の水準で完璧に解決したがゆえに、わが党は強く、わが国家は自主の強国として威容を轟かしている」と強調し、その文脈で、「人民大衆第一主義政治」という言葉が初めて登場した。この言葉の解釈はさまざまであるが、朝鮮労働党の政策が成功するためには、朝鮮労働党に対する人民の支持が必要であるということである。一見当たり前のことを公に論じてみせたことは、朝鮮民主主義人民共和国（以下、北朝鮮とする）における政権の正統性がもはや指導者のカリスマや「神話」に依存するのではなく、日々の政治の実践とその結果を通じて得られるようになりつつあることを示唆している。

本章では、主として経済の視点から、旧ソ連・東欧の社会主義政権崩壊後の北朝鮮における変化を概観しつつ、金正恩《キムジョンウン》時代における北朝鮮の経済政策を分析し、現在の北朝鮮で起きている変化を描き出すことを目的とする。

1 北朝鮮の経済改革

(1) 旧ソ連・東欧の社会主義政権崩壊と社会主義国際市場の喪失

旧ソ連・東欧の社会主義政権の崩壊とそれにともなう社会主義世界市場の喪失は、東西対立の最前線で韓国や日本、米国と対峙してきた北朝鮮にとって、後ろ盾なしでこれらの国々と向きあうことを強いられる、極めて困難な状況を作り出した。一九九一年一二月二五日のソ連邦崩壊を受けて、北朝鮮は一九九二年四月九日の憲法改正でその外交原則を、プロレタリア国際主義から「自主、平和、親善」に変更したが、これは北朝鮮なりに西側諸国との関係改善を目指そうとする動きであった。

大韓民国（以下、韓国とする）は、米国との同盟関係を維持したまま、一九八九年から九〇年にかけてソ連や東欧諸国と、九二年には中国と、国交を正常化し、東西冷戦終了後の新たな国際秩序にうまく適応

図１　南北交易を含む北朝鮮の対外貿易額と貿易収支（1985～1994年）

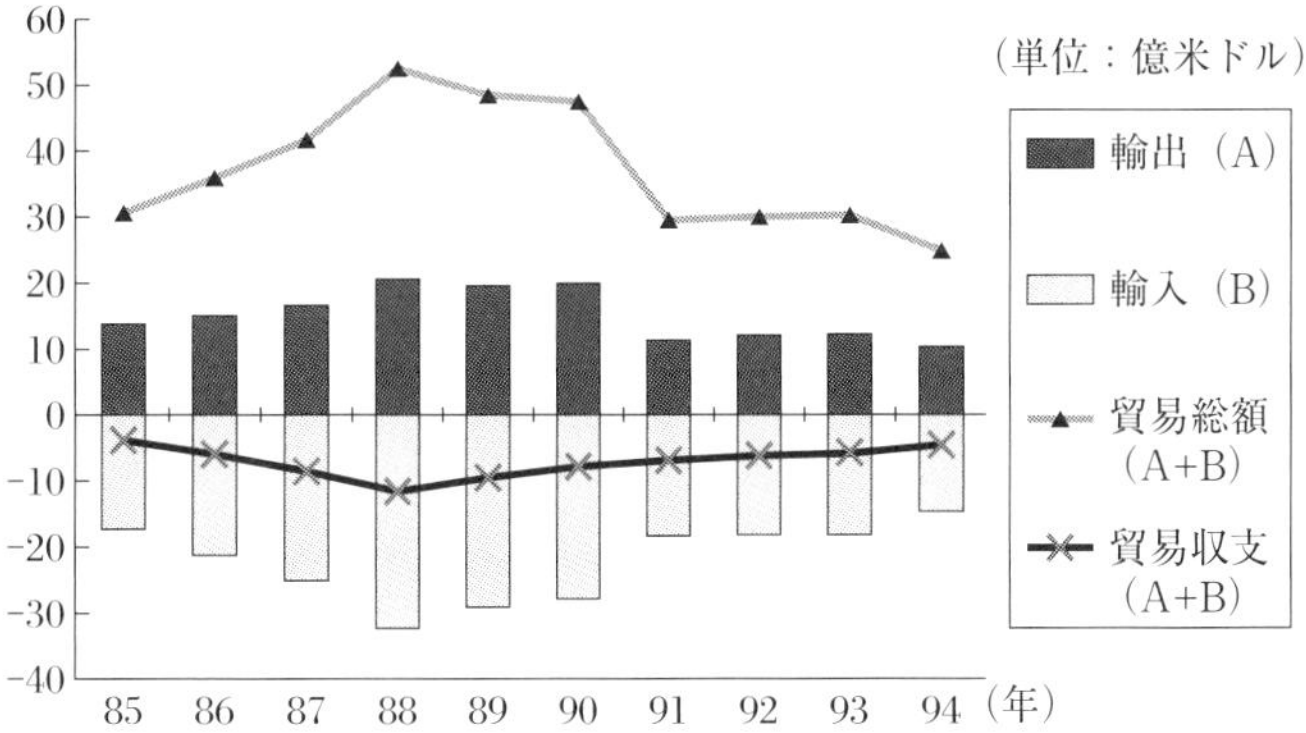

出典：大韓貿易投資振興公社（KOTRA)、韓国・統一省。

することに成功した。しかし、北朝鮮は日米との国交正常化に現在に至っても成功しておらず、それどころか社会主義の兄弟国として後ろ盾になっていたソ連や中国に「裏切られ」、極めて孤独な環境の中で新たな国際秩序に対応していくことを求められた。

その対策として、北朝鮮が自国の安全を保障するためにとったのは、冷戦期に旧ソ連から与えられてきた「核の傘」を自力で確保することであった。北朝鮮の核やミサイルの開発が東西冷戦の終了後に急に本格化したのは、このような経緯があったためである。経済が厳しい中でなぜ核開発に多くの資源を投入したのかという疑問に代表される、東西冷戦終了後の北朝鮮経済のあり方は、同国がおかれたこのような困難な状況を理解せずに論ずることはできない。

北朝鮮は、一九八四年の金日成《キムイルソン》のソ連・東欧諸国の歴訪を通じて、これらの国々からの支援を増加させるべく、さまざまな協定を締結した。社会主義国との貿易増強を通じて、経済復興を図ろうとしたのである。図１のように、北朝鮮の対外貿易総額は一九八五年には三〇億ドル強であっ

図２　北朝鮮の国別貿易額（1985〜1994年）

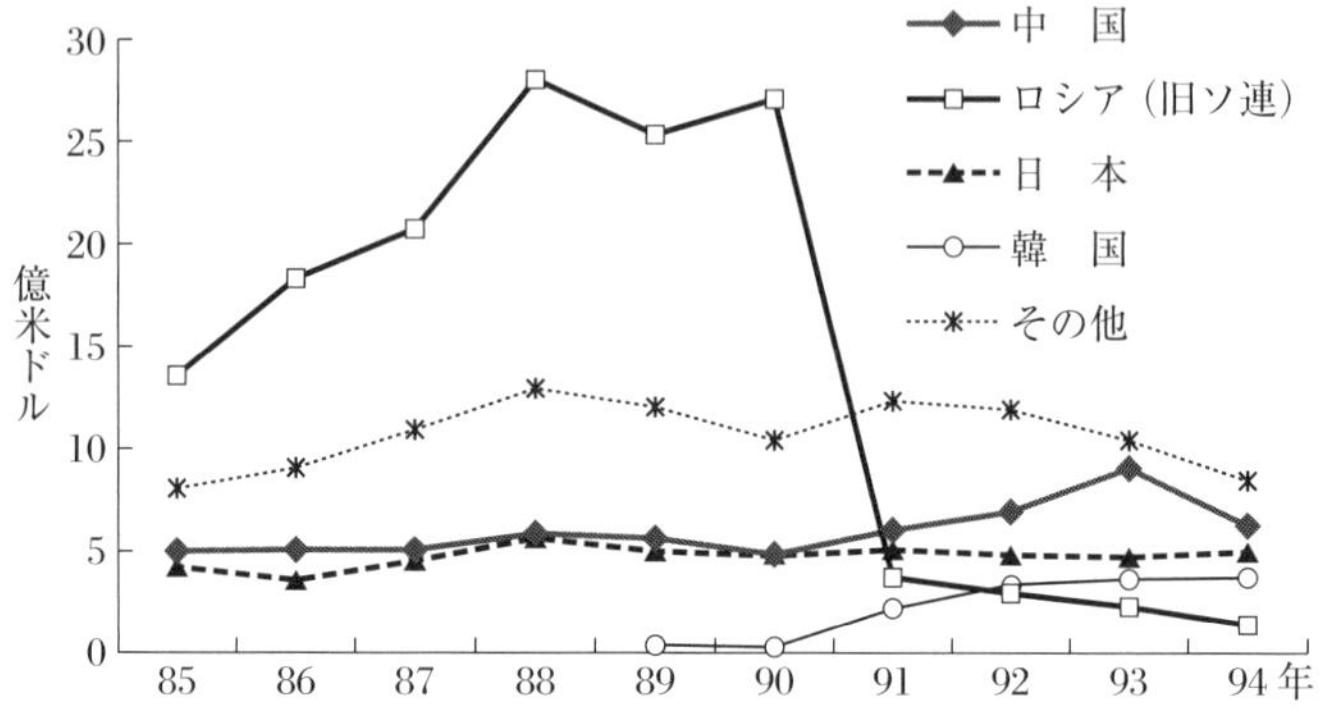

出典：大韓貿易投資振興公社（KOTRA）、韓国・統一省。

たが、一九八八年には五二・五億ドルを記録している。この急激な貿易の伸びは、図２のように、旧ソ連との貿易拡大によって実現されたものであった。

ソ連が解体していく過程の前半は、北朝鮮からみればソ連からの支援が増加する時期であった。北朝鮮の対外貿易総額は一九八八年をピークにして減少し、ソ連崩壊の一九九一年には朝ソ貿易が前年比で五分の一以下となった。北朝鮮は、最大の後ろ盾となる社会主義世界市場を失うことになり、一転して大きな危機に陥った。

このような危機への対応の一つに、一九九二年四月九日に一九年半ぶりに行われた憲法改正がある。この改正では、前述のように外交の基本原則を「自主、平和、親善」とし、旧憲法にあった「マルクス・レーニン主義とプロレタリア国際主義、社会主義国との団結」が削除されたが、「国家は、わが国を友好的に遇するすべての国家と、完全な平等および自主性、相互尊重および内政不干渉、互恵の原則において、国家的または政治、経済、文化的関係を結ぶ」（第一七条）が変更されずに残った。

（2）一九九〇年代後半の経済危機と国家による供給システムの機能不全

一九九三年一二月八日、朝鮮労働党中央委員会第六期第二一回総会は第三次七カ年計画の総括報告において、一部指標が達成できなかったことを認めた。そしてその後二～三年を「社会主義建設の緩衝期」とし、その間に「農業第一主義、軽工業第一主義、貿易第一主義」をとるという「党の戦略的方針」を提示した。その後の経済的苦境で、この緩衝期は結局、一九九七年まで延長されることになる。

経済的苦境が継続する中、これまで国家制定価格によって供給が行われてきた食料や生活必需品が円滑に供給できなくなり、人々は国営経済の枠外でこれらを手に入れる必要が出てきた[1]。一九九九年には、都市勤労者に対しても世帯あたり三〇平方メートルの自留地（家庭菜園）が与えられていることが報告された[2]。しかし、流通ルートが限られていたり、そもそも公的な給与所得以外に所得の源泉を持っていなかったりしたため、北朝鮮国民全員が十分な食料や生活必需品を私的に入手できたわけではなかった。一九九〇年代後半には、供給制度が有名無実化し、国家を信じて待っていた多くの国民が飢餓で死んだ[3]。

人々は生きるために、個人間取引などを利用して、必要な食料や生活必需品を手に入れた。韓国ではこのような現象を北朝鮮の「市場化」と呼んでいるが、北朝鮮は二〇二二年末現在で生産手段の私的所有を認めていないことから、むしろ財の価格が需給関係で決定される市場メカニズムが機能している「商品経済」と呼ぶのが正しいだろう。

北朝鮮の商品経済は、一九八〇年代以降悪化しつつあった経済に対して人々が対応してきた過程で徐々に形成されてゆき、それが一九九〇年代に入ってからの国家による供給の停止によって一気に拡散した。したがって、国家が国民の生活に全面的に責任を負う供給体制を復活しない限り、拡大をはばむことができない性格のものである。

（3）商品経済の発達と非国営経済主体に対する認識の変化

北朝鮮における、食料の入手経路は、私営経済の国有化と協同化が完成した一九六〇年代以降には、国家供給網による供給（配給）[4]、農民市場[5]における購入、個人間取引を通じた交換ないし購入のみであった。一九九〇年代のソ連・東欧の崩壊にともなう経済難で、国家による供給が困難になるなか、本来農民が生産した農畜産物しか取り扱えないはずの農民市場が、工業製品も販売する闇市場と化した。その後、二〇〇二年に行われた「経済管理改善措置」の一環で、二〇〇三年から農民市場が総合市場（その後、地域市場に改称）として工業製品も販売できるよう改組された。地方政府（市、直轄市の区域、郡等）によって市場が設置され、「市場使用料」を納めて個人または国営企業、協同団体等が商品の販売を行うようになった。

地域市場においては、国家が制定した範囲内で需要者と供給者との間の合意によって価格を定めることが許されるようになり、商品経済が広まっていったが、国営部門の一部では国家制定価格が残存した。その後、二〇〇九年一一月の貨幣交換の際には後述するように一時市場が閉鎖され、外貨取引も一時禁止されるなどしたが、国家による供給力が不十分で住民生活に多大な影響があることがわかると、再び市場の運営が許容されるようになった。

金正日《キムジョンイル》・金正恩両政権において、地域市場における取引はあくまで国営商業網を補完する存在としてとらえられている。国家の供給能力の増大にともない、地域市場は消滅することが望ましいというのが二〇二二年末現在においても北朝鮮の公式の見解である。

中間財や資本財についても、二〇〇〇年代初めから社会主義物資交流市場という名の相対取引で国営企業間での融通ができるようになってはいたが(6)、実際には余剰生産物や資材を持っている企業と、それを必要とする企業がどこに存在するのかについての情報が少なく、マッチングがうまくいかない例が多かったようである。実際に取引が行われるときには、社会主義物資交流市場の決済は企業の銀行口座間でのやりとりという無現金取引が原則となっていたが、そうではない取引も実際には多数あったと思われる。

このように商品経済が発達するなか、筆者が北朝鮮の人々と接して感じたのは、地域市場を社会主義計画経済の「鬼っ子」であると考えてきたエリートたちも、生活の中で地域市場の必要性について否定することが減り、むしろ市場での価格を基準として、他の商店の価格について高い、安いと指摘するようになってくるほど、北朝鮮国民の経済生活において、市場が一定の役割を担うようになってきたということであった。筆者の友人たちの言によれば、社会主義企業責任管理制が実施されるようになってからは、国営企業や機関の一部門が独立採算の単位として認定され、さまざまな権限が付与されるようになった一方、部門長は自らの部門の事業とそのメンバーの生活に責任を持つことが期待され、相当なプレッシャーがかかるようになった。エリートたちも、自らが責任のある立場に立てば、現実問題としてカネの問題を取り扱わざるをえなくなっており、そうした現実が社会を急速に変化させていることに注目する必要がある。

その意味で、北朝鮮における経済改革とは、社会主義世界市場の喪失とともに変化した現実を踏まえ、生産力を解放し、北朝鮮国民の暮らしをどのように支え、豊かにしていくのかを目的としたものである。金正日時代には、変化しつつある経済状況から生まれた商品経済をどのように社会主義計画経済を原則とする枠組みに位置づけていくのかが課題であった。金正恩時代の現在は、商品経済の拡大を所与の前提としつつ、変化した現状を制度化するために、生産手段の社会的所有を原則とする社会主義の枠内での限界を試す状況にあるといえる。米朝関係の改善や国連安保理決議による国際的経済制裁の緩和などが実現し、北朝鮮経済の外延的発展が再び可能になった場合には、経済成長を促進するために、一九九〇年代初頭の中国のように社会主義の定義そのものを再考する必要性が出てくるかもしれない。

2　金正日時代の経済改革

(1) 一九九四年七月八日の憲法改正と政府機構の改組

一九九四年七月八日の金日成の逝去により、北朝鮮の最高指導者は金正日となったが、朝鮮労働党中央委員会と党中央軍事委員会が連名で金正日の党総書記推戴を宣言したのは、三年以上経った一九九七年一〇月八日であった。これ以降、北朝鮮における経済管理改善への努力（経済改革）が始まっていった。制度的に見れば、一九九八年九月五日の憲法改正がその開始点であるといえる。この憲法改正では、まず一九七二年憲法で創設され、一九九二年憲法まであった「国家主席」と「中央人民委員会」が削除された。これは、国家主席および中央人民委員会が金日成がその地位につくことを前提にしていたからである。そして中央人民委員会の職責の多くは、新たに創設された（一九四八年憲法にはあった）「内閣」に移され、朝鮮労働党の指導の下、内閣が経済を含む国家の事務を担当するようになった。地方においては、地方行政委員会を廃止し、地方人民委員会に一本化した。また、憲法第三八条に「国家は、わが国の機関、企業所、団体及び外国の法人又は個人との企業合弁及び合作、特殊経済地帯における様々な企業創設運営を奨励する」との条文が追加された。金正日時代の北朝鮮は核開発を加速化させた「先軍政治」の色彩が濃いが、よく見れば最も経済が厳しかった一九九〇年代後半に大型水力発電所の建設を開始するなど、経済建設、ことに電力などのインフラ整備にも力を入れようとしていた。

その後始まった経済改革への動きを見ると、まずは国営企業のリストラ、経済計画作成方法の変化から始まり、さらに企業管理方法の変化、価格や給与の見直し、農民市場の地域市場への拡張などへと進行していった。

国営企業のリストラは一九九九年初めから二〇〇一年にかけて進行した。中川雅彦はこのリストラについて、「動いている企業をつぶすことよりも、能力のある企業を選んで動かしていくことに重点があったと見られる」[7]と分析している。朴在勲によれば、リストラの目標は、生産の専門化であった[8]。朝鮮式企業連合である連合企業所もこの原則に従って不合理な企業は合理化し再構築することになった。また、経済計画の作成の簡素化と計画策定権限の下部（地方）機関への委譲が行われ、従来からある量的指標に加えて、質的指標や貨幣的指標が重視されるようになった[9]。この計画作成過程の変更は、一九九九年に立法化された「人民経済計画法」が二〇〇一年に改正されたことで、法的にも変更が加えられていることが確認されている。

(2) 二〇〇一年七月の「経済管理改善措置」と「総合市場」の公認

二〇〇一年一〇月三日に、金正日は「強盛大国建設の要求にそって社会主義経済管理を改善、強化することについて」という講演を行った。[10] この講演の趣旨は、（一）社会主義原則を固守しつつ、実利最大化を実現することを主軸に、（二）計画経済に一層現実性と科学性を持たせる、（三）分権的に裁量権を与え、経済全般の生産性と経済主体のモチベーションを向上させる、（四）経済システムに柔軟な対応性を持たせる、（五）プラスのモチベーションだけでなく、マイナスのモチベーションも導入する、といった経済の方向性を示すことであった。

北朝鮮の研究者である李基成《リギソン》は、これを「新世紀が始まった最初の年に、社会主義強盛大国建設の要求に応じて社会主義経済管理を改善し、完成させるなかで、社会主義原則を確固として守りつつ、最も大きい実利を得られる経済管理方法を見つけ出すことを最も重要な原則に掲げ、その実現に努力している」[11]と捉えている。

このような認識を背景に、二〇〇二年七月一日に表1のような変化をともなう「経済管理改善措置」と称する物価と賃金の大幅な改革が行われた。この措置の主要な内容は、（一）コメやトウモロコシなどの穀物の配給にともなう逆ざや廃止、（二）国家による恵沢（無料で提供されるもの）の削減、（三）価格の上昇に応じた生活費（給与）の調整、であった。表2は、経済管理改善措置前後の価格や料金の比較であるが、もともと農家からの買取価格より安く設定されていたコメやトウモロコシなどの穀物の販売価格の値上げ幅が大きくなっていることがわかる。その他、これまで料金を支払うことが少なかった住宅使用料（家賃）や電気代、水道代なども徴収されるようになった。教育や医療は依然無料のまま据え置かれたものの、一九八〇年代後半までの、あまり働かなくても党や政府に従ってさえいれば最低限の生活は保障されたシステムは制度としても終焉を迎え、社会主義分配原則（能力に応じて働き、労働に応じて分配を受

表１　経済管理改善措置前後の価格・料金制度の変化

		改定前（朝鮮ウォン）	改定後（朝鮮ウォン）	引上げ幅（倍）
コメ（kg）	買取価格	0.82	40	48.78
	販売価格	0.08	44 46	550.00 575.00
トウモロコシ（kg）	買取価格	0.49	20	40.82
	販売価格	0.06	24	400.00
大豆（kg）	買取価格	—	40	—
洗顔石鹸（枚）		3.00	20	6.67
男子運動靴（足）		18.00	180	10.00
石炭（トン）		34.00	1,500	44.00
電力（キロワット時）		35.00	2,100	60.00
ガソリン／95オクタン（トン）		922.86	64,600	70.00
工業製品価格平均		—	—	25.00
月刊誌『朝鮮文学』		1.20	35	29.17
地下鉄料金（全区間）		0.10	2	20.00
日託児所間食費（月額）		—	300	—
松涛園海水浴場入場料（大人）		3.00	50	16.67

出典：姜日天「朝鮮民主主義人民共和国における経済管理改善措置の解釈について――『物価』と『賃金』の改定を中心に」『同胞経済研究』第７号、2002年、20頁。

表２　経済管理改善措置による賃金の改定

単位：朝鮮ウォン

	従来の基本賃金	改訂後の基本賃金	引上げ幅
一般労働者	110	2,000～2,500	15～20倍
鉱山労働者	—	6,000	—
炭鉱労働者（２・８直洞炭鉱）	350	3,000～6,000	8.57～17.4倍
政府機関事務職員	180～200	3,500～4,000	19～20倍
大学教授	200	4,000～5,000	20～25倍
大学教授（博士以上）	—	7,000～8,000	—

出典：中川雅彦「価格・賃金改革に踏み切る――2002年の朝鮮民主主義人民共和国」日本貿易振興機構アジア経済研究所『アジア動向年報2003年版』2003年、68頁の表２より筆者作成。

ける）が徹底される制度設計がなされた。これらの措置は当初、突如として実施されたかのように報道されたが、実際には前述した通り、一九九八年頃から現れ始めた一連の経済改革の流れの中に位置づけられるものであり、それなりの準備を行った上で行われたものである。

二〇〇三年六月には、これまでの農民市場（ソ連のコルホーズ市場に類似した自留地で生産したか、計画を超過達成して得られた農産物を販売する市場）が「総合市場」（その後、「地域市場」に改称された。本章では以下、地域市場で統一する）に改編された。それ以前、農民市場はあくまで農業生産者が自ら生産したものを販売することが前提の、商業流通の補助的な部門として捉えられており、工業製品の取引は許されなかった。社会主義世界市場の崩壊後、経済が苦しくなるにつれて、農民市場で取り引きされる品目は増加し、工業製品も取り引きされるようになったとされるが、このような取引は非合法であり、統制の対象であった。

農民市場の地域市場への改編は、地域市場を商品流通の主要なルートの一つとして認め、機能を拡大したところに大きな意義がある。地域市場のモデルとして、平壌市楽浪区域に在住外国人も買物ができる最大の市場として「統一通り市場」が建設され、以後平壌市の各区域（区に相当）や全国の各市、郡にこのような市場が建設されていった。地域市場へは個人が市場使用料を支払って出店するだけではなく、国営企業および協同組合も地域市場への直売店の出店が可能となった。

商品流通においてはこのように地域市場など国営流通網以外のネットワークが誕生するようになった。これらのネットワークでは、個人の経営による生産物や、所有制こそ国有や協同団体所有ではあるが、国家計画に基づかない商品の流通が増加していくという現象が見られる。これはすなわち、商品（消費財）

の流通において、価格メカニズムに任せられる部分が徐々に増加してきているとともに、国営企業や協同団体が計画外生産にかかわったり、非国営部門との取引を行ったりして、事実上の商品経済がシェアを伸ばしつつあることを意味している。その一例として、『朝鮮新報』二〇〇三年四月二八日付には、平壌のある焼き芋販売店の経営のエピソードが紹介されている。

(3) 二〇〇〇年代中盤の揺り戻しと朴奉珠首相の左遷

経済改革の結果、非国営部門は、国営部門との関係を深め、さらに規模を拡大するとともに、市場での小売からそれを支える卸売、物流倉庫業、金融業へと拡大していった。国営部門においても、計画外生産が増加し、外部からの資本の導入、本業以外での経営活動の増加と非国営部門との結びつきが増えるなどの変化が起きた(12)。

しかし、経済改革の制度設計は、非国営部門の動きを追認し、既存の制度を最低限変更するだけのものだった。非国営部門の活動は、生産手段を私有することを含め、その多くが法的に認められたものではなかった。社会制度が市場メカニズムには対応しておらず、非国営部門や国営部門の計画外生産など、経済改革に刺激されて発生した経済活動の多くは、あくまで黙認されていただけであった。これらの経済活動の活発化は、商品経済における競争激化を引き起こし、これまで軍や朝鮮労働党、秘密警察など、政治的特権を持つ機関の傘下で利益を上げていた貿易会社を中心とする会社の独占を崩壊させ、既得権層の反発を呼んだ。また、拝金主義の横行や汚職の発生、政府や党の権威の低下、国民統制の難しさ（人の移動や口コミの広がり）、国営部門からの人材の流出など、多くの副作用がみられた。

二〇〇五～二〇〇六年頃から、このような副作用を収拾するための「引き締め」政策が実施された。例えば国営企業の評価基準である「稼ぎ高指標」が二〇〇六年に「純所得」指標に変更された。その理由は、北朝鮮の複数の経済学者によれば、企業所が勤労者の労働意欲を引き出すために、過度に生活費（賃金）を引き上げる偏向などが起こったためだとされる。経済改革を主導した朴奉珠《パクポンジュ》総理は、二〇〇七年四月一一日、最高人民会議第一一期第五回会議において総理を解任された(13)。

北朝鮮の経済政策の方向性は二〇〇六年以降、非国営部門の成長もある程度許容した全般的な経済の正常化を目指す段階から、ある程度の正常化を前提として、伝統的な重点部門の重工業に投資を集中し、国営企業同士の生産連携を重視する方向に向かっていった(14)。同時に金属工業、石炭工業、電力工業、鉄道運輸の四つの優先整備対象相互間の連携が季節的な変動はあるものの、以前と比べてある程度とれるようになってきたことも関連していると思われる(15)。

（4）二〇〇九年一一月の「貨幣交換」とその後の混乱――「人民生活」重視の始まり

Ⅰ　貨幣交換

このような中、二〇〇九年四月二〇日から九月一七日に「一五〇日戦闘」、同年九月二三日から一二月三一日に「一〇〇日戦闘」と称する大衆動員運動が行われた。一〇〇日戦闘の期間中の二〇〇九年一一月三〇日には、旧貨幣一〇〇ウォンを新貨幣一ウォンに交換する貨幣交換が行われた(16)。

貨幣交換は、文浩一によれば、二〇〇九年一一月三〇日から一二月六日までの一週間にわたって行われた。朝鮮半島が日本から解放されて以降五回目、朝鮮民主主義人民共和国成立以後四回目の貨幣交換となり、これまでの貨幣交換を特徴づける交換比率、券種の変更、交換限度額、価格改定のすべてが利用され、現金（一〇〇対一）と預金（一〇対一）で初めて交換比率が異なることとなった[17]。また文浩一は、『朝鮮新報』二〇〇九年一二月七日付の姜イルク記者による朝鮮中央銀行のチョ・ソンヒョン責任部員に対するインタビュー記事を引用して、この貨幣交換の実態を以下のようにまとめている。①最高人民会議常任委員会政令「新貨幣を発行することについて」とそれに基づく内閣決定によって実施した。②交換比率は、現金の場合一〇〇分の一に、貯金の場合は一〇分の一とした。③交換期間は、二〇〇九年一一月三〇日から一二月六日までの一週間である。④期間内に交換しなかった貨幣や不法に海外に持ち出された貨幣は無効とする。⑤生活費（給与）は従来通りの額面で支払う。⑥銀行利子率は、従来通り三・六～四・五％である。⑦一二月三日に国営商店と食堂に新価格が示され、四日から新価格での営業となる。⑦外貨の使用は禁止し、外国人や在外朝鮮人は換金所で朝鮮ウォンに両替する。⑧貨幣交換以後、朝鮮中央銀行が発行する券種は、紙幣が九種（五〇〇〇ウォン、二〇〇〇ウォン、一〇〇〇ウォン、五〇〇ウォン、二〇〇ウォン、一〇〇ウォン、五〇ウォン、一〇ウォン、五ウォン）で、硬貨は四種（五〇チョン、一〇チョン、五チョン、一チョン）となる。さらに文は、社会科学院でのインタビューを通じて、現金の交換限度額が一〇万ウォンであったことを明らかにしている[18]。そして、この貨幣交換の目的がインフレーションの終息と貨幣のデザインと種類の改善であったことが確認できる[19]、としている。

貨幣交換は、社会主義計画経済秩序の回復を目指して市場《いちば》の閉鎖と外貨使用の禁止という措置をともなって行われたが、国家による食料や消費財の供給が伴わず、国民生活に大きな混乱を与える結果となった[20]。

II 「人民生活の向上」の重視

貨幣交換の混乱が深刻化していた二〇一〇年一月一日の『労働新聞』『朝鮮人民軍』『青年前衛』三紙の新年共同社説のタイトルは「党創建六五周年を迎える今年、もう一度軽工業と農業に拍車をかけ、人民生活に画期的な転換をもたらそう」であり、従来の重工業を復活させるという大きな方針に変更はないものの、国民生活の「画期的な転換」を掲げ、国民生活に関係が深い軽工業と農業の生産拡大に力を入れる方針を強調していた。金正日時代は新年共同社説が前年を総括し、その年の施政方針を明らかにする上で、社会的に極めて重要な位置を占めていたことを考えると、二〇一〇年の新年共同社説に「軽工業」「農業」が重要課題として強調されるようになったことは、国民生活向上が国家運営上重要な課題となったことを示唆している。

3 金正恩時代の経済改革

(1) 金正日時代の「人民生活」重視路線の継承と発展

二〇一一年一二月一七日、金正日が逝去した。同月一九日発の『朝鮮中央通信』では、地方出張に向かう列車内で「精神肉体的過労」で逝去したと報道された。同日付で国家葬儀委員会の構成が発表され、金正恩は第一順位で、彼の名前だけに「同志」の敬称が付されていた。翌二〇日には金正日の遺体は錦繡山記念宮殿に安置され、葬儀(永訣式)は同月二八日に同記念宮殿で行われた。金正恩はこの時、朝鮮人民軍大将の称号と朝鮮労働党中央軍事委員会副委員長の職責を担っていた。(21) 翌二九日に開かれた中央追悼大(22)

表３　新年共同社説または新年の辞の題目（2005～2022年）

年	種別	題目（共同社説または新年の辞）
2005	共同社説	全党、全軍、全民が一心団結して先軍の威力をさらに高くとどろかせよう
2006	共同社説	遠大な抱負と信念をもってより高く飛躍しよう
2007	共同社説	勝利の信念に満ちて先軍朝鮮の一大全盛期を開いていこう
2008	共同社説	共和国創建60周年を迎える今年を祖国の歴史に刻まれる歴史的転換の年として輝かそう
2009	共同社説	総進軍のラッパの音高らかに鳴り響かせ今年を新たな革命的大高揚の年として輝かそう
2010	共同社説	党創建65周年を迎える今年、もう一度軽工業と農業に拍車をかけ、人民生活に画期的な転換をもたらそう
2011	共同社説	今年、もう一度軽工業に拍車をかけて人民生活の向上と強盛大国の建設で決定的な転換を起こそう
2012	共同社説	偉大な金正日同志の遺訓を体し、2012年を強盛・繁栄の全盛期が開かれる誇るべき勝利の年として輝かそう
2013	新年の辞	宇宙を征服したあの精神、あの気迫で経済強国建設の転換的局面を切り開こう！
2014	新年の辞	勝利の信念をもって強盛国家建設のすべての部門で飛躍の熱風を強く巻き起こそう！
2015	新年の辞	祖国解放70周年に当たる今年、全民族が力を合わせて自主統一の大路を開いていこう！
2016	新年の辞	朝鮮労働党第７回大会が開かれる今年、強盛国家建設の最盛期を開こう！
2017	新年の辞	自力自強の偉大な原動力によって社会主義の勝利の前進を早めよう！
2018	新年の辞	革命的な総攻勢で社会主義強国建設のすべての戦線で新たな勝利を獲得しよう！
2019	新年の辞	自力更生の旗を高く掲げ、社会主義建設の新たな進撃路を開いていこう！
2020	中央委員会総会報道	チュチェ革命偉業勝利の活路を明らかにした不滅の大綱――われわれの前進を妨げるすべての困難を正面突破戦で切り抜けよう
2021	党大会の結語	社会主義建設の主体的な力、内的原動力を一段と強化し、各分野において偉大な新たな勝利を達成しよう
2022	中央委員会総会報道	偉大なわが国家の富強・発展とわが人民の福利のために一層力強く闘っていこう！

出典：『労働新聞』『朝鮮中央通信』『朝鮮新報』の報道をもとに筆者作成。

会で最高人民会議常任委員会委員長の金永南《キムヨンナム》が追悼の辞の中で、金正恩を「党・軍・人民の最高指導者」として紹介した。[23] 翌三〇日には、朝鮮労働党中央委員会政治局会議で、金正恩が朝鮮人民軍最高司令官に推戴された。[24] こうして、金正恩時代が始まった。

二〇一二年四月一一日に開催された第四回朝鮮労働党代表者会において、金正恩は総書記に代わる党の最高職として新設された「第一書記」に推戴された上に、政治局常務委員・中央軍事委員会委員長にも就任した。[25] 翌々日の四月一三日に開催された最高人民会議第一二期第五回会議では、「国防委員長」に代わって新設された「国防委員会第一委員長」に就任した。[26] 同年七月一七日には、朝鮮労働党中央委員会と朝鮮労働党中央軍事委員会、朝鮮民主主義人民共和国国防委員会、朝鮮民主主義人民共和国最高人民会議常任委員会の連名で朝鮮民主主義人民共和国元帥称号を授与された。[27] その後、二〇一六年五月九日、朝鮮労働党第七回大会において朝鮮労働党第一書記に代わって新設された朝鮮労働党委員長に就任し、[28] 同年六月二九日、最高人民会議において国防委員会第一委員長に代わって新設された国務委員長に就任した。[29] 二〇二一年一月一〇日、金正恩は前日に改正された朝鮮労働党規約の規定における党委員長体制から書記体制への移行を反映し、朝鮮労働党総書記に推戴された。[30]

二〇一一年一月二八日の永訣式当日、金正恩は関係幹部たちを前にして、社会主義企業管理方法を現場の要求に即して速やかに完成するよう求めた。[31] 金正恩は翌一二年には内閣の幹部および学者らを招集し、「生産者自身が生産と管理における主人としての責任と役割を果たすようにする社会主義企業管理方法」を完成するようにという研究課題を提示した。これを受けて、内閣内に「常務組」と呼ばれるタスクフォースがつくられ、研究機関、経済部門関係者らと幾度にもわたり国家的な協議会や討論会などを開催し、具体的な方法論などを討議したといわれている[32]。

二〇一二年四月一五日の金正恩による初めての公開演説[33]では、「世界で一番良い我が人民、万難の試練を克服して党に忠実に従ってきた我が人民が、二度とベルトを締め上げずに済むようにし、社会主義の富貴栄華を思う存分享受するようにしようというのが我が党の確固たる決心です」、「我々は、偉大な金正日同志が経済強国の建設と人民生活の向上のためにまいた貴重な種を立派に育てて輝かしい現実として開花させなければなりません」と、国民生活の向上が朝鮮労働党の重要な政策課題であることを言明しただけでなく、それが金正日の遺訓であり、簡単に変えうるものではないことも明らかにした。

二〇一二年下半期から、一部の協同農場で「圃田《ほでん》担当責任制」および現物分配等を試験的に実施した。また、工業部門では経済の部門別（電力、石炭、金属、機械工業などの各部門）に中央、道、地方の各地域の等級に応じてそれぞれ二〜三の企業で、企業管理における改革措置の試験導入が始まり、初期には一〇〇あまりの企業で、年末には二〇〇あまりの企業で試験的に導入された[34]。

（2）「並進路線」と朴奉珠首相の復活、「社会主義企業管理責任制」の確立

二〇一三年三月三一日、平壌で朝鮮労働党中央委員会二〇一三年三月総会が開催された。金正恩第一書記（当時）が会議を取りしきり、党中央委員会委員、同委員候補、党中央検査委員会委員が出席した。全員会議では（一）現情勢と革命発展の必要にあわせてチュチェ革命偉業遂行において決定的転換を引き起こすための党の課題について、（二）最高人民会議第一二期第七回会議に提出する幹部問題、（三）組織問題、の三つの議題が討論された。

（一）に関連しては、「経済建設と核武力建設を並進させることに対する新たな戦略的路線」が提示された。この路線の意図について金正恩第一書記は報告の中で「新たな並進路線の真の優越性は、国防費を追加的に増やさなくても戦争抑止力と防衛力の効果を決定的に高めることにより、経済建設と人民生活向上に力を集中することができるところにある」と述べた。（三）に関連して、朴奉珠が党中央委員会政治局委員に補選され、玄永哲《ヒョンヨンチョル》、金格植《キムギョクシク》、崔富日《チェブイル》が党中央委員会政治局委員候補に補選された[35]。

北朝鮮において二〇一三年三月の並進路線が「新たな」並進路線と呼ばれているのは、中ソ対立とベトナム戦争のさなか、キューバ危機直後の一九六二年一二月に、朝鮮労働党中央委員会第四期第五回全体会議で示された「経済建設と国防建設の並進路線」が、すでに存在したからである。この時の並進路線はあくまで国防建設がメインであり、第2章で述べたとおり、当時行われていた第一次七カ年計画は三年間の延長を余儀なくされた。したがって、二〇一三年三月の並進路線は、一九六二年一二月の並進路線との対比の中で理解する必要がある。

新たな並進路線の新しい点とは、核開発による経済制裁の強化などの影響で経済開発が犠牲になるのではなく、むしろ核抑止力を得ることによって米国との戦争の可能性を減少させることができるのだから、経済建設に邁進することができるようになる、という論理である。長期的なビジョンとしては、米朝関係の改善に伴い、朝鮮半島における軍事的緊張が緩和されれば、通常兵器および兵力は縮小し、不足している労働力を除隊軍人から充当できるようになり、経済成長を促進するという考えもあるものと思われる。

この総会では、「朝鮮式経済管理方法を研究完成」せよとの発言があった。翌四月一日、平壌の万寿台議事堂で最高人民会議第一二期第七回会議が開催された。同会議では、最高人民会議の法令として、（一）

「朝鮮民主主義人民共和国社会主義憲法の一部の内容を修正・補充することについて」、(二)「朝鮮民主主義人民共和国錦繍山太陽宮殿法を採択することについて」、(三)「自衛的核保有国の地位をいっそう強固にすることについて」、(四)「朝鮮民主主義人民共和国宇宙開発法を採択することについて」が全会一致で採択された。また、最高人民会議の決定「朝鮮民主主義人民共和国国家宇宙開発局を設けることについて」も採択された。北朝鮮は法的にも核保有国を宣言することとなった。

最後に組織問題（人事）が討論され、朝鮮労働党中央委員会の提議によって、朴奉珠党中央委員会委員が首相に任命された。彼は二〇〇三年九月から二〇〇七年四月まで首相を務めた。崔永林《チェヨンリム》前首相は、最高人民会議常任委員会名誉副委員長となった。金正覚《キムジョンガク》・元人民武力部長と李明秀《リミョンス》・元人民保安部長が国防委員から解任され、金格植人民武力部長と崔富日人民保安部長が国防委員に選出された[36]。

この二日間の会議で、北朝鮮は重要な決定を二つ下した。第一に核・ミサイル開発は「急変する情勢に対処するための一時的な対応策ではなく、恒久的に推し進めていかなければならない戦略的路線であることが強調」され、「決して米国のドルと交換するための商品ではなく、朝鮮の武装解除を狙う対話と交渉のテーブルにのせて論議する政治・経済的取引物ではない」とされた[37]ことであり[38]、もうひとつは、「国防費を追加的に増やさなくても戦争抑止力と防衛力の効果を決定的に高めることにより、経済建設と人民生活向上に力を集中する」と宣言した翌日に、金正日時代に経済改革を主導したが二〇〇七年に解任され左遷されていた朴奉珠を、再び内閣総理に任命したことである。

この後、新たな経済政策については、二〇一四年二月六日の「全国農業部門分組長大会」にあてた金正恩書簡の中で、個人あるいは少数のグループに特定の田畑を割り当て、肥育管理に責任を持たせ、分配にもその結果を重視する「圃田担当責任制」が定式化された[39]。同年六月一八日には国家経済開発委員会と合弁投資委員会が貿易省と一体化して、「対外経済省」となった。経済開発区の追加指定も行われ、対外的に投資を積極的に誘致する方針が継続していることも確認された。

朝鮮労働党の理論誌『勤労者』二〇一四年九月号に掲載された論文の中で、国家計画委員会のリ・ヨンミン副局長が、「(金正恩第一書記が)今年五月に歴史的な労作を発表し、現実発展の要求に合うわれわれ式経済管理方法を確立するために行うべき綱領的指針を明らかにされた」と述べ、その基本的な内容について説明している[40]。

同年九月三日付『労働新聞』では、「われわれ式経済管理の優越性と威力を高く発揚しよう」と題した社説が、経済管理改善の方向性に対して、「社会主義原則を確固として堅持しなければならない」と強調している。翌一〇月二二日付の同紙の別の記事には、「経済事業において社会主義原則を堅持するということは、生産手段に対する社会主義的所有を擁護固守し、集団主義原則を徹底して具現するということである」と規定している。したがって、国営企業の経営自主権の拡大と所有の問題、すなわち私有化は、まったく別の問題として議論がなされていることがわかる。所有制に手を付けない「経営面での工夫」については、それを否定するような記述はなく、「社会主義企業管理責任制」に基づく経済管理方法の改善(経済改革)は静かに実行されていったといえるだろう。二〇一九年四月一一日から一二日に開かれた最高人民会議第一四期第一回会議で憲法改正が行われ、憲法第三三条から「大安の事業体系」が削除され、「社会主義企業管理責任制」が追加された[41]。国営企業の経営においては、政治的指導は依然として企業内党委員会が行うが、経営や技術的な問題の解決に関しては、現場の支配人や技師長の役割が大きくなってきたと考えてよいであろう。

では、企業の経営自主権が拡大するとしたら、具体的にどのようなことが起こるのだろうか。金正日時代の「経済改革」で、国営企業が非国営部門との取引を行うようになってきたことはすでに述べたが、現在ではそれに加えて主に軽工業部門の国営企業が利益をあげるために事業を行うことが一般化しつつある。商品や原材料の売買だけではなく、投資にも非国営部門が関与する場面が増加しているといわれている。また、個人の商売だけでなく、より規模の大きい、実質的に「民営企業」と呼ばれるものの存在も、韓国の研究などでは言及されることが増えてきた。金正恩時代の「経済改革」は、前述した社説や記事から見る限り、金正日時代の経験を咀嚼しつつ、社会に実際に存在する変化を体制に取り込むために「何が朝鮮の社会主義の本質なのか」という問いに正面から答えるためのイデオロギー的準備を静かに行いつつある点に、特徴があるといえる(42)。

(3)「並進路線」の発展的解消と人民経済への全力集中

二〇一七年一一月二九日の大陸間弾道ロケット「火星一五号」の発射を受けて、北朝鮮は政府声明を発表、「国家核武力完成の歴史的大業」が実現されたと宣言した(43)。核兵器による抑止力が一定程度に達したとの認識から、二〇一八年四月二〇日に開かれた朝鮮労働党中央委員会第七期第三回総会では、決定書「経済建設と核武力建設の並進路線の偉大なる勝利を宣布することに対して」が採択され、「臨界前核試験と地下核試験、核武器の小型化、軽量化、超大型核武器と運搬手段開発のための事業を順調に行い、核武器兵器化をしっかりと実現したことを厳粛に闡明」して、並進路線は終了した(44)。

同会議で採択されたもう一つの決定書である「革命発展の新たな高い段階の要求に合わせて、社会主義経済建設に総力を集中することに対して」では、

（一）党・国家の全般活動を社会主義経済建設に志向させて全力を集中する。

（二）社会主義経済建設に総力を集中するための闘いにおいて党および勤労者団体組織と政権機関、法機関、武力機関の役割を高める。

（三）各級党組織と政治機関は党中央委員会第七期第三回総会の決定執行状況を定期的に掌握して総括し、貫徹するようにする。

（四）最高人民会議常任委員会と内閣は党中央委員会総会の決定書に提示された課題を貫徹するための法的、行政的、実務的措置を講じる。

として、経済建設が党と国家の主要な任務であることを明らかにしつつ、経済建設の方法については、従来通りの生産手段の社会的所有を基礎とした社会主義計画経済を維持することを示している。

同総会が終了した一週間後には、南北の境界線である板門店の南側区域で文在寅政権になって初めての第三回南北首脳会談が行われ、南北首脳が極めて友好的な雰囲気の中で会談を行い、約二カ月後の二〇二〇年六月一二日にはシンガポールで初めての米朝首脳会談が行われた。米朝が長年の対立関係を清算することに合意し、朝鮮半島の緊張の大幅な緩和が期待されたが、具体的な非核化の内容をまず知りたいとする米国と、まず米国が対北朝鮮敵視政策を放棄すべきであるとする北朝鮮との確執は、二〇一九年二月のハノイでの第二回米朝首脳会談でも解消しなかった。同年六月末に米朝両首脳は板門店で面会したが、その後も米朝関係は改善を見せておらず、北朝鮮が経済建設に全力を投入できる外的環境はいまだ形成され

ていない。とはいえ、北朝鮮が追い求めているのは、新たな米朝関係の樹立と安定的な南北関係であり、それが経済建設への総力集中の前提であることは、容易に見て取れるだろう。

二〇一九年一二月二八日から三一日に開かれた朝鮮労働党中央委員会第七期第五回総会で金正恩委員長が報告を行い、米国の本心について「制裁を引き続き維持してわれわれの力を次第に消耗、弱化させることである」と断じ、「現情勢はわれわれが今後も敵対勢力の制裁の中で生きていかなければならないことを既定事実化し、各方面で内部の力をより強化することを切実に求めている」との現状認識を示した。それに対して「われらの前進を妨げるあらゆる難関を正面突破戦によって切り抜けていこう！」というスローガンを打ち出し、「正面突破戦で基本部門は経済部門である」と述べ、国家経済活動システムの中核である内閣責任制、内閣中心制を強化するための根本的な方途について明らかにした。「経済の発展を促し、活動家の役割を強められるように全般的な機構システムを整備するための革新的な対策と具体的な方案」「それに基づいて経済管理を改善するための活動を強く推し進められる現実的な方途」を示した上で、制裁を所与の前提とし、それに対抗しながらも、経済管理の改善とそのために必要な機構改革と意識改革を推し進める政策を、金正恩は提示した。

（4）朝鮮労働党第八回大会と国家経済発展五カ年計画

Ⅰ　大会の概要

朝鮮労働党第八回大会は、二〇二一年一月五日から一二日までの八日間開催された。議題は（一）朝鮮労働党中央委員会の事業総括、（二）朝鮮労働党中央検査委員会の事業総括、（三）朝鮮労働党規約改正に

ついて、(四)朝鮮労働党中央指導機関選挙、であった。(45)

その後、一月一八日には最高人民会議第一四期第四回会議が開かれ、第一議題として、内閣のメンバー(大臣)の任命、第二議題として、第八回大会が打ち出した国家経済発展五カ年計画の徹底的な遂行、第三議題として国家予算の決定が討議された。第二議題と関連して、朝鮮民主主義人民共和国最高人民会議法令「朝鮮労働党第八回大会が打ち出した国家経済発展五カ年計画を徹底的に遂行することについて」が採択され、一九九三年の第三次七カ年計画終了以来、二七年ぶりに法的性格を持つ(完遂が義務となる)長期経済計画がスタートすることになった。

『労働新聞』二〇二一年一月六日付によれば、金正恩朝鮮労働党委員長は、「開会の辞」で、朝鮮労働党第七回大会からの五年間を「いまだかつてなかった最悪中の最悪が続いた難局はわが革命の前進に大きな障害をもたらしましたが、わが党は自分の闘争綱領を実現するための頑強で正確な実践行動をもって大きな勝利をおさめました」と述べ、「この困難の中で党大会を開催すること自体が大きな意義を持つ特記すべき政治的出来事」であるとしている。第八回大会の性格については「活動する大会、闘争する大会、前進する大会」であるとし、これは「総括期間の中央委員会の活動を厳正に総括し、朝鮮式社会主義建設での新たな勝利を獲得するための正確な闘争方向と任務をいま一度確定し、このための実際の対策を講じるということを党員と人民に対し約束したもの」であるとしている。

第七回大会以降の事業経験における教訓をまとめるために、「大会前の四カ月間、党中央委員会が非常設中央検閲委員会を設置し、下部に派遣して実態を把握し、現場で働く労働者、農民、知識人党員の意見を真剣に聞くようにし」、この「実態調査グループを各道に派遣して実態を把握させた上で、省・中央機関に方向別、部門別に派遣して電撃的に、全面的に、具体的に行うように」した。それによって、「党第七回大会の決定の貫徹で誤りを犯したのはなぜか、十分できることをせずに怠ったのはなぜか、実利的に行ったのは何で形式的に行ったのは何か、間違ったことがあればその原因は何か、党の指導において欠点は何かということをはじめその真相を解剖学的に調べ」たとしている。同時に、「党大会の準備期間、党中央委員会の各部署と全国の党組織は、この五年間の活動状況を総括した資料とともに今後の闘争目標と計画に対する革新的かつ具体的な意見を党中央委員会政治局と大会準備委員会に提起してき」たとし、現場の意見を聞く努力をしたことを強調している。また、党の財務活動に対する分析・総括や党規約の内容についての検討も行ったとしている。

II　「国家経済発展五カ年戦略」の総括と「国家経済発展五カ年計画」

『労働新聞』二〇二一年一月六日付、七日付、八日付によれば、党中央委員会の事業報告は、総論に続き、(一) 総括期間に成し遂げた成果、(二) 社会主義建設の画期的前進のために、(三) 祖国の自主的統一と対外関係発展のために、(四) 党事業の強化発展のために、の順で行われた。以下、その内容を詳しく見ていく。

国家経済発展五カ年計画の詳細な内容については、公式の対外的発表は行われていないが、『労働新聞』二〇二一年一月九日付で報道された金正恩朝鮮労働党委員長の事業報告をまとめた「朝鮮式社会主義建設を新たな勝利へと導く偉大な闘争綱領」(一)～(四) のうち、特に (二) と、同月一三日付で報道された「金正恩総書記による朝鮮労働党第八回大会でおこなった結語」を総合すると、大まかな内容が見えてくる。

事業報告では、今後五年間の経済分野における目標について、「わが党の経済戦略は整備戦略、補強戦略であり、経済活動体系と部門間の有機的連携を復旧、整備し、自立的土台を固めるための活動を推し進めて、われわれの経済をいかなる外部の影響にも左右されることなく、円滑に運営される正常な軌道に乗せることを目的としている」としつつ、「経済発展のキーポイントに力を集中して人民経済の全般を活性化し、人民の生活を向上させうる強固な土台を築くことである」と、経済の基礎を強化することに目的があるとしている。第七回大会で決定された「国家経済発展五カ年戦略」も整備的かつ準備的性格が強かったことからして、二〇一六年以降の五年間には、経済面では規模的な発展はなかったことを示唆しているともいえる。

そのうえで、具体的な対象分野を挙げて、「新たな五カ年計画の中心的課題は、金属工業と化学工業をキーポイントとしてとらえ投資を集中して、人民経済の各部門で生産を正常化し、農業部門の物質的・技術的土台を強固にし、軽工業部門に原料、資材を円滑に保障して一般消費財の生産を増やすことに設定された」としている。また、制度的な改善点として、「内閣が国の経済司令部として経済活動に対する内閣責任制、内閣中心制を円滑に果たし、国家経済の主要命脈と全一性を強化するための活動を強く推し進め、経済管理を画期的に改善し、科学技術の力で生産正常化と改造・近代化、原料・資材の国産化を積極的に推進し、対外経済活動を自立経済の土台と潜在力を補完、補強する方向へ志向させることを前提としている」と性格づけている。ここで重要なのは、経済管理の改善が強調されている点と、対外経済活動（貿易、海外直接投資）を自立経済の土台と潜在力を補完・補強する方向へ志向させるとしている点である。ここからは、外部環境が変化し、貿易や海外直接投資が行えるようになった際に、そこで得た外貨を国内経済整備のための資金として利用する発想が垣間見える。

これは、北朝鮮をめぐる国際環境が改善せず、制裁がかなり長期間にわたって継続する可能性が否定できないことと関係しているのではないかと推察される。したがって、確かに経済や行政のメカニズムに対する改善は行うが、「新たな国家経済発展五カ年計画の基本概念、テーマは、依然として自力更生、自給自足であ」り、「新たな展望計画期間の自力更生は、国家的な自力更生、計画的な自力更生、科学的な自力更生に発展すべき」であるとしている。つまり、計画経済下における国営企業の生産連携の強化をまず優先し、技術的に解決が難しい問題や、これまでは外国からの技術導入に頼ってきた部分についても、国内での研究開発を重視し、挑戦してみることを推奨する内容となっている。

また、主要経済部門別の現況と整備・発展に関する問題については、「優先的にもり立てるべき基幹工業部門の実態と整備・発展方向」が討議され、その筆頭に金属工業、次に化学工業、第三に電力増産、第四に石炭工業、第五に機械工業、第六に採掘工業（鉱業）、第七に林業が挙げられている。

事業報告とその後の討論では、「報告と討論、部門別協議会では、党と国家、軍隊の活動と社会生活の各分野に内在している偏向や欠点が具体的かつ辛らつに批判、総括され、それを克服するための厳かな決心と意志が表明されました」とあるように、「シャンシャン大会(46)」（すべての議題が異議もなく採決され、短時間で終了する大会）からの決別を宣言している。

「結語」では五カ年計画については、「中心的課題は、金属工業と化学工業を経済発展のキーポイントとしてとらえて、基幹工業部門間の有機的連携を強めて実際の経済活性化を促し、農業部門の物質的・技術的土台を強固にし、軽工業部門で原料の国産化の比重を高めて人民生活を一段と引き上げること」としている。

部門別の優先順位については、中央政府が管理する国営企業（その多くは植民地時代の日本企業の資産を国有化した、あるいは朝鮮戦争後の社会主義国からの支援によって整備された重化学工業に属する）の活動については、「全ての経済活動を、人民の生活をバランスよく安定、向上させることに指向させなければなりません」と、個別の企業体の利潤の最大化ではなく、国全体のサプライチェーンの再構成に主要な関心を持つべきであるとしている。

その次に、「農業生産に引き続き力を入れて人民の食糧問題を基本的に解決すること」も重要な課題として挙げられている。「計画期間に農業部門がいっそう奮発し、国家的な投資を増やして穀物の生産目標を必ず達成しなければなりません」、特に、「今後二～三年の間に毎年国家義務買付け計画を二〇一九年度の水準に定めて必ず達成し、将来は買付け量を増やして人民に正常に食糧を供給できるようにすべき」だとしている。生産者からの義務買付け（国家制定価格による買付けであり、市場価格と比べて非常に低い金額となる。税金と異なり、現金納付は認められず、生産物による納付になるため、実質的に現物税の性格を帯びる）を増やすことにより、国家による穀物供給を正常化させようとする姿勢が、ここから垣間見える。

軽工業部門については、「新たな五カ年計画期間、原料、資材の国産化、再資源化をキーポイントとしてとらえ、消費財の生産を増やして人民の生活向上のための闘争で新たな前進をもたらさなければなりません」、「軽工業部門に原料、資材を供給するすべての部門で生産を正常化できるように、国家的な経済技術的対策を強く講じなければなりません」としている。

国家経済発展五カ年計画の目標設定については、「党大会は総括期間の教訓にてらして、今回は客観的かつ厳正に検討し、現実に最大限接近させて実現可能な新しい闘争目標を示しました」とし、事前のヒアリングなどを通じて、各企業体の現状をある程度把握した上での計画策定であることを示している。そして、計画の策定、実行、総括を円滑に行うための経済管理の改善（すなわち、経済メカニズムとそれを指導する行政メカニズムの改革）の重要性を「新たな国家経済発展五カ年計画遂行の成敗は、経済管理をいかに改善するかにかかっています」との表現で示している(47)。また、「国家の統一的な指揮と管理の下に経済を動かす体系と秩序を復元し、強化することに党的、国家的な力を入れるべきです」と統制を強化する意図を示す発言が見られ、その具体的内容については「党大会以降にも特殊性を云々し、国家の統一的指導を妨害する行為に対しては、どの単位を問わず強い制裁を加えなければなりません」と大会前のヒアリングの段階で自らの特殊性を主張することで国家計画に服しようとしない、あるいは例外を認めさせようとする機関や企業体が散見されたのだろうということがうかがえる。

地方経済の振興については、「国家的にすべての市、郡に毎年一万トンのセメントを保障する活動を強く推し進めなければなりません」として、地方政府にセメント供給を行う考えを示した。そのほか、「地元の特性に即して発展できるように特恵措置を講じる」とし、地方経済においては現地の状況に応じた異なった管理方法を許容する考えを示している。

これまでも言われてきたことではあるが、この事業報告は農村への支援についても科学技術の応用を含めて、かなり詳しく述べている。二〇二一年末の朝鮮労働党中央委員会第八期第四回総会でも、「農村で思想、技術、文化の三大革命を力強く推進し、国家的支援を増やして農村基盤を決定的に固め、農業生産の物質的・技術的土台を強固にし、文化的で裕福な社会主義農村に変えなければなりません」としている。五カ年計画期間において、教育と保健医療の発展に国家の力を傾注する必要が強調されている。この二つの部門は北朝鮮が先進国に対しても自慢できる「人民的施策」の柱とされているものである。

不正腐敗の横行など、国民の利益を損ねる権力の恣意的行使については、「全党的、全国家的、全人民的に強力な教育と規律を先行させて、社会生活の各分野で現れているあらゆる反社会主義的・非社会主義的傾向、権力乱用と官僚主義、不正・腐敗、税金外の負担などあらゆる犯罪行為を断固阻止し、統制しなければなりません」としている。現在、国民は所得税を課されていないので、税外負担とは主として外国投資企業に関する言及と考えられる。

国防建設については、「国防力を質的、量的に一層強めることを重要な課題としてとらえていくべきです」とし、「核戦争抑止力をさらに強化するとともに、最強の軍事力を備えることに全力を尽すべきです」、「人民軍の最精鋭化、強兵化に引き続き拍車をかけて、いかなる形態の脅威と不意の事態にも国家防衛の主体としての使命と役割を果たせるようにしっかり準備させるべきです」、「国防科学技術をより高い水準に引き上げ、軍需生産の目標と課題を無条件遂行して、新たな五カ年計画の期間、わが党の歴史的進軍を最強の軍事力をもって保証すべきです」と指摘している。これは核抑止力の強化とともに、通常兵器の近代化を推進していく必要性の強調である。これまでも、長距離砲や短距離弾道ミサイルなど、通常兵器における抑止力の強化を行ってきたが、このような流れが継続することが予想される。他方、多くの兵力の建設現場への動員は継続しており、実質的な軍縮と通常兵器の近代化がセットで推進されていることが暗示されている。

事業報告は最後に、党活動の原則に言及している。経済に関連しては「経済実務にとらわれて行政代行をするような傾向を打破し、革命と建設で提起されるすべての問題をあくまで党的方法、幹部と党員と勤労者の精神力を発揮させる政治的方法によって解決することをたがえることのできない鉄則としなければなりません」と、政治的指導と企業体の経営戦略を分離することを求めていることが新しいといえる。

国家経済発展五カ年計画では、二〇〇〇年代前半に強調されていた農業や軽工業の重要度の順位が下がっている。これは朝鮮労働党や北朝鮮政府がこれらの部門を軽視しているからではなく、これらの部門が比較的速く回復・成長したからであると考えた方がよいだろう。農業における圃田担当責任制と工業企業所における経営自主権の強化を含む社会主義企業責任管理制や注文契約制(48)を通じた様々な形態の経済実体との交流強化により、農業や軽工業(食品工業も含む)の回復は相対的に早く実現したと推測される。地方政府が管理する企業体が多く、地域の実情に合わせて、融通の利く管理が行われてきたこともあるのかもしれない。重化学工業(中央政府が管理する国営企業の大宗を占める)は多額の投資を必要とし、企業体間や産業間の連携(交通インフラ含む)が必要なので、一企業体の改善だけではパフォーマンスが上がらない傾向がある。

二〇二一年一二月二七日から三一日の五日間にわたって朝鮮労働党中央委員会第八期第四回総会が開催された。『労働新聞』二〇二二年一月一日付の記事「偉大なわが国家の富強・発展とわが人民の福利のためにいっそう力強く闘っていこう」は朝鮮労働党中央委員会第八期第四回総会に関して報じたが、対外関係や南北関係に言及したのは、「結語は、多事にわたる変化の多い国際政治情勢と周辺環境に対処して北南関係と対外活動部門で堅持すべき原則的問題と一連の戦術的方向を提示した」と書かれたくだりだけであり、その他はすべて国内問題に対する言及であった。

その中でも注目されるのは、第三議題「わが国の社会主義農村問題の正しい解決のための当面の課題について」である。金正恩は報告「朝鮮式社会主義農村発展の偉大な新時代を開いていこう」において、一九六四年二月の金日成による「わが国における社会主義農村問題に関するテーゼ」を基本的に踏襲しつつも、「現時期、農業生産を発展させる上で党が重視するのは国の穀物生産構造を変え、稲と小麦の栽培を強く推し進めることである」と、金日成時代から続いてきたコメとトウモロコシ中心の穀物生産構造を変更する意向を示した。また、「困難な状況で経営活動を行っている協同農場の全般的な財政実態を詳細に分析し、われわれの農村が独り立ちするようにし、農場の経済的土台を補強してやるための重要な対策の一環として協同農場が国家から貸付金をもらって償還できなかった資金をすべて免除する特恵の措置を宣布した」としている。これは、協同農場の負債を免除することにより、農業経営の活性化を狙うとともに、政府の関与の強化を念頭においたものと解釈できる。

(5) 二〇二二年の北朝鮮経済

I　二〇二二年の北朝鮮経済の特徴

国連安保理決議による国際的制裁や新型コロナウイルス感染症にともなう国境封鎖の結果、貿易が減少し、経済の外延的拡大とそれによる活性化が望めない状況の中で、二〇二二年の北朝鮮においては、中央政府が管理する機関や企業では限られた資源を計画的に利用し、国家計画を達成することが重視されるようになっていた(49)。他方、地方政府が管理する機関においては、前述の朝鮮労働党中央委員会第八期第四回総会で、地方予算制の強化が決議されたように、「地方の責任性と創意性を高めて地方の暮らしと国の全般的暮らしを立派に整えること」[50]が重視されていた。二〇二二年の報道では、建設と人民大衆第一主義を関連付けたものが比較的多い[51]ほか、国民生活に直接かかわる軽工業部門の重要性が指摘されているものが多い[52]。地方の産業は、当地の住民生活に直結するものが多いと考えられるが、地方政府の仕事として、当地の住民の生活を向上させることが非常に重視される流れの中で、各地方政府はお互いに競争せざるを得ない状況になっていると言える[53]。少なくとも幹部にとっては、気の休まらない時代になったと言えよう。

II　朝鮮労働党中央委員会第八期第六回総会拡大会議

二〇二二年一二月二六日～三一日、朝鮮労働党中央委員会第八期第六回総会拡大会議が平壌市の朝鮮労働党中央委員会本部で行われた。総会の議案は、（1）二〇二二年度の主要な党および国家政策の実行状況総括と二〇二三年度の活動計画について、（2）組織問題、（3）二〇二二年度の国家予算実行状況と二〇二三年度の国家予算案について、（4）革命学院に対する党の指導を強化することについて、（5）新時代の党建設五大路線について、であった。

第一日目の一二月二六日から第三日目の二八日まで、第一議案についての金正恩総書記の報告があり、二八日には、それに加えて、金徳訓内閣総理の国家活動についての提議を聴取し、各部門指導幹部の討論および書面討論があった。また、決定書の草案作成のための分科会分科が作られた。また第二議案の組織問題外が討議され、第三議案の討議のための国家予算審議組が構成された。第四日目の二九日には、部門別分科研究および協議会が行われた。第五日目の三〇日には部門別指導グループが当該分科で提起された意見をまとめながら総会の決定書草案に補足する一連の問題を討議し、党中央委員会政治局の審議に提出された。また、朝鮮労働党中央委員会第八期第一二回政治局会議が行われた。

第一議案「二〇二二年度の主要な党および国家政策の実行状況総括と二〇二三年度の活動計画について」は三日にわたって金正恩総書記の報告が行われた。二〇二二年の北朝鮮国内の状況は「国難をしっかり耐え抜きながら自力更生、刻苦奮闘の精神力と創造力を発揮した」と、非常に厳しい状況であったことを示唆している。

そのうえで、二〇二二年九月八日に最高人民会議第一四期第七回会議で採択された法令「朝鮮民主主義人民共和国核戦力政策について」について、「最も適切で、最も重大な時期に、朝鮮民主主義人民共和国核戦力政策を公式に法制化して万年の大計の安全保障を構築し、わが国家の戦略的地位を世界に明白に刻印させる歴史的課題を解決した」「いかなる政治的出来事よりも大きな威力を持つ」と評価している。また、「多事多変で激突する国際政治情勢の流れの中でも、わが党の国益守護、国威向上の基本原則が立派に貫徹されて、党の戦略的構想と決断通りに米帝国主義の強権と専横、対朝鮮政策に甚大な打撃を与えた」としてミサイル発射を名指しで指摘はしていないが、国防力強化と対敵闘争を評価している。

次に経済建設について和盛地区と連浦地区での住宅竣工、全国の農村部での住宅建設が成果として列挙されている。また、経済管理の改善すなわち経済改革が行われたことも明記されている。ただし、二〇二三年については、五カ年計画の三年目であること、朝鮮戦争休戦七〇周年と、北朝鮮の建国七五周年の節目であるとしている。「国家経済の安定的発展を保障し、人民の生活向上において実際の変化をもたらす」ことを重要な目標としており、方法論としては自力更正を重視し、「敗北主義と技術神秘主義を一掃」することが重要であるとしている。その上で、「人民経済の各部門で達成すべき主要経済指標と一二の重要課題を基本目標」としたことが報道されている。

従前から力を入れている住宅建設については、和盛地区第二段階に一万世帯、別の新しい地区に三七〇〇世帯を建設するほか、二〇二二年と同じく農村建設にも力を入れるべきとした。「軽工業と地方産業、便益サービス、水産、都市経営」と部門を明示しながら、国民生活に直結する部門をもり立てることを重要政策として提起した。

南北関係と対米関係については、状況が厳しいこと、日本を含めた「三角共助」が進んでいることをあげながら、「自衛的国防力強化に拍車をかける」ことが決断されたとしている。その内容としては、抑止失敗の際の反撃能力の整備のほか、南北関係の悪化を理由として、戦術核兵器の大量生産が必要であるとしている。

国際秩序の変化については「国際関係構図が『新冷戦』システムへと明白に転換され、多極化の流れがいっそう早まる」としており、米中対立、ロシアのウクライナ侵攻にともなう米英欧とロシアの対立が今後も深化することが示唆されている。

第五議題の「新時代の党建設五大路線について」については、「政治建設、組織建設、思想建設、規律建設、作風建設」の五大建設が五大路線へと格上げされている。その内容からは、厳しい経済状況にもかかわらず、幹部の不正腐敗が根絶されず、大きな問題となっていることを想起させる。規律建設や作風（業務を行う態度、やり方）建設が明示されていることから、経済改革を進めながらも、引き締めを行うという一見矛盾した方向性が見て取れる。開放の方向に向かうのは、国民が経済の改善を肌で感じられるようにするための住宅建設や軽工業、地方産業、便益サービス、水産、都市経営などにおけるこれまでとは異なる弾力的な政策の策定においてであり、幹部に対しては、不正腐敗に走らないように引き締めを行うことが引き続き行われると考えられる。

おわりに

『労働新聞』紙上で二〇二一年六月五日から始まった「政治用語解説」のコーナーの最初の解説は「人民大衆第一主義政治」である。ここでは、人民大衆第一主義を具現する上での問題として「人民大衆の力を信じずに他人を見つめる事大主義、虚無主義」、「人民大衆を革命と建設の主人と見なさず、主観的意思を適当に下部単位に下ろす官僚主義」「人民大衆の権益を侵害する勢道と不正腐敗、税外負担行為」、「人民の苦痛と不幸を言葉だけで心配し、無視する無責任性と怠慢」と記している。『労働新聞』二〇二一年一〇月五日付に掲載された社説「人民大衆第一主義を党と国家活動全般により徹底的に具現しよう」は、「党と国家は人民のために滅私奉仕し、人民は党と国家に自らの運命と未来を全て依託し、真心を尽くして奉じるところに、人民大衆第一主義が具現されたわが国家の真の姿があります」との金正恩総書記の発言が引用されている。これを見ると人民大衆第一主義は朝鮮労働党が人民に対して「滅私奉仕」するだけでなく、人民も「党と国家に自らの運命と未来を全て依託」することが求められている。したがって、人民大衆第一主義とは、チュチェ思想から金日成・金正日主義へと呼び名が変わっていった指導思想の金正恩時代バージョンと表現するのがよいであろう。「朝鮮式社会主義の本質的優位性」『労働新聞』二〇二二年一一月二三日付では、「人民大衆中心の朝鮮式社会主義は、チュチェ思想を指導的指針とするチュチェの社会主義である」、「人民大衆の要求と志向がそのまま思想・理論、路線と政策となり、すべての生産と建設が人民の便宜を保障することを第一とし、人民の反響と評価を基準として行われているのが朝鮮式社会主義である」、「集団主義は社会主義社会の基礎であり、社会主義の優位性は集団主義にある」とこれまでの政策との連続性を感じさせる表現が多い。

他方、北朝鮮の体制は、国民生活の向上をその正統化の根拠とするようになってきている。世論の支持なく、朝鮮労働党や北朝鮮政府の恣意的な判断で国家を運営することはできなくなりつつある。国民生活が実質的に改善することが北朝鮮国民の願いである以上、北朝鮮は体制と自国の尊厳を守るための核武力建設とともに、国民生活の向上に力を注ぐことになるであろう。そのために必要な経済制度改革は、経済が苦しい中でも続いていくであろう。金正恩時代の北朝鮮は、金正恩時代の尺度で測る必要がある。

（1）一九九三年に改正された民法では第一五五条が「公民が生産した副業農産物は、農民市場においてのみ生産者と消費者間に合意された価格で売買することができる」と規定している。このように農民市場では、国家の統制価格ではなく、市場価格で農産物が取り引きされることが許容されていた。

（2）文浩一「最近の農民市場に関する政策動向と経済理論研究」『月刊朝鮮資料』第四五三号、一九九九年、三九頁。

（3）文浩一『朝鮮民主主義人民共和国の人口変動――人口学から読み解く朝鮮社会主義』（明石書店、二〇一一年）では、この時期の死者をおおよそ一七万人程度と推定している。

（4）ここには、国営商店における国定価格による販売も含む。

（5）ここでいう農民市場とは、旧ソ連のコルホーズ市場と類似したもので、農民が自ら生産した野菜や副食品類を販売する形態の市場である。現在の北朝鮮の市場は、地域市場と呼ばれ、農産品だけでなく、工業製品も含めた複合的な商品取引が行われている。本章では、これらの市場を呼称する際には、地域市場と記載する。

（6）文浩一　前掲注（2）、五二頁。

（7）中川雅彦「経済現状と経済改革」中川雅彦編『金正日の経済改革』日本貿易振興機構アジア経済研究所、二〇〇五年、一〇頁。

（8）朴在勲「工業部門と国家予算に見る経済再建の動き」中川編、前掲『金正日の経済改革』三六頁。

（9）同右、三五～三六頁。

（10）金正日「[北朝鮮　資料紹介]強盛大国建設の要求に合わせ社会主義経済の管理を改善強化することについて——党、国家の経済機関責任活動家たちへの講話」『世界』第七三三号、二〇〇四年、二三八～二四九頁。

（11）李基成「二一世紀初頭の朝鮮の経済建設環境」『ERINA REPORT』第七二号、二〇〇六年、一九頁。

（12）三村光弘『現代朝鮮経済——挫折と再生への歩み』日本評論社、二〇一七年。

（13）朴奉珠はその後、順川ビナロン連合企業所の支配人となり、二〇一〇年八月には朝鮮労働党軽工業部第一副部長に就任、同年九月二八日の第三回党代表者会議で党中央委員候補、二〇一二年四月一一日には朝鮮労働党軽工業部長、二〇一三年三月三一日に朝鮮労働党中央委員会総会で政治局員に就任し、翌四月一日に内閣総理に復帰した。二〇一四年三月には第一三期最高人民会議代議員となり、二〇一六年五月に開催された第七回朝鮮労働党大会において、金正恩、金永南《キムヨンナム》、黄炳瑞《ファンビョンソ》、崔竜海《チェリョンヘ》とともに党中央委員会政治局常務委員に選出された。また、党中央軍事委員会委員となっている。同年六月二九日に開催された第一三期最高人民会議第四回会議では、国務委員会副委員長に選出された。

（14）「国防工業が重要な位置を占める経済構造は、さまざまな経済部門の中で国防工業を重視し、そこに高い優先順位を与え、連関部門を国防工業発展に優先的に奉仕させる経済構造である。言い換えれば、連関部門において国防工業発展に必要な機械設備と原料、資材、動力を優先的に生産し供給するように国防工業と軍需生産部門間の連関を保障するようにする経済構造である」（ソン・ヨンソク「ウリ式経済構造の特性とそれを強化発展させるための方法」『経済研究』二〇〇八年四号、一二頁）。

(15) 一九九〇年代後半から推進してきた大規模（五万キロワット以上）の水力発電所がここ数年完工し、電力事情に比較的余裕が出てきた。電力供給の円滑化は、炭鉱における石炭生産や鉄道（電化率が高い）輸送を活発化させ、火力発電所の稼働率をさらに上げるという好循環を生んでいると考えられる。

(16) 交換限度額は当初一人あたり一〇万ウォンと定められたが、その後金額が上方修正された模様である。また、交換限度額以上も将来的に交換に応じる可能性を残すために預かり証を発行したとのことである。この貨幣交換は日本では「デノミネーション」として紹介されたが、実際には非国営部門の現金を没収し、市場の閉鎖と民間の外貨取引の禁止を通じて、国営商業網による食料・物資の供給を再開しようとするものであった。この貨幣交換は、非国営部門に蓄積した現金を国家の手中に回収するという目標はある程度達成したものの、市場の閉鎖後の国営商業網による商品供給が円滑に進まず、食料や生活必需品の供給中断が予想以上に発生し副作用が大きかった。その後、市場は再び開かれ、民間の外貨使用も黙認される状態が続いている。

(17) 文浩一「貨幣交換とマクロ動向」中川雅彦編『朝鮮労働党の権力後継』アジア経済研究所、二〇一一年、五一～七四頁。

(18) 同右、五四頁。

(19) 同右、五五頁。

(20) この貨幣交換の失敗により、北朝鮮では経済分野における国家の力が弱いことが認識され、実際の経済状況の把握に基づく実利的な経済政策の立案が必要であるという認識につながっていったように思われる。

(21) 『朝鮮中央通信』二〇一〇年九月二七日発。

(22) 『朝鮮中央通信』二〇一〇年九月二八日発。

（23）『朝鮮中央通信』二〇一一年一二月二九日発。
（24）『朝鮮中央通信』二〇一一年一二月三一日発。
（25）『朝鮮中央通信』二〇一二年四月一一日発。
（26）『朝鮮中央通信』二〇一二年四月一三日発。
（27）『朝鮮中央通信』二〇一二年七月一八日発。
（28）『朝鮮中央通信』二〇一六年五月一〇日発。
（29）『朝鮮中央通信』二〇一六年六月二九日発。
（30）『朝鮮中央通信』二〇二一年一月一一日発。
（31）日本貿易振興機構「二〇一七年度最近の北朝鮮経済に関する調査」二〇一八年三月、六頁。
（32）同右。
（33）金正恩「先軍の旗印をより高く掲げ、最後の勝利をめざして力強くたたかっていこう─金日成主席誕生一〇〇周年慶祝閲兵式における祝賀演説」二〇一二年四月一五日［http://kcyosaku.web.fc2.com/kju2012041500.html］最終閲覧日二〇二一年一二月三〇日。
（34）同右。
（35）『朝鮮中央通信』二〇一三年三月三一日発。
（36）『朝鮮中央通信』二〇一三年四月一日発。
（37）「経済建設と核武力建設の並進路線提示／朝鮮労働党中央委員会全員会議」『朝鮮新報』二〇一三年四月一日付［http://chosonsinbo.com/jp/2013/04/0401ry/］最終閲覧日二〇二一年一二月三〇日。
（38）このことに関しては、二〇一七年七月四日の「火星一四号」発射に関連して、金正恩が「米国の対朝鮮敵対視政策と核による威嚇が根源的に清算されない限り、われわれはどのような場合にも核と弾道ロケットを協議のテーブルにはあげないであろうし、われわれが選択した核武力強化の道から一寸たりとも引くことはないだろう」と語ったことが報道されている。したがって、二〇一三年三月末から一七年七月初めまでの四年と少しの間、核武力開発は着々と進められてきた、ということになる。

(39) この書簡では、「分配における均等主義は社会主義的分配の原則とは縁がなく、農場員の生産意欲を低下させる有害な作用を及ぼします。分組は、農場員の作業日の評価を労働の量と質に応じて、そのつど正確に行わなければなりません。そして、社会主義的分配の原則の要求に即して、分組が生産した穀物のうちで国家が定めた一定の量を除いた残りは、農場員に各自の作業日に応じて現物を基本として分配すべきです。国は、国の食糧需要と農場員の利害、生活上の要求を十分検討したうえで合理的な穀物義務売り渡し課題を定め、農業勤労者が自信を持って奮闘するようにしなければなりません」と、前年の分組管理制の強化における重大な問題となっていた現物分配の不徹底の問題を指摘し、是正を促した。

(40) 詳しくは、福田恵介「北朝鮮、始まった市場経済への転換」東洋経済オンライン、二〇一四年一二月九日[http://toyokeizai.net/articles/-/55436]参照。最終閲覧日二〇二一年一二月三〇日。

(41) 経済管理方法として、工業において各国営企業の中にある朝鮮労働党委員会の役割を重視する「大安の事業体系」、農業においては「農村経理を企業的方法で指導する農業指導体系」(憲法第三三条)が規定されていたが、二〇一九年四月の改正で憲法第三三条は「国家は生産者大衆の集団的知恵と力に依拠し、経済を科学的に、合理的に管理運営し、内閣の役割を決定的に高める」という文言に変更された。

(42) 二〇二一年一〇月三日付『労働新聞』は論説「試練に立ち向かう英雄的人民の気概を世界に轟かそう」(朝鮮語)で、「今日、わが党は全人民が『一人はみんなのために、みんなは一人のために!』というスローガンを引き続き高く掲げ、全社会に互いに助け合い、導く集団主義的生活気風と道徳観をさらに徹底的に確立していくことを要求している。今のように難しくて複雑な仕事が山積されている時ほど、徳と情なくしては、互いに助け合い、導く集団主義気風が発揮されることなしには、あらゆる部門、あらゆる単位、すべての地域がこぞって前進することはできない。全人民が今日の試練を何らかの物理的力や物質的富ではなく、徳と情で乗り越えなければばならないという気構えを持って社会と集団のために献身する時、互いに助け合い、導くわれわれの故国風がますます高く発揮され、全国に躍動する気象が満ち溢れるようになる」と論じており、助け合いや相互扶助といった協同の精神を重視していることがわかる。引用中の「一人はみんなのために、みんなは一人のために！」は、フランスの作家デュマの『ダルタニャン物語』第一部「三銃士」（一八四四年）に出てくる格言であり、社会主義社会にのみ適用される論理ではないところが、現在の北朝鮮の世相を映しているともいえる。

（43）『労働新聞』二〇一七年一一月二九日付。

（44）『労働新聞』二〇一八年四月二三日付。

（45）詳しくは、三村光弘「朝鮮労働党第八回大会および関連会議と国家経済発展五ヶ年計画」『ERINA REPORT PLUS』第一五九号、二〇二一年、三～一二頁を参照。

（46）三村光弘「変わる北朝鮮の重要会議―『実事求是』の重視」『東亜』第六五一号、二〇二一年、五四～五五頁。

（47）具体的には、「党中央の経済部署と内閣、国家計画委員会、工場、企業をはじめ全ての部門が協力し、経済管理を改善するための決定的な対策を講じるべき」とし、「テストケースとして研究、導入している方法と、経営管理、企業管理をきちんと行っている諸単位の経験を結び付けることをはじめ、われわれの実情に合いながらも最良化、最適化の効果を現す経済管理方法を研究、完成する活動を積極的に推し進めなければなりません」とさまざまな措置が試みられていることがうかがい知れる。

（48）キム・キョンオク「社会主義企業体の拡大した計画化と生産組織権行使の重要な要求（朝鮮語）」『경제연구』［経済研究］二〇一七年一号、一二～一四頁。

（49）例えば二〇二二年二月二二日付『民主朝鮮』に掲載された社説「今年度国家予算を成功裏に執行して経済発展と人民生活向上をしっかり保証しよう」では財務活動に対する統一的管理の強化が重要視されている。

（50）「地方予算制を強化するうえで提起される重要な要求」『民主朝鮮』二〇二二年三月一五日付。

(51)　たとえば、「社説　朝鮮式社会主義建設の全面的発展を力強く奮い起こす綱領的指針」『民主朝鮮』二〇二二年一月四日付や「『和盛地区の大変革によって首都建設の大繁栄期を一層輝かそう』和盛地区一万世帯住宅建設着工式で行った金正恩同志の演説」『労働新聞』二〇二二年二月一三日付、「人民大衆第一主義とわが党の建設政策」『労働新聞』二〇二二年八月二日付、「建設はわが国家の発展の様相と前途を誇示する政治的事業」『労働新聞』二〇二二年九月二一日付、「卓越した領袖の指導の下で民族史的出来事を刻み込んだ偉大な勝利の年二〇二二年―試練に打ち勝ちたゆみなく繰り広げられた壮大な建設大戦」『労働新聞』二〇二二年一二月一二日付などがある。

(52)　たとえば、「〈党中央委員会総会拡大会議は消費財生産を今年の経済的課題の中の急務のひとつと推した〉軽工業部門で生産闘争を力強く展開して人民生活を実質的に高めよう」『労働新聞』二〇二一年六月一三日付や「社説　人民大衆第一主義を党と国家活動全般により徹底的に具現しよう」『労働新聞』二〇二一年一〇月五日付、「人民生活向上を目指す闘争力強く組織展開」『労働新聞』二〇二二年一二月五日付、「人民生活に寄与する新しい仕事を積極的に探し出して展開すべきである」『労働新聞』二〇二二年一二月一四日付などがある。

(53)　「われらの地域とわれらの単位は人民生活向上のために今年の仕事をいかに展開しているのか」『労働新聞』二〇二二年一月一五日付。「人民生活の安定向上をすべての活動の第一次的要求として推し進め、人民の食の問題、消費物の問題を解決することに総力を集中し、人民のためによいことを一つでも多く行ない、常に頭を使いせっせと働く、真の人民の忠僕にならなければならない。自分の骨を削ってでも人民の生活上の困難を適時に解決する覚悟で、靴の底がすり減るほど駆け回る、本物の忠僕にならなければならない。」「社説　人民大衆第一主義を党と国家活動全般により徹底的に具現しよう」『労働新聞』二〇二一年一〇月五日付。

執筆者紹介（掲載順）

西野純也（にしのじゅんや）〔編著者〕
慶應義塾大学法学部教授　東アジア国際政治、現代韓国朝鮮政治、日韓関係
慶應義塾大学大学院法学研究科博士課程単位取得、延世大学大学院博士課程修了。政治学博士
主要著作に『朝鮮半島の秩序再編』（共編著、慶應義塾大学出版会、二〇一三年）、『冷戦後の東アジア秩序――秩序形成をめぐる各国の構想』（共著、勁草書房、二〇二〇年）など。

朴栄濬（Park Young June）
（韓国）国防大学校安保大学院教授　国際関係
東京大学大学院総合文化研究科博士課程修了。博士（学術）
主要著作に『韓国の国家安保戦略の展開と課題』（ハヌル、二〇一七年）、『帝国日本の戦争、一八六八―一九四五』（社会評論、二〇二二年）など。

李元徳（Lee Won Deog）
（韓国）国民大学校社会科学大学日本学科教授　日韓関係論
東京大学大学院総合文化研究科博士課程修了。博士（学術）
主要著作に『韓日過去事の原点』（ソウル大学出版部、一九九八年）、『日韓関係史　１９６５―２０１５　Ⅰ　政治』（共著、東京大学出版会、二〇一五年）など。

金香男（Kim Hyang Nam）
フェリス女学院大学国際交流学部教授　家族社会学、韓国社会論
同志社大学大学院文学研究科博士後期課程修了、博士（社会学）
主要著作に『知りたくなる韓国』（共著、有斐閣、二〇一九年）、『アジア共同体への信頼醸成に何が必要か――リージョナリズムとグローバリズムの狭間で』（編著、ミネルヴァ書房、二〇一六年）など。

平井久志（ひらい ひさし）
共同通信客員論説委員　韓国・北朝鮮研究
早稲田大学法学部卒業。
主要著作に「北朝鮮の指導体制と後継——金正日から金正恩へ」（岩波書店、二〇一一年）、『なぜ北朝鮮は孤立するのか——金正日　破局へ向かう「先軍体制」』（新潮社、二〇一〇年）など。

朴正鎮（Park Jung Jin）
津田塾大学学芸学部教授　国際政治、東アジア外交史、朝鮮半島と日本の関係
東京大学大学院総合文化研究科博士後期課程修了。博士（学術）
主要著作に『日朝冷戦構造の誕生　1945-1965——封印された外交史』（平凡社、二〇一二年）、「北朝鮮非核化の行方——空転する日韓の連携」『国代史研究』第一一号（二〇一八年）など。

倉田秀也（くらた ひでや）
防衛大学校人文社会科学群教授　安全保障論
慶應義塾大学大学院法学研究科博士課程単位取得退学。
主要著作に *North Korea's Security Threats Reexamined* (co-edited, National Defense Academy, 2019), *Nuclear Threshold Lowered?* (co-edited, National Defense Academy, 2021) など。

飯村友紀（いいむら ともき）
（公益財団法人）日本国際問題研究所研究員　北朝鮮経済
筑波大学大学院人文社会科学研究科修了。博士（政治学）
主要著作に「党第八次大会と経済政策の方向性——『内的動力』と『C1化学』政策に見る北朝鮮経済の諸相」令和二年度「『大国間競争の時代』の朝鮮半島と秩序の行方」研究会（令和二年度外務省外交・安全保障調査研究事業（発展型総合事業））報告書、など。

三村光弘（みむら みつひろ）
（公益財団法人）環日本海経済研究所調査研究部主任研究員
大阪大学大学院法学研究科博士後期課程修了。博士（法学）　北朝鮮法、北朝鮮経済、ユーラシアの経済交流
主要著作に『現代朝鮮経済——挫折と再生の歩み』

（日本評論社、二〇一七年）、『コリアの法と社会——近くて遠い国「北朝鮮」と「韓国」の実像』（共著、日本評論社、二〇二〇）など。

東アジア研究所講座

激動の朝鮮半島を読みとく

2023年3月10日　初版第1刷発行

編著者――――西野純也
発行者――――慶應義塾大学東アジア研究所
代表者　三尾裕子
〒108-8345　東京都港区三田2-15-45
TEL 03-5427-1598
発売所――――慶應義塾大学出版会株式会社
〒108-8346　東京都港区三田2-19-30
TEL 03-3451-3584　FAX 03-3451-3122
装　丁――――渡辺澪子
組　版――――株式会社キャップス
印刷・製本――中央精版印刷株式会社
カバー印刷――株式会社太平印刷社

Printed in Japan　ISBN978-4-7664-2874-2
落丁・乱丁本はお取替いたします。